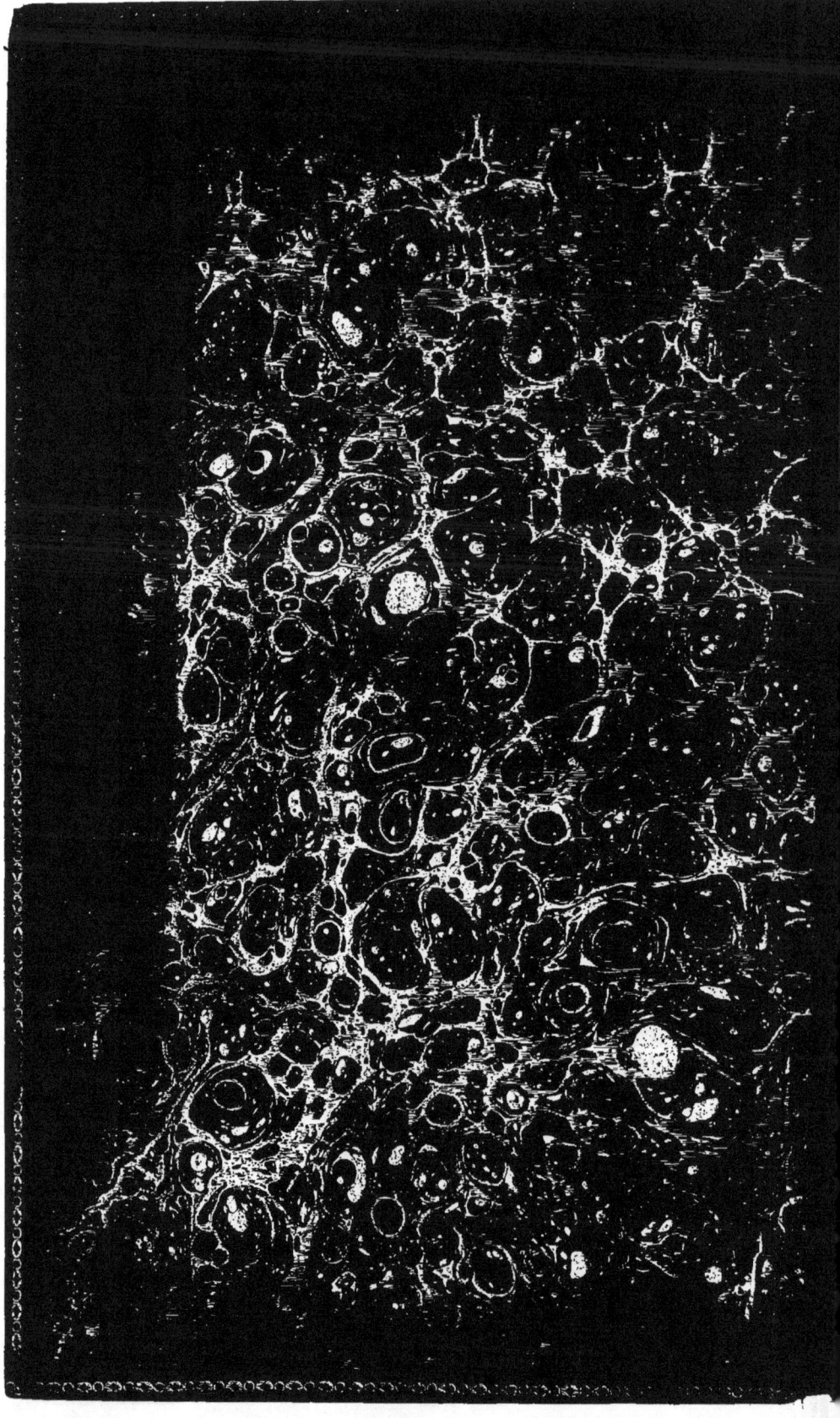

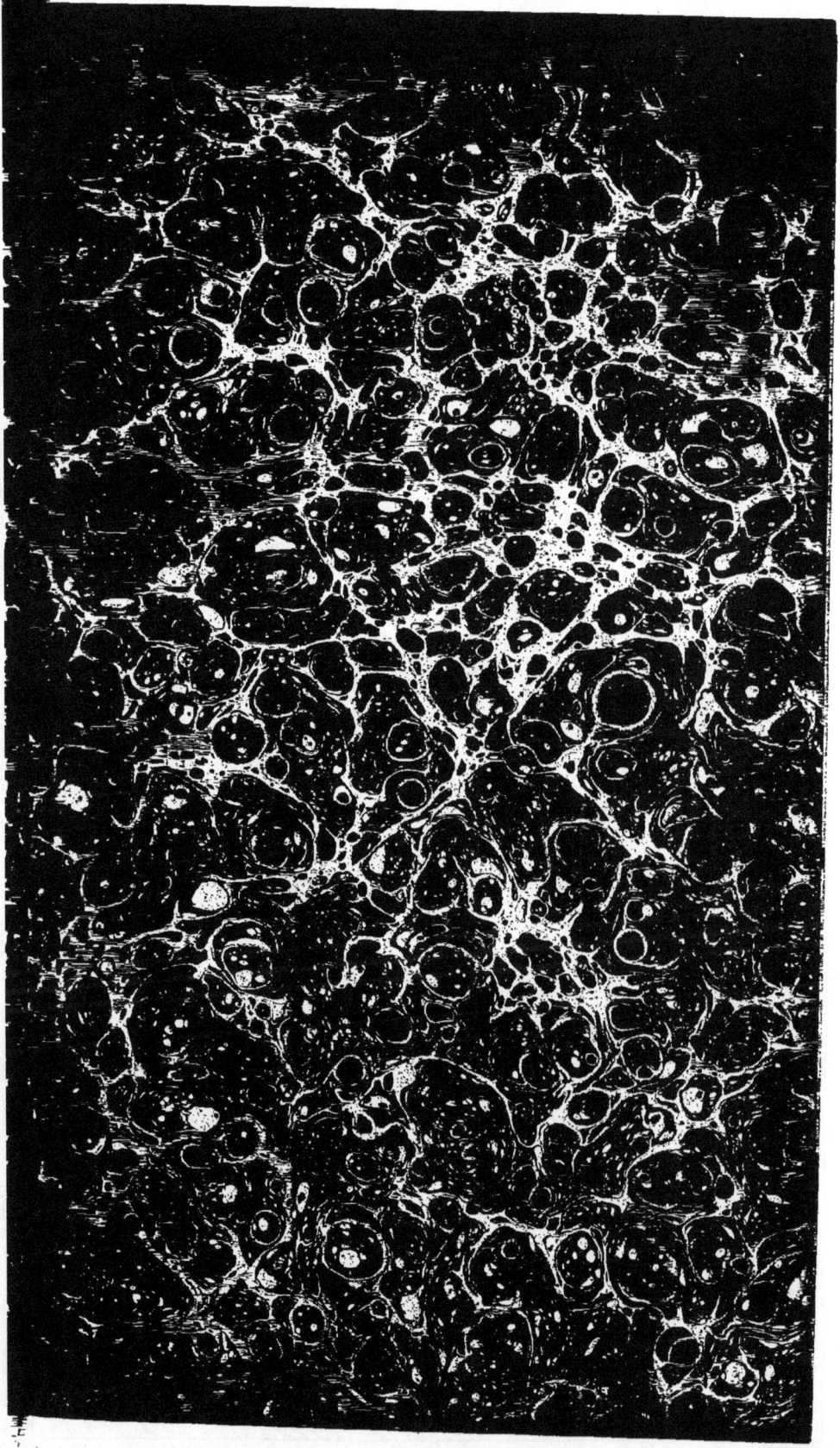

OL
909
C

O
1728
A.b.

C.

HISTOIRE
DES
GUERRES CIVILES
DES ESPAGNOLS
DANS LES INDES.

HISTOIRE
DES
GUERRES CIVILES
DES ESPAGNOLS
DANS LES INDES,
PAR GARCILLASSO DE LA VEGA.

TOME QUATRIÈME.

PARIS,
IMPRIMÉ AUX FRAIS DU GOUVERNEMENT
POUR PROCURER DU TRAVAIL AUX OUVRIERS TYPOGRAPHES.

AOUT 1830.

HISTOIRE

DES

GUERRES CIVILES DES ESPAGNOLS

DANS LES INDES.

SUITE DU LIVRE II DE LA IIe PARTIE.

—

CHAPITRE XVIII.

Aguirré se venge de l'affront qu'il avoit reçu, et de quelle manière il s'échappa.

Aguirré ne voulut point suivre les autres à la conquête qu'ils alloient faire, quoique ceux de Potosi s'offrissent à l'assister de tout ce qui lui seroit nécessaire : il demeura donc au Pérou, disant qu'un malheureux comme lui ne devoit penser qu'à mourir. Mais, quand il vit que le licencié Esquivel étoit hors de charge, il observa toutes ses allées et ses venues pour tâcher de le tuer, afin de se venger de l'injure qu'il en avoit reçue. Esquivel, averti par ses amis du dessein d'Aguirré, ne trouva point de meilleur moyen que de s'éloigner de lui : il fit environ quatre cents lieues, s'imaginant qu'une si grande distance feroit désister Aguirré de sa poursuite. Mais, plus le licencié fuyoit, plus l'autre le poursuivoit. Le premier voyage d'Esquivel fut à la ville des Rois, qui est éloignée du lieu où il étoit de trois cent vingt lieues. Mais, à quinze jours de là, il vit Aguirré à ses talons : il s'en alla de la ville des Rois à celle de Quito, éloignée de quatre cents lieues; ce qui ne lui servit de rien, parce qu'Aguirré y arriva vingt jours après lui. Esquivel, l'ayant su, tourna du côté de Cuzco, qui est à cinq cents lieues de Quito; mais Aguirré y arriva peu de temps après. Il courut ainsi trois ans et quatre mois après Esquivel, qui se lassa enfin de ces longues promenades : il prit donc la résolution de s'aller établir à Cuzco, s'imaginant que la crainte qu'auroit Aguirré de tomber entre les mains d'un juge si rigoureux et si exact comme étoit celui de cette ville-là l'empêcheroit de le maltraiter. Il alla demeurer dans une maison assez proche de la grande église, où il vivoit avec une précaution très grande, portant d'ordinaire sous son pourpoint une cotte de maille, et à son côté un poignard et une bonne épée, quoique ce ne fût pas l'équipage d'un homme de sa profession.

Dans ce même temps un neveu de mon père,

fils de Gomez de Tordoya, avertit le licencié Esquivel que d'Aguirré épioit l'occasion de le tuer, et lui offrit de venir passer les nuits chez lui, parce qu'il étoit sûr qu'Aguirré n'entreprendroit pas d'y entrer quand il sauroit qu'il lui tiendroit compagnie. Le licencié le remercia de ses offres, disant qu'il ne se laisseroit point prendre au dépourvu, et que pour sa sûreté il portoit toujours une cotte de maille et des armes offensives, ce qui lui sembloit suffire, parce que, s'il en faisoit plus de bruit, ce seroit donner un sujet de scandale aux bourgeois, et trop de vanité à un pauvre petit homme tel qu'étoit Aguirré. Ce petit homme pourtant eut l'assurance d'entrer en plein jour dans la maison du licencié, où, après avoir rôdé quelque temps, il entra dans une chambre dont ce docteur faisoit sa bibliothèque; et, le trouvant endormi sur un livre, il lui donna un coup de poignard à la tempe droite, dont il mourut bientôt après.

Après avoir fait son coup, Aguirré s'en retourna par où il étoit venu, avec tant de hardiesse que, s'étant aperçu qu'il avoit oublié son chapeau, il rebroussa sur ses pas pour l'aller chercher; et, l'ayant trouvé, il sortit à la rue si hors de lui-même que, quoique l'église fût tout proche, il n'eut pas l'esprit de s'y sauver, et tourna vers le couvent de Saint-François; mais il n'y entra point, tant il étoit éperdu; et, après avoir rôdé quelque temps, il prit à main gauche, comme s'il eût voulu aller au couvent des religieuses de Sainte-Claire. Par bonheur pour lui il rencontra deux jeunes cavaliers ; et, s'adressant à eux : « Cachez-moi, leur dit-il, cachez-moi, je vous prie » ; ce qu'il répéta quatre ou cinq fois, comme s'il n'eût pu proférer d'autres paroles. Les cavaliers, qui le connoissoient, et qui se doutoient à peu près de ce qu'il venoit de faire, lui demandèrent s'il avoit tué le licencié Esquivel : il répondit qu'oui, et les pria de rechef de le mettre en quelque lieu de sûreté ; ce qu'ils firent en même temps, le menant dans la maison de leur beau-frère, où derrière un corps de logis fort spacieux il y avoit trois grandes basses-cours, dans l'une desquelles il y avoit une espèce d'étable où l'on nourrissoit les pourceaux en certain temps de l'année : ce fut là qu'ils le logèrent, lui recommandant, sur toutes choses, de s'y tenir clos et couvert, de peur qu'il ne fût aperçu de quelques Indiens. Ils l'assurèrent, au reste, qu'ils prendroient le soin de lui donner à manger sans que personne y prît garde, comme ils le firent aussi fort adroitement : car, étant à table, ils serroient à la dérobée dans leur poche ce qu'ils y pouvoient mettre ; et, à la fin du repas, sous prétexte de quelques nécessités, ils l'alloient mettre eux-mêmes sous la porte de l'étable où étoit le pauvre Aguirré, qu'ils nourrirent ainsi quarante jours durant.

Cependant le juge de Cuzco ne sut pas plus tôt

la mort du licencié Esquivel, qu'il fit sonner le tocsin de toutes parts, et mettre pour gardes aux portes des couvents des Canarins indiens, et des sentinelles autour de la ville, faisant publier que personne n'entreprît d'en sortir sans en avoir une expresse permission de lui; ensuite il fit lui-même une si exacte recherche dans tous les couvents, qu'il n'y laissa point de lieu sans le visiter. Ces diligences et ces perquisitions se firent pendant plus de trente jours sans qu'on pût apprendre ce qu'étoit devenu Aguirré, non plus que si la terre l'eût englouti. Enfin au bout de ce temps-là on discontinua ces enquêtes, et même on ôta les sentinelles, mais non pas les gardes des grands chemins, qui observoient toujours avec grand soin ceux qui sortoient de la ville.

Il y avoit déjà quarante jours que ce meurtre s'étoit commis lorsque ces deux cavaliers, dont l'un se nommoit Santillen et l'autre Catagno, conclurent ensemble de délivrer entièrement Aguirré, de peur qu'on ne le trouvât chez eux, et que le juge, qui étoit extrêmement rude, ne leur fît quelque mauvais parti. Ils s'avisèrent, pour cet effet, de le faire sortir en plein jour, déguisé en nègre, après lui avoir rasé les cheveux et la barbe; et, afin qu'il parût tel véritablement, ils lui lavèrent la tête, le visage, le cou, les mains et les bras jusqu'aux coudes, d'une certaine eau où ils firent infuser un fruit sauvage que les Indiens appellent *vitoc*, qui n'est point bon à manger. Ce fruit, qui a la couleur et la forme d'une pomme, coupé par morceaux, et mis dans de l'eau trois ou quatre jours durant, la rend si noire, que, si on s'en lave à diverses fois le visage et les mains, et qu'on les laisse sécher à l'air, on devient de la couleur d'un Éthiopien, sans qu'il soit possible d'en effacer la teinture qu'au bout de dix jours. Après avoir ainsi défiguré ce pauvre soldat, qu'ils vêtirent, en Maure de campagne, d'un chétif caban, ils sortirent en plein midi avec lui, traversant les rues et les places de la ville, d'où ils se rendirent au bas de la montagne appelée Carmenca, qu'il faut monter pour gagner le grand chemin de la ville des Rois. Le nègre Aguirré avoit une arquebuse sur son épaule, et marchoit à pied devant ses maîtres, dont l'un en portoit une autre devant lui, à la selle de son cheval, et son frère un faucon du pays, feignant tous deux qu'ils alloient à la chasse.

En cet équipage ils arrivèrent au bout de la ville, où étoient postées les gardes, qui leur demandèrent s'ils avoient un passeport. Celui qui avoit l'oiseau, feignant de l'avoir oublié, dit à son frère qu'il l'attendît un peu, ou qu'il marchât toujours devant au petit pas, en attendant qu'il l'eût apporté. En disant cela il rebroussa chemin comme pour l'aller quérir; mais on ne le revit pas. Cependant son frère se hâta d'aller le plus vite qu'il put avec son nègre, jusqu'à ce qu'il l'eut mis hors de la juridiction de Cuzco; ayant fait avec lui plus de quarante lieues de chemin ; après cela il lui acheta un cheval, lui donna quelque peu d'argent, et lui dit adieu.

S'étant séparé d'avec lui, il s'en retourna à Cuzco, et Aguirré alla à Huamanca, où il avoit un fort proche parent, des plus riches et des principaux seigneurs de cette ville-là. Ce parent le reçut comme son propre fils ; et, pour le mieux régaler, il le tint chez lui durant plusieurs jours, après lesquels il le renvoya, l'ayant pourvu de toutes les choses dont il avoit besoin.

Aguirré s'échappa de cette manière, ce qui surprit tous ceux qui en entendirent parler. En effet, sa fuite fut une des grandes merveilles qui fussent arrivées dans le Pérou, vu les grandes précautions que le juge avoit apportées pour l'empêcher. Et on peut dire que les extravagances que fit Aguirré, après s'être défait de son ennemi, lui furent en quelque sorte plus utiles que dommageables : car il est vraisemblable qu'il n'eût jamais pu se sauver s'il se fût jeté dans un des trois couvents qu'il y avoit alors dans la ville de Cuzco. Cependant le juge prit pour un affront signalé d'avoir inutilement employé tant de soins sans pouvoir découvrir Aguirré ; et les plus hardis d'entre les soldats alloient disant tout haut que, « s'il se trouvoit dans le monde plusieurs Aguirré qui fussent aussi soigneux de se venger des injures comme l'avoit été celui-ci, cela empêcheroit les commissaires et les autres juges d'être si rudes et si téméraires qu'ils étoient ».

CHAPITRE XIX.

Visites rendues par les principaux du pays au vice-roi, qui rejette un avis que lui donne un capitaine. — Mutins châtiés dans la ville des Rois. — Mort du vice-roi, et ce qui arriva ensuite.

Le vice-roi dom Antoine de Mendoça vécut fort peu de temps après avoir fait son entrée dans la ville des Rois ; encore fut-ce avec tant de souffrances, que c'étoit plutôt mourir que vivre : si bien qu'il nous a laissé peu de chose à dire de lui. Dès qu'il fut entré dans cette ville-là, les principaux seigneurs du pays accoururent de tous les lieux de ce grand empire, depuis la ville de Quito jusqu'aux Charcas, pour avoir l'honneur de lui baiser les mains. Il y en eut un entre autres qui, les lui ayant baisées avec beaucoup de soumission, lui dit, croyant de lui faire un beau compliment : « Dieu veuille retrancher les jours de votre seigneurie, pour en augmenter les miens. » Le vice-roi répondit : « Vous n'en seriez pas plus heureux, parce que je ne crois pas vivre long-temps. » Cette réponse fit apercevoir le gentilhomme qu'il s'était mépris, et qu'il avait voulu dire tout le contraire ; de sorte qu'il demanda pardon au vice-roi, et sortit en même temps de la salle, où il fut un sujet de raillerie à ceux qu'il y laissa.

Quelques jours après, un capitaine dont il est parlé dans l'histoire s'en alla trouver dom Antoine, dans le dessein de lui donner certains avis qui lui sembloient très importants pour la sûreté du pays. S'étant donc approché du vice-roi, il lui dit : « Monseigneur, je me trompe fort s'il n'est absolument nécessaire que votre excellence remédie à un scandale qu'ont accoutumé de causer deux soldats d'un tel département, qui ne bougent d'avec les Indiens, et tuent à coups d'arquebuse quantité de gibier, dont ils se nourrissent. Ainsi ils désolent tout le pays par leur chasse, et font même de la poudre et des balles, chose dangereuse pour le pays, et qui a souvent excité du tumulte. C'est pourquoi l'on ne feroit pas mal, ce me semble, de les châtier, ou du moins de les bannir du Pérou. » Le vice-roi lui demanda si ceux qu'il accusoit traitoient mal les Indiens, s'ils vendoient de la poudre et des balles. Le capitaine lui répondit que non. Alors le vice-roi repartit : « Ils sont plutôt dignes de récompense que de châtiment : car je ne puis juger pour moi quelle sorte de crime c'est que de voir ensemble des Espagnols et des Indiens qui vont à la chasse, qui font de la poudre pour leur usage, non pas pour la vendre, et qui tuent du gibier pour en vivre; cela sans doute ne scandalise personne. Retirez-vous donc en paix, et qu'il vous suffise que ces soldats que vous blâmez, vivant comme ils font, doivent passer pour saints, vu les crimes que les autres commettent. » Ceci seul suffit pour faire voir avec quelle douceur le vice-roi dom Antoine de Mendoça gouverna l'empire du Pérou le peu qu'il vécut. Pendant sa maladie les auditeurs ordonnèrent que le service personnel des Indiens seroit désormais ôté, et en firent une déclaration, qui fut publiée à Cuzco, à la ville des Rois, et en plusieurs autres lieux, avec la même rigueur et les mêmes clauses qui étoient portées par les ordonnances ; ce qui causa une nouvelle sédition, dont un cavalier nommé Louis de Vargas, qui eut la tête tranchée, fut la victime. On en soupçonna plusieurs autres, entre lesquels fut Pierre de Hinoyosa, et, dans l'information qui fut faite, il y eut trois témoins qui déposèrent contre lui ; mais les auditeurs, comme dit le Palentin (liv. 2, ch. 8), pour faire de lui un voleur fidèle, le nommèrent pour intendant de justice dans le pays des Charcas, après avoir appris que plusieurs des soldats qui faisoient les mécontents s'y en alloient à l'envi avec un mauvais dessein. Hinoyosa accepta cette charge, à la persuasion du docteur Haravia, qui étoit le plus ancien des auditeurs. Les soldats disoient cependant que Hinoyosa leur donnoit des espérances, tantôt certaines et tantôt douteuses, de leur accorder ce qu'ils lui demanderoient à leur arrivée dans le pays des Charcas : comme donc ils ne demandoient qu'à se révolter, quoique les paroles de Hinoyosa fussent ambiguës, ils ne laissoient pas de les expliquer à leur avantage et conformément à leur mauvaise intention. Il est difficile de savoir si celle du général étoit de se soulever, parce que cela ne parut pas, quoique après tout on ne manquât point d'indices qui firent juger qu'il penchoit plutôt du côté du mal que du bien. Mais, quoi qu'il en fût, tous les soldats qui purent aller à la province des Charcas s'y acheminèrent, et invitèrent leurs amis à les suivre par des lettres qu'ils leur écrivirent en divers lieux du royaume. Ces lettres y en attirèrent plusieurs, et, entre autres, un cavalier considérable, nommé dom Sébastien de Castille, fils du comte de la Gomère et frère de dom Balthazar de Castille, dont il est amplement parlé dans l'histoire. Il sortit de Cuzco avec six autres cavaliers célèbres et nobles, sur ce que Vasco Godinez, principal boute-feu de l'émeute qu'on avoit projetée, lui écrivit une lettre en chiffres, par laquelle il lui rendoit compte de tout leur dessein, et de la promesse que Pierre de Hinoyosa leur avoit faite de se déclarer leur général. Dom Sébastien et ses compagnons sortirent de nuit de Cuzco, sans dire à personne où ils alloient, de peur que le juge ne leur envoyât des gens en queue; ils trompèrent les espions parce qu'ils prirent une route écartée, et se rendirent à Potosi, où ils furent fort bien reçus. Le juge de Cuzco, sachant qu'ils en étoient sortis, ne manqua point d'envoyer des gens après eux, et des ordres aux villes par où ils devoient passer, afin de les arrêter en quelque lieu qu'ils les trouvassent ; mais cela ne leur servit de rien : car les soldats de dom Sébastien étoient si adroits, soit dans la paix, soit dans la guerre, qu'ils savoient se démêler de tout ; et au contraire dom Sébastien étoit plus propre à paroître dans une cour qu'à être chef d'une rébellion comme celle qu'il entreprit, qui lui coûta la vie, par la trahison de ceux qui l'y portèrent.

Durant ces révolutions, le vice-roi dom Antoine de Mendoça mourut, ce qui fut une grande perte pour tout le Pérou. L'on fit sa pompe funèbre avec toutes les solennités qu'il fut possible de faire : il fut enseveli dans la principale église de la ville des Rois, à la main droite du grand-autel, à la gauche duquel étoit le corps du marquis dom François Pizarre. La préférence qu'on donna à Antoine de Mendoça fit murmurer bien des gens, qui disoient que, puisqu'on n'ignoroit pas que le marquis avoit conquis cet empire et fondé la ville des Rois, il étoit bien raisonnable de mettre son corps plus près du grand-autel que celui du vice-roi. Les auditeurs élurent pour sénéchal, ou juge de Cuzco, un cavalier appelé Giles Ramirez d'Avalos, qui étoit créature du vice-roi ; et le maréchal partit pour la ville de la Paix, autrement nommée la Ville-Neuve, où il avoit son département d'Indiens.

CHAPITRE XX.

Troubles dans les provinces des Charcas, où se font divers duels, et un entre autres assez remarquable.

Les soldats étoient si aguerris et si fougueux en ce temps-là, particulièrement ceux du pays des Charcas, de Potosi et de tous les environs, qu'il s'y faisoit tous les jours de nouveaux duels, non seulement par les plus braves d'entre eux, mais par les moindres marchands et revendeurs, jusqu'à ceux même qu'on appelait *pulperos*, comme qui diroit vendeurs de poulpe et de chétive marée. Cette coutume de se battre en duel s'établit si bien, qu'on ne savoit quel remède y apporter, la justice n'en trouvant point de meilleur que de les laisser s'entretuer, et de faire proclamer à cri public qu'aucun n'eût à s'entremettre d'accorder ces fanfarons, s'il ne vouloit être puni de la même peine qui leur seroit imposée. Cette précaution fut inutile pourtant, et ne servit non plus que les censures que faisoient les ecclésiastiques et les prédicateurs dans leurs sermons contre ces désordres. Ceux qui se battoient en duel le faisoient en diverses manières : les uns à demi-nus de la ceinture en haut, les autres en chemise, et les autres avec une simple camisole de taffetas rouge, qu'ils portoient exprès, afin que le sang qui sortoit de leurs blessures les effrayât moins, enfin chacun se battoit à sa mode, et avec telles armes qu'ils avisoient. Mais, afin qu'ils pussent mieux satisfaire leur passion, et empêcher qu'on ne les séparât, ils s'en alloient à la campagne, et prenoient des seconds avec eux. Un des plus fameux duels qui arrivèrent alors est rapporté par le Palentin; mais comme il le décrit en termes un peu trop confus, je le raconterai de la manière que je l'ai appris d'un des combattants, que je vis à Madrid l'an 1563, avec des marques qui lui restèrent de ce duel, où il fut tellement estropié des bras et des mains, qu'à peine s'en pouvoit-il servir pour manger. Un de ces combattants se nommoit Pero Nunez, non pas Diégo, comme le Palentin l'appelle, et l'autre Balthazar Perez. Ils étoient tous deux gentilshommes, et leur querelle vint sur le point d'honneur. Balthazar Perez prit pour second Egas de Guzman, natif de Séville; et Hernand Mexia, qui étoit aussi de la même ville, ayant su le défi de ces deux cavaliers, et qu'Egas de Guzman étoit second de Balthazar Perez, obtint, à force d'importunités, que Pero Nunez se servît de lui contre Egas de Guzman. Guzman ne le sut pas plus tôt, qu'il envoya dire à Pero Nunez que, puisque ceux qui se devoient battre étoient gentilshommes, ils ne souffriroient point pour second un homme de si basse naissance, fils d'une chétive mulâtre, qui ne faisoit point d'autre métier que de vendre des sardines frites dans la place de Saint-Sauveur à Séville. Pero Nunez, ayant reconnu qu'Egas de Guzman avoit raison, fit tout ce qu'il put pour révoquer la parole qu'il avoit donnée; mais il n'y put jamais faire consentir Mexia, qui lui dit, entre autres choses, qu'Egas de Guzman vouloit empêcher qu'il ne fût de cette partie parce qu'il savoit bien qu'il le surpassoit en adresse aux armes. Guzman, ayant su que Mexia n'avoit pas voulu se désister, lui envoya dire « qu'il ne vînt point pour le seconder s'il n'étoit bien armé, et que, pour lui, quand les autres se présenteroient sur le pré tout nus, il n'y paroîtroit autrement qu'avec son casque en tête et une bonne cotte de maille ».

Les deux combattants parurent dans cet équipage assez loin de Potosi, et leurs seconds de même. Aux premiers coups que porta Pero Nunez, qui étoit un des plus forts hommes de son temps, il mit hors de garde son ennemi; et, l'ayant abattu, lui jeta des poignées de terre sur les yeux, l'étourdissant à grands coups de poing qu'il lui donna sur le visage et sur l'estomac, sans vouloir s'aider du poignard pour lui ôter la vie. Les seconds cependant combattoient assez loin de là; et comme Fernand Mexia appréhendoit d'en venir aux prises avec Egas de Guzman, qu'il savoit être plus fort et plus adroit que lui, il l'entretenoit en escrimant et esquivant tantôt d'un côté et tantôt de l'autre, sans que son ennemi le pût blesser. Egas de Guzman, apercevant que son second ne pouvoit parer autrement que par des tours de souplesse, lui porta une grande estocade dans le visage, et en même temps le saisit au corps, et lui donna un coup de poignard au front, où il l'enfonça si avant que la pointe y demeura dedans. Mexia, tout étourdi de sa blessure, courut aussitôt où étoient les autres combattants; et, sans savoir ce qu'il faisoit, il frappa celui pour qui il se battoit, puis s'enfuit, sans savoir où il alloit. Egas de Guzman courut aussitôt au secours de celui qu'il secondoit, et ouït Pero Nunez qui lui disoit : « Ce n'est pas toi qui m'as blessé, mais bien celui qui se battoit pour moi. » En disant cela, il le frappoit à grands coups de poings et lui jetoit de la terre aux yeux. Egas de Guzman survint là-dessus; et, s'adressant à Pero Nunez : « Je ne vous ai point d'obligation, lui dit-il, de m'avoir fait second d'un homme si lâche. » En même temps il lui donna un grand coup, que Pero Nunez tâcha de parer avec le bras; mais il ne laissa pas d'être bien blessé. Alors Egas de Guzman, ayant ramassé les épées des quatre combattants (car Mexia, tout hors de sens, avoit jeté la sienne), les mit sous son bras gauche; et, du droit soutenant son second, qui ne pouvoit marcher, il le traîna le mieux qu'il put jusqu'à la première hôtellerie, où l'on recevoit des Indiens malades; et, l'ayant laissé là, et averti ceux du logis de prendre soin d'ensevelir un homme qu'ils trouveroient mort au lieu qu'il leur marqua, il s'alla réfugier dans une église. Pero Nunez fut porté à l'hôpital, et guérit de ses blessures; mais Fernand Mexia mourut de la sienne, parce qu'on ne put tirer la pointe du poignard qui lui étoit demeurée dans la tête.

CHAPITRE XXI.

Accommodement d'une querelle entre Martin de Roblez et Paul de Menesez. — Arrivée de Pedro de Hinoyosa aux Charcas, où il trouve quantité de soldats disposés à se soulever. — Avis qu'on lui donne là-dessus.

Le Palentin dit qu'il arriva dans ce temps-là encore plusieurs querelles semblables entre Martin de Roblez, Paul de Menesez, et autres personnes considérables. J'en pourrois rapporter ici plusieurs; mais j'aime mieux parler de quelque chose de plus important, après avoir dit ce qui se passa à l'égard de Paul de Menesez, qui étoit alors intendant de justice dans le pays des Charcas. On fit courir le bruit qu'il avoit les bonnes grâces de la femme de Martin de Roblez; et, cette accusation ayant fait impression sur les esprits, tant par les faux rapports des soldats qui se déclarèrent pour ceux d'un parti que pour ceux qui se jetèrent dans l'autre, quand il fut question de faire éclater cette querelle et d'en venir aux mains, cette affaire s'accommoda, et même d'une manière bien surprenante. Pour faire voir la fausseté de l'accusation, Paul de Menesez s'offrit d'épouser une fille de Martin de Roblez, quoiqu'elle n'eût que sept ans, et que Menesez en eût soixante-dix passés : par cette offre les parties se trouvèrent d'accord ; et ceux qui avoient voulu allumer la guerre de part et d'autre furent le sujet de la raillerie. Mais ils le furent bien davantage quand ils apprirent que Martin de Roblez, qui étoit homme à bons mots, et qui prenoit plaisir à railler, sans épargner même ceux de son parti, non plus que les autres, disoit ordinairement : « Que vous semble de mes amis et de mes ennemis? Ne les voilà-t-il pas bien joués? » Le Palentin, parlant de cet accord, dit « qu'après plusieurs mécontentements et diverses plaintes qui se passèrent de part et d'autre, il fut à la fin conclu que Paul de Menesez épouseroit mademoiselle Marie, fille de Martin de Roblez, âgée seulement de sept ans, le père s'offrant de lui donner trente-quatre mille écus en mariage, qu'il s'obligea de payer comptant à son futur gendre dès que sa fille auroit atteint la douzième année. Par cette promesse mutuelle, Paul de Menesez et Martin de Roblez accommodèrent leur différent, au grand chagrin des gens de guerre, qui espéroient de se prévaloir de cette querelle et des autres dissensions pour pêcher en eau trouble, après qu'ils auroient allumé la guerre dans le pays, s'imaginant que les meilleurs départements seroient pour eux ».

Le mariage dont nous venons de parler n'eut point d'effet, et ne pût être consommé à cause de l'inégalité des âges, et de la mort de Paul de Menesez, qui arriva peu de temps après. Cependant cette jeune dame, n'ayant pas encore douze ans, hérita des biens de son mari, et changea, comme on disoit de Pedro d'Alvarado, sa vieille chaudière pour une neuve, ayant épousé un jeune homme de vingt ans, allié de Paul de Menesez.

Un peu avant que cet accord se fît, le général Pedro de Hinoyosa arriva au pays des Charcas pour exercer la charge d'intendant dans la ville de la Plata et en tous les autres lieux de cette contrée : il y trouva quantité de soldats, qui s'y rendirent sur l'espérance qu'il leur donnoit, ou qu'ils s'imaginoient qu'il leur eût donnée par ses paroles ambiguës. Ce général fut fort en peine de ne leur pouvoir donner ni logement, ni vivres, ni les autres choses qui leur étoient nécessaires ; ce qui fut cause aussi qu'il en vint à quelques paroles avec Martin de Roblez et Paul de Menesez, leur disant que, puisqu'ils avoient fait venir les soldats pour s'en servir dans leurs querelles particulières, il étoit bien juste qu'ils les logeassent, et leur donnassent de quoi vivre, au lieu de les laisser mourir de faim. Martin de Roblez lui répondit qu'il n'en falloit point imputer la faute à un seul, puisque plusieurs les avoient mandés ; voulant dire qu'il étoit aussi coupable que les autres à cet égard. Tandis que ces hommes dissimulés et couverts se déchargeoient ainsi les uns sur les autres, et qu'on les soupçonnoit de mauvaise intelligence, la ville de la Plata et tous les environs en prirent si fort l'alarme, que d'entre les principaux les uns s'en allèrent demeurer ailleurs et les autres se retirèrent dans leurs départements d'Indiens, pour n'être pas témoins des insolences des gens de guerre, qui parloient publiquement de se soulever, jusque là même qu'ils sommèrent enfin le général de la parole qu'il leur avoit plusieurs fois donnée de se déclarer leur chef dès qu'il seroit arrivé dans la province des Charcas, disant qu'il étoit temps de prendre les armes, et qu'il ne falloit pas différer. Le général ne répondoit autre chose à ces pressantes sollicitations, sinon qu'il espéroit d'avoir bientôt des lettres expresses de l'audience royale pour commander, en qualité de principal chef, dans le premier armement qui se feroit, et que cette charge leur serviroit à tous d'un spécieux prétexte pour mieux appuyer leur entreprise.

Il entretenoit ainsi les gens de guerre, quoiqu'il ne pensât à rien moins qu'à exécuter ce qu'il leur faisoit espérer : car, quoique dans la ville des Rois il leur en eût fait autrefois quelque sorte de promesse, en termes, comme j'ai dit ci-devant, équivoques et confus, cependant, se voyant une belle charge et plus de 200,000 ducats de rente, il se proposoit d'en jouir en paix, sans hasarder dans une seconde révolte ce qu'il avoit gagné dans la première. Les soldats, voyant sa grande froideur, conclurent entre eux d'ôter la vie à ce général, et de faire chef de leur entreprise dom Sébastien de Castille, qui étoit celui de tous qu'ils aimoient le mieux. Ils donnèrent si ouvertement à connoître leur dessein, que plusieurs des principaux, qui ne demandoient que le repos du pays, avertirent Pedro de Hinoyosa de prendre garde à lui, et de chasser de sa juridiction ces mutins devant qu'ils le fissent mourir, et que leur révolte fût cause de la désolation de leur province. Le licencié Paul Ondegardo lui en parla encore plus particulièrement, et lui dit : « Monsieur, obligez-moi, je vous prie, de me faire votre lieutenant pour un mois seulement, et je mettrai en sûreté votre vie, qui est en grand danger, et délivrerai ceux de cette ville de la peur continuelle qu'ils ont de la rébellion que messieurs les soldats ont dessein de faire. » Quoique ces avertissements dussent obliger Pédro de Hinoyosa de se tenir sur ses gardes, cependant il n'en faisoit pas plus de diligence, se fiant sur sa charge, sur ses grandes richesses et sur son grand courage.

CHAPITRE XXII.

Autres avis donnés au général par diverses voies. — Son humeur froide et trop impérieuse est cause que les soldats conspirent sa mort.

La fureur et les artifices des soldats allèrent bien plus avant que nous n'avons dit : car ils semèrent de toutes parts quantité de fausses lettres, dont les unes s'adressoient à dom Sébastien de Castille, et les autres à plusieurs fameux guerriers, qu'ils avertissoient de se délivrer des embûches de l'intendant de justice, qui les vouloit faire tuer; ils en écrivirent aussi quelques autres à lui-même, par lesquelles ils le menaçoient de lui ôter la vie. Ces lettres, publiées en même temps, ne faisoient qu'aigrir les esprits par de si tristes nouvelles, comme Diego Fernandez Palentin le fait voir au long, chap. 11, que nous rapporterons en abrégé. Voici ce qu'il dit :

« Le licencié Polo avoit averti plus d'une fois l'intendant Pedro de Hinoyosa, jusqu'à le prier avec instance d'en faire informer, et de châtier les coupables; mais, comme il vit que cela ne servoit de rien, un samedi 4 de mars il alla trouver le gardien de Saint-François, et, après que la messe de Notre-Dame fut dite, il le pria de parler à l'intendant et de le solliciter de prendre des mesures pour prévenir ces désordres. Le gardien le fit ; mais ce fut inutilement, parce qu'il trouva peu de disposition dans l'esprit de Hinoyosa à ajouter foi à ses paroles. Ce même jour, après son dîner, Martin de Roblez lui en dit autant devant quelques seigneurs, et l'assura que les soldats étoient résolus de le tuer. Mais, comme Pedro de Hinoyosa étoit déjà rebuté de lui, à cause de ce qui s'étoit passé touchant le logement des gens de guerre, il ne se mit pas beaucoup en peine de son avis ; ce qui obligea le licencié Polo, qui s'y trouva présent, de lui dire, tout ému, qu'il devoit pourtant bien prendre garde à lui, et ne point dédaigner les avis de Roblez ; qu'il ne disoit rien que tous ceux de la ville ne sussent ; qu'il lui conseilloit de faire informer sans délai sur un fait de si grande importance ; et qu'en cas qu'il ne se trouvât pas véritable, il vouloit qu'on lui tranchât la tête. Pedro de Hinoyosa ne tint point de compte de tous ces conseils, parce son humeur altière et sa vanité insupportable lui faisoient dire que tous les soldats ensemble n'étoient pas capables de lui nuire, et que, s'il mettoit une fois la main sur eux, il les sauroit fort bien arrêter ; il voulut même que l'on changeât de propos, et qu'on ne lui parlât jamais de cette affaire-là. Le lendemain, qui fut un dimanche, il s'entretint, après le dîner, avec Martin de Roblez, Pedro Hernandez Paniaza et quelques autres personnes.

Le même soir il fut visité par Jean de Huard et par le plus rusé d'entre les soldats, qui ne le furent trouver que pour juger à sa mine de la bonne ou mauvaise volonté qu'il avoit pour eux, sachant qu'il étoit assez libre et fort peu dissimulé : ils trouvèrent qu'il leur fit un favorable accueil ; et, comme on vint à parler des gens de guerre qui étoient dans le pays, il leur dit qu'il se réjouissoit fort d'avoir dans sa juridiction de si braves hommes, qu'on pouvoit appeler à bon droit la fleur du Pérou. Ce discours leur fit beaucoup de plaisir, et ils prirent congé de lui pour aller faire part de ces nouvelles à dom Sébastien et à leurs autres confédérés : ils résolurent donc ensemble de n'user point d'un plus long délai, et de s'assembler la nuit suivante pour prendre les ordres qu'ils devoient tenir pour agir le lendemain matin, et faire éclore les pernicieux desseins qu'ils couvoient dans l'âme il y avoit si long-temps. » Voilà ce qu'en dit Fernandez.

Ne pouvant donc plus long-temps différer une chose qu'ils désiroient avec ardeur, ils conclurent ensemble de passer outre. Les principaux de cette conspiration furent dom Sébastien de Castille, Garcitello de Guzman la Vega, Vasco Godinez, Balthazar Vellasques, le licencié Gomez Hernandez, et plusieurs autres soldats des plus signalés. Egas de Guzman fut de leur partie, et vint à la ville de la Plata sous prétexte de demander au général une amnistie pour la mort de Hernand

Mexia. En effet, Hinoyosa fut si peu prévoyant et si peu soigneux des choses qui regardoient sa conservation et sa vie même qu'il lui accorda sa requête, et le favorisa de lettres fort amples adressées à la justice de Potosi, tant séculière qu'ecclésiastique. Sous ce beau prétexte, les soldats envoyèrent dire à Guzman qu'il commençât la révolte dans Potosi dès qu'il auroit su la mort du général. Après toutes ces précautions ils s'assemblèrent de rechef dans la maison d'un de leurs compagnons, qu'on nommoit Hernand Guillada, où ils conclurent de terminer leur entreprise le lendemain matin; et dom Sébastien de Castille prit les plus résolus de ses soldats pour s'en servir à tuer le général. Ils trouvèrent à propos de n'aller pas tous ensemble à l'hôtel de l'intendant, mais les uns après les autres, de peur qu'on ne les soupçonnât, et que les domestiques, fermant les portes du logis, et criant par les fenêtres qu'on eût à leur prêter main-forte, ne les empêchassent ainsi de passer outre. Cependant Garcitello de Guzman et quatorze ou quinze des plus déterminés de ses compagnons se tinrent tout prêts, avec dessein de se rendre séparément par diverses rues dans la maison du général, pour secourir dom Sébastien. Outre ceux-ci, neuf ou dix autres soldats se cachèrent dans le logis de Fernand Piçarre, où il ne demeuroit personne, avec leur chef Gomez Mogollon. Le lendemain, sitôt qu'il fut jour, ils mirent des espions par toutes les avenues pour voir s'il n'y avoit point de bruit par la ville ou dans la maison du général, et pour les avertir quand elle seroit ouverte, afin d'y entrer aussitôt, et de tuer le général dans son lit.

CHAPITRE XXIII.

Dom Sébastien de Castille et ses compagnons tuent Pedro de Hinoyosa et Alonse de Castro son lieutenant. — Emeute dans la ville. — Prisonniers faits par les rebelles, qui disposent à leur gré des charges et des offices.

Dom Sébastien, averti par ses espions que la maison du général étoit ouverte, sortit aussitôt avec ses compagnons, jusqu'au nombre de sept, tous gens d'élite, et toutefois si épouvantés, qu'à mesure que les uns sembloient prendre courage, les autres le perdoient, comme le remarque Diego Hernandez : tellement qu'on eût dit à les voir qu'ils s'en alloient combattre quelque gros bataillon, quoiqu'il ne fût question, comme ils le savoient bien, que d'attaquer un seul cavalier, qui ne pensoit nullement à se conserver. Ils entrèrent enfin dans sa maison, et le premier qu'ils trouvèrent fut Alonse de Castro, lieutenant de Hinoyosa. Comme il les vit d'abord tous effarouchés : « Quelle émeute est ceci ? » leur dit-il. Alors dom Sébastien, mettant la main à l'épée, lui répondit que ce langage étoit hors de saison. Le lieutenant, le voyant l'épée nue, se mit à fuir; mais il fut poursuivi par un soldat qu'on appeloit Anselme de Rias, qui le perça par le milieu du corps, et contre le mur, où la pointe de son épée se faussa; de sorte qu'après l'avoir retirée, quand il voulut lui donner un autre coup, voyant qu'elle ne pouvoit percer : « O traître, dit-il, que tu as la peau dure! » Néanmoins il acheva de le tuer, assisté de quelques autres qui survinrent là-dessus. Ensuite ils s'en allèrent dans l'appartement de Pedro de Hinoyosa; mais ils ne le trouvèrent point dans pas une des chambres, après y avoir fouillé de tous côtés, ce qui les surprit extrêmement. Deux de leur troupe mirent aussitôt la tête à la fenêtre, criant que le tyran étoit mort, quoiqu'ils ne l'eussent point trouvé; mais ce qu'ils en firent fut pour inciter leurs gens à les secourir avant qu'il vînt des bourgeois au secours du général. Ceux qui étoient demeurés en bas cherchèrent Hinoyosa de toutes parts, jusqu'à ce qu'enfin il y en eut un qui, s'en étant allé à ses nécessités, le trouva finalement, et lui dit : « Sortez, monsieur; voici dom Sébastien de Castille et quelques autres cavaliers qui viennent parler à vous. » Le général parut à l'instant, vêtu d'une robe de chambre, et, au sortir d'une basse-cour, il rencontra un des soldats qu'on appeloit Gonçale de Matta, qui, s'étant mis devant lui, comme le rapporte le Palentin (ch. xi), lui dit : « Monsieur, voici des cavaliers qui désirent passionnément de vous avoir pour chef, pour maître et pour père. » A ces mots, le général, s'étant mis à sourire : « Est-il vrai, messieurs ? leur répondit-il. Voyez, je vous prie, ce que vous me demandez. — Il n'est pas question de cela, lui repartit Garcitello de la Vega : nous sommes contents du général que nous avons, qui est dom Sébastien de Castille. » En même temps il lui enfonça son épée presque jusqu'aux gardes, si bien que, de la violence du coup, il tomba à l'instant. Il fit un effort pour se relever ; mais Antoine de Sepulveda et Anselme de Hervias, étant accourus, lui portèrent deux autres coups, dont ils l'abattirent. Il se mit à crier : « Confession, cavaliers, confession ! » Tellement qu'ils le laissèrent ainsi pour mort. Un autre soldat survint aussitôt ; et comme on lui eut dit que le général étoit expédié : « Prenez-y bien garde, leur dit-il, afin de ne vous point abuser. » Ce qui fut cause qu'Anselme de Hervias, retournant sur ses pas, lui donna encore sur le visage un si furieux coup, qu'il acheva de rendre l'esprit. Ensuite ils pillèrent toute la maison, sans y laisser aucune chose. Le coup qu'Anselme de Hervias donna à Hinoyosa ne fut point avec une épée, mais avec un lingot d'argent qu'il tira d'un endroit où il y en avoit un gros monceau et des plaques carrées faites en façon de tuiles ; et, en lui déchargeant le coup, il lui dit : « Soûle-toi de tes richesses, puisque la trop grande abondance que tu en as eue t'a fait dédaigner la promesse que tu nous avois faite d'être notre capitaine. »

Après qu'ils eurent tué le général, ils s'en allèrent, criant : « Vive le roi ! vive le roi ! Le traître, qui étoit si avare, n'est plus au monde, et ne se vantera plus de nous avoir faussé sa foi. » Garcitello de la Vega Guzman sortit en même temps avec ses quinze compagnons, qui, divisés en deux bandes, s'en allèrent pour tuer, les uns Paul de Menesez, et les autres Martin de Roblez, dont tous les soldats se plaignoient extrêmement, prétendant qu'ils s'étoient moqués d'eux de les avoir fait venir de loin pour s'en servir dans leurs querelles particulières. Martin de Roblez fut averti de ce qui se passoit par un Indien qui le servoit; et, ne pouvant faire autre chose, il se jeta tout en chemise dans une basse-cour, et s'échappa de la mort. Quant à Paul de Menesez, le bonheur voulut pour lui qu'il sortît cette même nuit de la ville, appréhendant que les gens de guerre ne se vengeassent de sa tyrannie, comme ils l'en menaçoient à toute heure, et, ne se trouvant pas en sûreté à sa maison de campagne, il l'abandonna pour s'en aller en un autre lieu, où il étoit difficile de le surprendre.

Les soldats, ne les ayant point trouvés dans leurs maisons, y dérobèrent tout ce qu'ils purent, puis allèrent rejoindre à la place dom Sébastien. En suite de cela, ils furent aux logis de quelques autres des principaux, et arrêtèrent Pedro Hernandez Paniaga, qui avoit été envoyé autrefois par le président Gasca pour porter des lettres de sa part à Gonçale Piçarre, et qui, pour reconnoissance de ce service, fut pourvu d'un fort bon département d'Indiens dans la ville de la Plata. Ils prirent encore Jean Hortis de Çarate, Antoine Alvarez et tous les autres seigneurs qu'ils purent avoir, et qui eurent si peu de soin de se tenir sur leurs gardes, qu'encore qu'ils vissent tous les soldats en émeute, ils ne laissèrent pas de tomber entre leurs mains par leur nonchalance.

Le licencié Polo se sauva sur un bon cheval par l'avis qu'un de ses domestiques, Indien, lui donna fort à propos pour lui. Les autres soldats, dispersés qui çà qui là par la ville, se rendirent tous à la grande place, où Tello de Véga, surnommé l'Étourdi, déploya une bannière à l'indienne, comme le remarque le Palentin (ch. 14). « Il fut fait, dit-il, une proclamation, au son des tambours, par laquelle il étoit expressément ordonné à tous les bourgeois de s'aller ranger sous le drapeau qu'on y avoit arboré à la place, et même de s'y mettre en ordre de bataille : tellement qu'à l'heure même Rodrigue d'Orellana, qui laissa dans sa maison sa baguette qu'il portoit pour marque de sa charge de prévôt ordinaire, Jean Ramon et le licencié Gomez Hernandez, s'y rendirent. On enrôla des soldats, qu'on fit entrer par une des portes de l'église et sortir par l'autre;

il s'en trouva jusqu'à cent cinquante-deux. Dom Sébastien fut fait capitaine-général et intendant de justice ; deux jours après il obligea les prisonniers à le reconnoître pour chef, et nomma pour son lieutenant le licencié Gomez Hernandez ; il donna la charge de sergent-major à Jean de Huyard, et il fit capitaines Hernand Guillada et Garcitello de la Vega. Il voulut de plus que Pedro de Castille commandât l'artillerie, qu'Alvaro Perez Payen fût contrôleur général des gens de guerre, Diego Perez sergent-major, et Barthélemy de Sainte-Anne son lieutenant. »

Rodrigo d'Orellana suivit l'ordre des mutinés plutôt parce qu'il les craignoit que par inclination pour leur parti ; plusieurs autres seigneurs et soldats en firent autant, le nombre des rebelles étant incomparablement plus grand que des autres, et ils étoient prêts à faire main-basse sur ceux qui ne voudroient pas prendre parti pour eux.

CHAPITRE XXIV.

Ordre et précautions de dom Sébastien pour faire soulever dans Potosi Egas de Guzman. — Ce qui se passa dans la même ville.

Dom Sébastien fit capitaine de ses gardes un soldat de ses plus intimes amis, qu'on appeloit Diego Mendez. Il lui donna treize hommes à commander, des plus vaillants qui fussent alors, et sur la fidélité desquels il se reposoit le plus; cependant ils lui manquèrent tous au besoin. Il envoya de plus un autre soldat, nommé Garcia de Baçan, avec une bande d'assez bons hommes, au département de Pedro de Hinoyosa, pour s'y saisir des esclaves, des chevaux et des autres biens du défunt, et il leur donna ordre exprès d'emmener tout ce qu'il trouveroit de soldats vers cette frontière. Dom Sébastien leur ordonna encore qu'ils amenassent prisonnier Diego d'Almendras, qui étoit dans ce même département, et d'autres soldats eurent ordre de courir après le licencié Polo. Mais ni les uns ni les autres ne purent venir à bout de leur dessein, parce que le licencié Polo, passant par le lieu où était Diego d'Almendras, l'avertit de la mort du général Hinoyosa; de sorte que, de plusieurs esclaves qu'avoit Hinoyosa, Diego d'Almendras prit tous ceux qu'il put avoir, et avec les chevaux qui lui appartenoient encore il s'enfuit avec le licencié Polo, et ils s'éloignèrent le plus qu'ils purent des mutinés. Dom Sébastien envoya aussi deux autres soldats à Potosi, pour avertir Egas de Guzman de ce qui s'étoit passé, et l'obliger à faire révolter cette ville-là. Toutes ces commissions furent délivrées par dom Sébastien le même jour que Pedro de Hinoyosa fut assassiné. Ceux qu'on envoya à Potosi firent tant de diligence, qu'encore qu'il y eût dix-huit lieues de chemin fort rude et une grosse rivière à passer, ils y arrivèrent le lendemain matin. Egas de Guzman, ayant appris ce qui s'était passé, appela des soldats qu'il faisoit tenir prêts pour l'exécution de son entreprise, et avec les mêmes courriers qui lui avoient apporté la nouvelle, sans autre équipage que leurs capes, et sans autres armes que leurs poignards et leurs épées, ils s'en allèrent tous à la maison de Gomez de Solis et de Martin d'Almendras, frère de Diego d'Almendras, qu'ils prirent facilement, et les menèrent à l'hôtel-de-ville, où, les ayant chargés de fers et de chaînes, ils les mirent en un lieu séparé avec de bonnes gardes. Au bruit de cet emprisonnement il accourut aussitôt plusieurs autres soldats, qui, s'étant joints avec Egas de Guzman, s'en allèrent à la fonderie royale, où ils se saisirent de François d'Ysasiga et de Fernand d'Alvarado, l'un trésorier, et l'autre contrôleur-général des finances de sa majesté. Après cela, ils rompirent les caisses du trésor du roi, qui se montoit à plus d'un million et demi d'argent, qu'ils pillèrent entièrement. Ensuite ils firent faire une proclamation, que tous les bourgeois eussent à se ranger en bataillon à la place et à s'y tenir sous les armes. Egas de Guzman fit sergent-major un soldat qu'on appeloit Antoine de Luxan, qui, pour s'emparer de cette charge-là, tua Fernand d'Alvarado, en l'accusant, comme dit le Palentin, d'avoir été du nombre des confédérés du général Pedro de Hinoyosa pour faire soulever le royaume. Tout cela ne fut pas plus tôt exécuté, que Guzman dépêcha en diligence six ou sept soldats pour aller au bourg appelé Porcu, rassembler autant de gens, de chevaux et d'armes, qu'ils en pourroient trouver dans tout le voisinage.

Dans cette conjoncture, un chevalier de l'ordre de Saint-Jean, ayant appris la mort de Hinoyosa, écrivit à dom Sébastien une lettre pour le féliciter de ses bons succès, et le prier qu'il lui envoyât une vingtaine d'arquebusiers, avec lesquels il iroit prendre Gomez d'Alvarado et Laurens d'Aldana, qui n'étoient pas loin de là; lui recommandant sur toutes choses de dire aux soldats qu'ils n'allassent point par le chemin ordinaire, mais par des sentiers et des lieux détournés, afin que personne ne les soupçonnât. Le bon commandeur porta la peine de cette fausse démarche, comme on le verra dans la suite.

Le jour qui suivit celui de la mort du général Hinoyosa, il arriva à la ville de la Plata Baltazar Vellasquez et Blasco Godinez, qui y vinrent pour le meme dessein qu'avoit dom Sébastien, comme le raconte le Palentin en ces termes : « Dom Sébastien se préparoit à les recevoir, lorsque, étant arrivés à la place de la ville, il s'en alla au-devant d'eux. Godinez et lui mirent pied à terre, et s'embrassèrent avec de grandes démonstrations d'amitié. « Monsieur, dit Blasco Godi» nez à dom Sébastien, j'ai appris à cinq lieues » d'ici la bonne fortune que vous avez eue, et » que j'ai si passionnément souhaitée. » Dom Sébastien lui répondit la tête découverte : « Ces ca» valiers m'ont fait leur général, et je n'ai accepté » cette charge qu'en attendant votre venue ; à » présent que vous voici, je vous la remets. — » Cette charge, répliqua Blasco Godinez, ne peut » être en de meilleures mains que les vôtres, et » je n'ai apporté tous mes soins qu'à vous en voir » pourvu comme vous êtes. » Après s'être ainsi complimentés, ils se retirèrent tous deux en particulier, et furent quelque temps ensemble.

» Au sortir de leur conférence, dom Sébastien fit publier que, sur peine de la vie, ils eussent tous à reconnoître Blasco Godinez pour mestre de camp, et nomma Baltazar Vellasquez pour capitaine de sa cavalerie. Après tout cela, dom Sébastien, s'adressant à Blasco Godinez, lui dit : « Monsieur, nous avons toujours attendu pour » l'exécution qui se fit hier; mais, comme le temps » pressoit, nous avons été contraints de passer » outre : disposez à présent des affaires comme » bon vous semblera; nous serons toujours bien » aises de ne rien entreprendre que sous votre » conduite. » Blasco Godinez répliqua « qu'on » ne feroit jamais mal en suivant son conseil, et » qu'il espéroit que les démarches qu'il avoit fai- » tes ne seroient pas inutiles, puisqu'elles n'a- » voient pour but que la tranquillité d'un cha- » cun. » Il ajouta, parlant généralement à tous, qu'il paroissoit bien qu'il avoit été absent, puisqu'il n'avoit point été trouver le maréchal Alphonse d'Alvarado pour lui ôter la vie, et que, si la nouvelle de ce qui s'étoit passé lui fut plus tôt arrivée, ses compagnons et lui n'auroient pas manqué de s'en défaire. Dom Sébastien fit assembler le conseil pour délibérer sur cette affaire, où se trouvèrent Blasco Godinez, Balthazar Vellasquez, Jean Ramon, le licencié Gomez d'Hernandez, Hernand Guillada, Diego d'Avalos, Pedro de Castille, Garcitello et quelques autres que je ne nommerai point. Blasco Godinez s'offrit à être chef de cette entreprise; mais il se trouva que dom Sébastien en avait déjà promis la commission à Jean Ramon, et ainsi l'on demeura d'accord qu'on enverroit vingt-cinq soldats, sous la conduite de Ramon et de dom Garcia, pour surprendre la ville de la Paix. Blasco Godinez dit que la chose n'étoit pas difficile, vu l'intelligence qu'on pouvoit avoir dans la place; si bien que pour cet effet il s'offrit d'écrire, comme il fit, à Jean de Vargas et à Martin d'Olmos. »

CHAPITRE XXV.

Dom Sébastien et ses conseillers envoient des capitaines et des soldats pour tuer le maréchal. — Jean Ramon leur chef désarme dom Garcia et ceux de sa troupe. — Dom Sébastien est assassiné par les mêmes qui l'avoient fait soulever.

Le Palentin, continuant son histoire, dit ce qui suit (chap. xv) : « Ils firent en même temps une liste de ceux qui devoient aller à cette entreprise, et voulurent qu'ils se tinssent prêts pour le jour suivant, leur donnant des armes et des chevaux pour faire ce voyage. Le lendemain, qui étoit un mercredi matin, Jean Ramon, dom Garcitello, Gomez Magolon, Gonçale de Matta, François Gagnasco, Almança Hernand de Sorio, Pedro de Castro, Matthieu de Castagneda, Campofrio de Carvajal, Jean Nietto, Pierre-François de Solis, Balthazar d'Escobedo, Diego Maldonat, Pedro de Marguia, Rodrigo d'Arevalo, Antoine Altamirano, Lucena Hermosilla et quelques autres partirent. Ils ne furent pas plus tôt sortis de la ville, que Blasco Godinez avertit Egas de Guzman d'envoyer du secours à Jean Ramon et à dom Garcia, par la lettre suivante :

« Mon très cher frère, monsieur le général
» envoie dom Garcia et Jean Ramon à la nou-
» velle ville pour se saisir du maréchal et le tuer
» ensuite, parce qu'après cette exécution, nous
» n'aurons plus d'obstacle à notre victoire. On a
» choisi pour cette exécution vingt-cinq cavaliers
» qui sont si vaillants, que je n'en voudrois pas
» d'autres pour conquérir tout le monde, ce qui
» me fait croire que personne n'aura l'assurance
» de s'opposer à notre dessein. C'est pourquoi,
» mon frère, tenez-vous prêt avec vos gens, d'au-
» tant que M. le général m'a fait entendre qu'il
» est nécessaire de faire sortir un secours de gens
» bien équipés pour la défense de tous nos amis.
» Je vous dirai, au reste, qu'il nous semble à tous
» que vous n'avez pas fait une petite grâce à Go-
» mez de Solis que de lui sauver la vie. »

» Egas de Guzman, ayant reçu cette lettre, fit préparer aussitôt, en faveur de Jean Ramon, cinquante-cinq hommes qui devoient être commandés par le capitaine Gabriel de Perna, avec ordre de suivre Jean Ramon jusqu'à la nouvelle ville. Ces gens partirent enseigne déployée, ayant avec eux Gordogno de Valence, Diego de Tapia, le Louche, François de Choves, Jean de Sepeda,

François Pacheco, Pedro Hernandez, Alphonse Marquina, Pedro de Vernavides, Jean Marquez, Louis d'Estrada, Melchior Pacho, Antoine Davila et plusieurs autres. »

Les soldats qui tramèrent cette révolte ne la virent pas plus tôt exécutée, qu'ils résolurent entre eux d'en tuer le chef, qu'eux-mêmes avoient fait soulever, parce que depuis les guerres de Gonçale Piçarre on avoit toujours eu pour maxime de se défaire de celui qu'on avoit élevé à la tyrannie, et ceux même qui l'avoient élu pour chef l'abandonnoient à la fin, et le faisoient mourir, sous prétexte de rendre service au public. Ainsi Jean Ramon, étant élu chef, avec dom Garcia, de ceux qui devoient aller à la ville de la Paix pour y tuer le maréchal Alphonse d'Alvarado, conclut avec quelques uns de ses amis, avant que sortir de celle de la Plata, de quitter le parti de dom Garcia et de dom Sébastien pour suivre celui du roi. Cependant dom Garcia fut averti en chemin du dessein de Jean Ramon, car ils se vendoient eux-mêmes les uns les autres; mais comme il étoit jeune, sans expérience et peu aguerri, il ne prit aucunes mesures sur cela, et poursuivit son chemin, sans avertir ses amis de se tenir sur leurs gardes.

Le lendemain de leur départ, Jean Ramon, sachant que dom Garcia étoit averti de son dessein, résolut de ne différer pas davantage l'exécution de son entreprise. Il commença par l'affront qu'il fit à cinq des principaux soldats de dom Garcia qui étoient demeurés derrière, auxquels il ôta leurs armes et leurs chevaux. Ensuite il courut après dom Garcia, qui marchoit devant avec ses gens, et se saisit de leurs arquebuses et de leurs chevaux; mais il leur laissa leurs épées, afin que l'affront n'en fût pas si grand. Dom Garcia, se repentant alors de n'avoir point prévenu Jean Ramon en lui faisant le même traitement qu'il en avoit reçu, s'offrit à aller servir le roi dans sa compagnie; mais Ramon ne voulut pas, afin qu'il ne partageât pas avec lui le mérite de ce service. Dom Garcia et ses gens, ayant bien considéré l'état où ils se trouvoient, conclurent ensemble de s'en retourner où étoit dom Sébastien de Castille, qu'ils firent avertir de ce qui se passoit par un soldat appelé Rodrigo d'Orevalo, qui se rendit à la ville, comme le remarque le Palentin, le 11 de mars, environ les neuf heures du soir. Les bourgeois, qui étoient toujours sous les armes à la place, et rangés en bataillon, voyant entrer Orevalo à pied avec une mine tout effarouchée, et telle que la pouvoit avoir un homme maltraité comme lui, furent tous en alarme. Dom Sébastien, ayant appris ce qui se passoit, fut aussi tout alarmé, et il fit assembler ses plus grands amis, qui étoient Blasco Godinez et Balthazar Vellasquez, pour consulter avec eux; mais ils se trouvèrent d'avis différent. Blasco Godinez, principal auteur de la révolte, comme lui-même le confessoit, tira dom Sébastien à part, et lui dit:

« Monsieur, il est nécessaire que, pour assurer votre parti, vous fassiez tuer à l'instant dix-neuf ou vingt soldats des plus fameux qui soient à la place d'armes, qui sont tous royalistes, parce qu'après nous en être défaits, nous n'aurons plus rien à craindre. » Dom Sébastien, qui étoit, comme nous avons dit, noble de naissance, et qui avoit le cœur meilleur que Blasco Godinez, lui répondit : « Monsieur, qu'est-ce que m'ont fait ces cavaliers, pour les faire tuer et commettre une cruauté? J'aimerois mieux qu'on m'ôtât la vie à moi-même que de l'ôter à ces gens-là. » Godinez n'eut pas plus tôt entendu cette réponse, qu'il prit la résolution de tuer dom Sébastien, puisqu'il ne vouloit pas se défaire de ses ennemis. L'ayant donc prié de le vouloir un peu attendre, sous prétexte qu'il reviendroit incontinent, il s'en alla droit à la place où étoit le bataillon; et, choisissant de l'œil les soldats qu'il avoit proscrits, comme il vit qu'à cause du grand nombre de gens il ne pouvoit leur parler en confidence, il les fut joindre l'un après l'autre, leur serrant bien fort la main deux ou trois fois, pour les avertir par là secrètement de se tenir prêts à lui prêter main-forte dans l'exécution de son mauvais dessein. Après cela il s'en retourna chez lui; et, ayant rencontré le licencié Gomez Hernandez, il lui découvrit son intention en peu de paroles, lui disant que c'étoit une chose qu'il falloit faire pour le service du roi, qui le récompenseroit libéralement, et qu'il falloit qu'il fît venir ses amis pour mieux appuyer cette entreprise. Gomez Hernandez s'en alla tout aussitôt à la place, où il appela quelques soldats par leurs noms; mais comme ils appréhendoient tous quelque mauvais succès, pas un d'eux n'eut l'assurance de s'approcher de lui.

Gomez Hernandez s'en retourna en même temps, et prit avec lui Blasco Godinez. Ils allèrent ensemble chercher dom Sébastien, sur lequel ils se jetèrent tous deux et le poignardèrent. Balthazar Vellasquez, au lieu de l'assister, se retira en faisant un grand cri, voyant qu'on le maltraitait; mais quand il connut que ces assassins avoient envie de le tuer, il les fut aider pour avoir part à cette victoire, et lui donna plusieurs coups de poignard, tandis qu'un autre accourut avec une pertuisane dont il le perça, sans que ceux qui se disoient ses amis et qui étoient là présents eussent le courage de l'assister, comme le raconte le Palentin (chap. XVI.): « Dom Sébastien, dit-il, tout couvert de blessures, se dégagea le mieux qu'il put d'entre leurs mains, et se jeta dans un logis où il faisoit fort obscur; et s'il se fût avisé de gagner une porte de derrière, par où on pouvoit aller à la place où les soldats étoient en armes, il y eût eu sans doute plus de gens tués et plus de sang répandu. Balthazar Vellasquez et quatre ou cinq autres entrèrent dans la même maison où étoient dom Sébastien; mais ils ne voulurent pas se servir de leurs armes, pour ne

pas se blesser les uns les autres, à cause de la grande obscurité du lieu. Vellasquez fut d'avis qu'ils s'en allassent à la place pour y assurer les soldats que dom Sébastien était mort, et empêcher que ses amis n'accourussent à son secours, leur promettant de ne bouger de là qu'il n'eût achevé de le tuer, comme il fit, assisté des officiers de sa suite, qui lui donnèrent plusieurs coups de poignard. Cependant, ce pauvre chevalier faisoit des cris pitoyables, et ne cessa de demander un confesseur, jusqu'à ce qu'il perdit la parole. Baltazar Vellasquez, le laissant en ce mauvais état, s'en alla chercher quelqu'un qui lui aidât à le traîner à la place où étoient les gens de guerre. Diego d'Avalos et le licencié Hernandez s'offrirent pour cela ; mais, quand ils furent arrivés au lieu où l'on avoit laissé dom Sébastien, ils le trouvèrent étendu et sanglotant à la porte du logis, où il s'étoit traîné à tâtons. Ils lui donnèrent encore plusieurs coups d'épée et de poignard; et enfin à dix heures du soir il acheva de rendre l'esprit. Blasco Godinez fut blessé à la main droite, dans la chaleur de cet assassinat. Les meurtriers tirèrent le corps mort à la place où ils furent long-temps à crier vive le Roi! Blasco Godinez y ajoutant ces paroles : « Vive le roi! le ty-
» ran est mort, et autre que moi ne l'a tué. »

CHAPITRE XXVI.

Distribution des charges civiles et militaires. — Blasco Godinez pourvu de celle de général. — Mort violente de dom Garcia et de quelques autres.

Le pauvre dom Sébastien de Castille fut assassiné, comme nous avons dit, par les mêmes qui l'avoient comme contraint de tuer l'intendant de justice; et à présent les voilà juges de ces autres qui firent mourir le général Pedro de Hinoyosa, sous prétexte de passer pour fort zélés au service du roi, après l'avoir trahi plusieurs fois, comme le porta depuis la sentence qui fut donnée contre Blasco Godinez, premier auteur de cette révolte. Il faut remarquer ici, avec le Palentin, qu'entre la mort du général dom Sébastien de Castille et celle de Hinoyosa il n'y eut pas plus de cinq jours, l'une étant arrivée le 6 de mars, et l'autre le 11 de la même année 1553. Après que Blasco Godinez et ses autres compagnons eurent tué dom Sébastien, ils firent sortir de la prison Jean Ortis de Çarate et Pedro Hernandez Paniaga; et, en leur donnant la liberté, ils leur recommandèrent, sur toutes choses, de se souvenir que ce qu'ils venoient de faire n'avoit été que pour les délivrer et tous les bourgeois de la commune ruine dont les tyrans les menaçoient, et pour rendre en même temps à Sa Majesté le service qu'ils lui devoient. Blasco Godinez leur dit particulièrement ces paroles, rapportées par le Palentin : « Puisque je ne saurois me servir de ma » main à donner les ordres, je vous conjure, mes- » sieurs, de tenir ferme dans votre bataillon, et » d'encourager vos camarades au service du roi. » Néanmoins, comme Jean Ortis de Çarate s'aperçut que tous les complices de la mort du vice-roi étoient commandés par un des principaux agresseurs, qu'on nommoit Hernand Guillada, il craignit qu'ils ne le tuassent lui-même : ainsi il leur dit tout haut et publiquement qu'ils devoient tous reconnoître pour capitaine Guillada, etc. » Blasco Godinez alla ensuite se faire panser de sa blessure. Cette même nuit il envoya six arquebusiers pour garder les avenues du grand chemin de Potosi, et empêcher qu'on ne pût apprendre à Egas de Guzman ce qui étoit arrivé. Après cela il fit saisir trois soldats, qui croyoient être de ses plus grands amis, et commanda qu'on les étranglât avant qu'il fût jour : la raison pourquoi il les fit mourir fut parce qu'ils étoient complice de ses trahisons et de ses fourberies. Le lendemain matin il fit appeler Jean Ortis de Çarate, Pedro Hernandez Paniaga, Antoine Alvarez et Martin Mougé, qui étoient les principaux de cette ville-là, n'y en ayant point d'autres alors; il leur raconta au long l'extrême péril où il s'étoit exposé pour tuer le tyran, le grand service qu'il avoit rendu non seulement au roi, mais encore à tout le public, et particulièrement à leur ville; et il dit que, pour reconnoissance de ces bons offices, il les prioit de lui vouloir donner l'intendance sur la justice de la ville, et la charge de premier capitaine contre Egas de Guzman, qui étoit dans Potosi avec de grandes forces; outre cela il leur demanda les Indiens du général, puisque par sa mort ils étoient restés sans maître. Les bourgeois répondirent « qu'ils ne se croyoient pas capables de cette élection, et que, s'ils la faisoient, ils appréhendoient d'en être punis ». Mais Jean Ortis, qui vit bien qu'on les y feroit résoudre, malgré qu'ils en eussent, dit là-dessus qu'il s'en rapportoit au licencié Gomez Hernandez, et qu'il tiendroit pour fait ce qu'il en ordonneroit. Le licencié répondit qu'ils le pouvoient faire, et que le service du seigneur Blasco Godinez méritoit bien cette grâce-là. Alors ils firent venir un notaire public, devant qui ils passèrent un acte par lequel ils firent intendant de justice le capitaine-général Blasco Godinez, qu'ils pourvurent de plus du département d'Indiens vacant par la mort de Hinoyosa, qui lui valoit plus de 200,000 ducats de rente. Le licencié fit encore en sorte qu'ils lui en donnèrent un autre fort bon; et c'est à ce propos que Diego Hernandez dit ce qui suit :

« Certainement ils semblèrent par là se vouloir

payer de leurs propres mains, et vendre un peu trop chèrement la bonne opinion que les gens de guerre avoient d'eux, et la crainte que les soldats ne fussent plus cruels en leur endroit qu'ils n'avoient été, etc. » Après cela ils élurent le licencié Gomez Hernandez lieutenant-général de l'armée, et pour capitaines de l'infanterie Jean Ortis de Çarate et Pedro de Castille : ils s'avisèrent de faire cette élection pour faire voir qu'ils ne vouloient point tyranniser dans la distribution des charges militaires, mais les partager entre les principaux, qui les acceptèrent plus tôt par crainte que pour l'honneur qui leur en pouvoit revenir. Ils firent publier ensuite que tous eussent à reconnoître Blasco Godinez pour général de l'armée, et Balthazar Vellasquez pour mestre de camp; de plus, ils donnèrent ordre à six soldats d'aller prendre dom Garcia, et tous les autres qui revenoient avec lui du voyage qu'il pensoit faire dans l'intention de tuer le maréchal Alphonse d'Alvarado. Cependant Balthazar Vellasquez, pour commencer à prendre possession de sa charge de maréchal-de-camp, fit traîner publiquement par les rues, et après écarteler, deux fameux soldats qui venoient de Potosi, avec des lettres et des avis d'Egas de Guzman pour dom Sébastien de Castille ; il fit aussi étrangler un autre soldat, appelé François de Villalobos, et condamna deux de ses camarades à avoir les deux mains coupées; mais, à la sollicitation de leurs amis, ils n'en eurent qu'une. Le lendemain il rentra dans la ville Martin de Roblez, Paul de Menesez, Diego d'Almendras et Diego Vellasquez, qui s'en étoient fuis pour ne pas tomber entre les mains des soldats. Blasco Godinez, qui gardoit le lit comme s'il eût été bien blessé, ne sut pas plus tôt leur arrivée qu'il envoya prier Jean Ortis de Çarate de faire en sorte qu'il pût persuader Paul de Menesez, Martin de Roblez, et les autres qui étoient venus avec eux, qu'après s'être assemblés en corps, ils confirmassent son élection et sa succession au département d'Indiens de Pedro de Hinoyosa. Cette proposition leur ayant été faite, ils répondirent « qu'ils n'étoient pas gens qui eussent assez d'autorité pour approuver tout cela, et qu'en vrais amis ils lui conseilloient de se désister de telles prétentions, de peur qu'il ne semblât qu'il vouloit se payer par ses propres mains plutôt que servir Sa Majesté, après avoir tué dom Sébastien de Castille ». Cette réponse fâcha tellement Blasco Godinez, qu'il se mit à jurer « que quiconque le choqueroit tant soit peu en son honneur s'en trouveroit fort mal, et que, s'il pouvoit, il lui ôteroit la vie ». Il commanda même qu'ils entrassent tous en conférence, et ordonna qu'environ quatre-vingts soldats se tinssent à la porte de l'assemblée pour y faire main-basse sur tous ceux qui s'opposeroient à ses demandes. Paul de Menesez et ses compagnons, en étant avertis, ne firent plus difficulté d'approuver cette élection, qu'ils eussent même confirmée, encore que ce fût contre leur gré, quand elle eût été plus importante. Blasco Godinez en fut fort content, sachant bien que cette pluralité de voix données en sa faveur lui serviroit à se justifier.

Sur ces entrefaites, Riba Martin, chef des cinq arquebusiers qu'on avoit envoyés pour prendre dom Garcia Tello de Guzman, le prit en effet à cinq lieues de la ville où il alloit, sans se défier de rien, y pensant trouver dom Sébastien de Castille; mais, quand il sut que Blasco Godinez, Balthazar Vellasquez et Gomez Hernandez, ses meilleurs amis, qui avoient le plus contribué à la mort de Pedro de Hinoyosa et aux révoltes passées, lui avoient ôté la vie, il en fut si surpris qu'il en demeura tout interdit, ne pouvant s'imaginer que ceux qui avoient si bien servi dom Sébastien, pour faire assassiner Pedro de Hinoyosa, l'eussent ensuite assassiné lui-même, qui, sans comparaison, avoit moins trempé que pas un d'eux à cette tyrannie. Comme dom Garcia étoit un homme qu'une longue expérience avoit rendu savant dans les intrigues du monde, il dit à Riba Martin qu'il ne doutoit nullement qu'on ne hâtât sa mort, afin de ne lui pas donner le temps de confesser devant tous ce qu'il savoit des perfidies et des noires méchancetés de Godinez. En effet on n'y manqua point, car, dès qu'il fut entré dans la ville, Blasco Godinez, comme le Palentin le remarque, donna charge à Balthazar Vellasquez de l'expédier, afin qu'il ne découvrît point leurs fourberies : c'est ainsi que les appelle cet auteur, qui dit ensuite ceci :

« Il l'avertit qu'il falloit mourir, et qu'ainsi il eût à se confesser bien vite. Jean Ortis de Çarate étoit présent, de sorte que dom Garcia lui dit qu'il le prioit très fort que, s'il avoit à mourir, il fît en sorte de lui obtenir ce jour-là pour se remettre en mémoire ses péchés, et en demander pardon à Dieu, en ayant commis plusieurs dans la fougue de sa jeunesse. Mais Balthazar Vellasquez survint en même temps ; et, sans se laisser fléchir aux prières de Jean Ortis, il le fit sortir, et dit à dom Garcia « qu'il se préparât à mourir dans une » heure ». On fit venir là-dessus un prêtre, auquel s'étant confessé à la hâte, on le fit étrangler ; mais, comme la corde se rompit, et qu'on ne savoit où en prendre une autre, Balthazar de Vellasquez, ne pouvant souffrir ces longueurs, tira son épée, dont il lui fit trancher la tête. Cette sanglante exécution fut suivie de plusieurs autres, qui se firent avec tant de précipitation que l'on ne donna pas le temps aux prisonniers de se confesser, et même on n'observa aucune formalité de justice. » Hernandez dit encore dans un autre endroit : « Le bon de leur jeu, quoique néanmoins ce fût la plus grande de leurs cruautés, étoit de les faire mourir sans confession, de peur que ceux qui savoient le plus de leur conjuration ne découvrissent leurs méchancetés et leurs pernicieuses entreprises ; et, s'il s'en trouvoit quelques uns qu'ils jugeassent capables de garder le secret, et de ne point faire éclore un venin qu'ils avoient couvé si long-temps, ils leurs imposoient de légères peines, les faisoient sauver sous main, et leur donnoient même de quoi s'échapper. » Il est certain que des actions si noires et des cruautés si étranges furent d'autant plus abominables qu'ils les exercèrent sur leurs amis, après les avoir eux-mêmes ourdies en la personne de Pedro de Hinoyosa, dont ils se défirent, et qu'ils eussent fait mourir trois ans auparavant s'il ne se fût déclaré lui-même leur capitaine.

CHAPITRE XXVII.

Grands désordres arrivés dans Potosi ; Egas de Guzman y est mis en pièces et traîné par les rues. — Insolence des soldats, cause de la mort des principaux. — Préparatifs dans Cuzco pour aller contre les séditieux.

Ce fut dans la ville de la Plata qu'arrivèrent tous les désordres dont j'ai parlé ci-dessus, et plusieurs autres actions que je passe sous silence parce qu'elles me semblent tout-à-fait abominables. Je viens maintenant aux troubles de Potosi, où les factieux volèrent insolemment le trésor du roi, montant à plus d'un million et demi de ducats, qui en moins de rien se dissipèrent, sans qu'on en put jamais recouvrer un sou. Ce vol fut suivi, comme j'ai dit ailleurs, de la mort de Fernand d'Alvarado, contrôleur de Sa Majesté, qu'Antoine de Luxan, s'étant fait intendant de la justice dans cette ville-là, lui donna, sous prétexte qu'il avoit trempé à la révolte de Pedro de Hinoyosa et porté les armes contre le roi. Ce même Antoine de Luxan écrivit à un de ses amis, nommé Jean Gonçalez, une certaine lettre d'avis pour l'avertir de la mort de dom Sébastien, de l'emprisonnement de dom Garcia, et du voyage de Jean Ramon, qui étoit allé avec quelques autres joindre le maréchal Alphonse d'Alvarado. Il envoya cette lettre par un *janacuna*: c'est ainsi que les Péruviens appellent ceux de leur nation, élevés dans les maisons des Espagnols, qui excellent à servir d'espions doubles dans tous ces pays-là. Il mit cette lettre entre les deux semelles de ses souliers, de peur que les gardes qu'on avoit posés sur le chemin ne vinssent à l'intercepter. Le contenu étoit « qu'aussitôt que Gonçalez l'auroit reçue il ne manquât point de poignarder Egas de Guzman, pour avoir arrêté les prétentions de tous ceux de son intelligence par la mort de dom Sébastien ». Antoine de Luxan, qui s'étoit fait, comme j'ai dit, intendant de justice dans Potosi, fit incontinent sonner l'alarme, et assembler les soldats à la place. Egas de

Guzman y accourut, et demanda la raison pourquoi on faisoit tant de bruit. Jean Gonçalez, tant pour s'assurer si la lettre n'étoit point contrefaite que pour témoigner à Egas de Guzman qu'il se pouvoit fier en lui et le regarder comme son ami, lui en fit ouverture, en la présence de ceux qui s'y trouvèrent : cela troubla Egas de Guzman, qui, par les changements de son visage, fit juger des inquiétudes de son âme. Ceux qui voulurent passer pour serviteurs du roi firent dessein d'en suivre le parti; ce qui étoit faire le jeu de Jean Gonçalez, qui n'avoit montré la lettre qu'à dessein de leur apprendre à tous la mort de dom Sébastien, afin que, changeant de parti, ils exécutassent ce qu'elle conseilloit de faire, qui étoit de tuer Egas de Guzman : ils se regardoient donc les uns les autres, et s'entendirent si bien que, sans se parler, quoiqu'il y en eût qui soutenoient Egas de Guzman, cela n'empêcha point que Jean Gonçalez et quelques autres ne se jetassent sur lui et ne s'en saisissent. Ensuite ils tirèrent de prison Gomez de Solis et Martin d'Almendras, et y mirent en leur place Guzman, qu'ils chargèrent de chaînes; ils lui ôtèrent même sa cotte de maille, que Gomez de Solis se mit sur le dos; et six heures après ils le traînèrent ignominieusement par les rues et le mirent en pièces, avec un autre soldat, qu'on appeloit Diego de Vergara.

Ceux de la ville de la Plata, dont les principaux étoient Blasco Godinez, Balthazar Vellasquez et le licencié Gomez Hernandez, après avoir bien consulté l'affaire avec les autres seigneurs et soldats de la même ville, résolurent de s'en aller tous à Potosi pour y attaquer Egas de Guzman, ne sachant pas sa mort. Blasco Godinez marchoit comme général de cette armée, qu'ils appeloient ainsi quoiqu'elle ne fût proprement qu'un divertissement de jeunes gens, n'étant composée que d'environ cent soldats; elle avoit deux capitaines d'infanterie et un de cavalerie, avec un lieutenant, qu'on faisoit passer pour aide-de-camp. Après qu'ils eurent marché deux lieues, ils apprirent qu'Egas de Guzman étoit mort, et la ville réduite à l'obéissance du roi : de sorte qu'ils conclurent entre eux que Blasco Godinez s'en retourneroit à la ville de la Plata; que Balthazar Vellasquez et le licencié Gomez Hernandez iroient à Potosi avec cent cinquante soldats d'élite, et que, passant plus avant, ils chercheroient Gabriel de Perna, qu'Egas de Guzman avoit envoyé dans la ville de la Paix, avec cinquante soldats, pour tuer le maréchal Alphonse d'Alvarado. Gabriel de Perna avoit fait un assez long chemin quand il apprit que Jean Ramon avoit désarmé dom Garcia, ce qui lui fit tourner en faveur du maréchal les armes qu'il avoit prises contre lui; et, par l'entremise d'Ordonio de Valence, il s'en alloit le servir. Mais, à quelques lieues de là, ses propres soldats le prirent, et se déclarèrent pour dom Sébastien, laissant réfugier le pauvre Perna où bon lui sembleroit, et avec lui trois de ses compagnons qui se résolurent d'aller joindre le maréchal. Comme ces troupes marchoient donc sans capitaine, ils apprirent la mort de dom Sébastien.

Alors, comme le remarque le Palentin, « ils allèrent semant le bruit qu'ils ne combattoient que sous l'enseigne de Sa Majesté : de sorte qu'on pouvoit dire qu'il en étoit de ce drapeau comme d'une girouette, qui se tourne toujours au gré du vent le plus fort, et qu'en ce désordre public le mot ordinaire étoit : *Vive le vainqueur!* Ceux-ci donc s'étant rencontrés avec Balthazar Vellasquez, Alphonse d'Arriaca, qui portoit le drapeau, Pedro Xuarez et deux autres soldats se mirent devant avec l'enseigne, qui changea deux ou trois fois de maître avant qu'ils eussent fait trente pas. Balthazar Vellasquez envoya Riba Martin et Martin Monio à la ville de la Paix pour avertir le maréchal que la ville de la Plata étoit pacifiée, et soumise au roi ; et cependant il prit la route de cette ville, menant prisonniers Alphonse d'Arriaca, François Hernao, Pedro Xuarez, Alphonse de Marquina, François Chaves et Jean Perez. Quand il fut à une lieue et demie de la ville, il fit écarteler François Hernao, et, à son entrée, traîner par les rues et mettre en pièces Alphonse de Marquina. La première nuit après son arrivée il s'en alla dans le monastère de la Merci, d'où il tira Pedro de Corro, qui s'étoit fait religieux, et le fit pendre pour s'être trouvé à la mort du général. »

Pour abréger ceci, car Hernandez le rapporte trop au long, je remarquerai que Balthazar Vellasquez livra tous les autres prisonniers à Blasco Godinez, afin d'en disposer à sa volonté, qui n'étoit autre que de se défaire de tous ceux qu'il savoit être complices de ses trahisons ; ce qui fit aussi qu'il en bannit plusieurs à quatre cents, cinq cents et sept cents lieues de la ville de la Plata. Outre cela, il commanda qu'on écartelât Diego Perez, que lui-même avoit fait capitaine de Blasco Godinez, et fit couper les deux pieds à un autre soldat, comme si ce pauvre malheureux eût été capable de servir après avoir perdu usage des jambes. « De plus, il envoya dire à Balthazar Vellasquez, et à un autre fameux soldat, nommé Pedro del Castillo, qu'ils s'en allassent à Lima pour y rendre compte de tous leurs services. » Voilà en abrégé ce que dit le Palentin dans le chapitre que j'ai déjà cité. Cette absence de Balthazar Vellasquez hors du pays des Charcas lui sauva la vie, qu'Alphonse d'Alvarado lui eût sans doute ôtée ; mais elle ne le garantit pas d'une autre mort plus cruelle, qui vint du Ciel par une ordonnance qui se put dire fatale. La nouvelle du soulèvement de dom Sébastien de Castille courut par tout le Pérou, et causa du chagrin aux principaux, qui l'apprirent, parce qu'ils en portoient la peine tous les premiers : car, d'un côté, comme seigneurs de vassaux, ils employoient tous leurs biens pour les frais de la guerre ; et, de l'autre, leur vie ne pendoit qu'à un cheveu, à cause que leurs ennemis faisoient toutes sortes d'efforts pour les ôter du monde et s'emparer de leurs départements d'Indiens.

D'abord que ces nouvelles vinrent à Cuzco, tous les bourgeois firent leur possible pour résister aux violences des factieux : ils tinrent conseil entre eux, où ils firent général Diego Maldonat, surnommé *le Riche*, le plus ancien magistrat qu'ils eussent ; ils élurent en même temps pour capitaines de la cavalerie Garcilasso de la Vega et Jean de Saavedra, donnant l'infanterie à commander à Jean-Jules de Hojeda, à Thomas Vasquez, à Antoine de Quinionez, et à un autre des principaux, dont le nom m'est échappé de la mémoire. Ces chefs levèrent des troupes en diligence ; et Jean-Jules de Hojeda s'y employa si bien que, cinq jours après, il parut à la place, accompagné de trois cents soldats, en si bon équipage, qu'il surprit ceux qui le virent, vu le peu de temps qu'il avoit eu. Trois jours après ils reçurent la nouvelle de la mort de dom Sébastien, qui termina cette guerre pour un temps ; et la même chose arriva dans la ville des Rois, au rapport de Diego Hernandez, qui dit :

« Les officiers de l'audience royale apprirent cependant les révolutions et les révoltes qui s'étoient passées, parce qu'à la fin de mars on apporta les nouvelles de la mort du général et de la tyrannie de dom Sébastien de Castille; puis, à six jours de là, l'on apprit la rébellion d'Egas de Guzman dans la juridiction de Potosi; au bout de quatre autres jours on sut que les chefs de ces conspirations avoient été tués. Ces nouvelles furent cause qu'on fit plusieurs réjouissances et fêtes publiques à Lima. » Nous allons voir dans le chapitre suivant les châtiments qui suivirent toutes ces rébellions.

CHAPITRE XXVIII.

L'audience royale nomme Alphonse d'Alvarado pour faire le procès aux chefs des rebelles. — Précautions du juge et des soldats. — Emprisonnement de Blasco Godinez et de quelques autres.

Après les réjouissances qui furent faites dans la ville des Rois pour la mort de dom Sébastien de Castille et la ruine de cette ligue-là, il n'y eut personne qui se prévalut si bien de ces désordres comme fit Ordonio de Valence : car, quoiqu'il eût tenu tantôt pour un parti et tantôt pour l'autre, comme le rapporte Diego Hernandez en divers endroits de son histoire, néanmoins, pour avoir apporté les nouvelles de la mort de dom Sébastien, il fut pourvu par les auditeurs, dans la ville de Cuzco, d'un assez bon département d'Indiens, qui valoit plus de 6,000 ducats de rente. Les autres ne furent pas si heureux : car les auditeurs, ayant jugé qu'ils méritoient d'être punis, députèrent commissaire, pour leur faire leur procès, le maréchal Alphonse d'Alvarado, qu'ils savoient être sévère, comme il falloit que fût nécessairement une personne qui ayoit à punir tant d'énormes crimes. Les auditeurs voulurent aussi que le licencié Jean Hernandez, procureur du roi dans cette chancellerie, allât au pays des Charcas pour y faire sa charge contre les délinquants ; de plus, ils délivrèrent secrètement une commission par laquelle ils firent intendant de la justice et capitaine-général dans toutes ces provinces le susdit Alphonse d'Alvarado, avec pouvoir de lever des troupes, et de prendre dans les coffres du roi autant d'argent qu'il en faudroit pour calmer cette rébellion, en cas qu'elle ne fût pas apaisée. Alvarado travailla aussitôt à châtier les rebelles ; il envoya de toutes parts ses plus affidés prendre les coupables, qui s'étoient allés cacher dans les villes des Indiens. Un des commissaires les poursuivit si rigoureusement, qu'il alla jusqu'au grand lac de Titicaca ; et, s'étant mis dans des barques, il les fut chercher en de petites îles où ils s'étoient cachés parmi les roseaux et les joncs dont ce lieux marécageux étoit plein ; il en prit une vingtaine, qu'il mit entre les mains de Pedro

Enciso, juge criminel de Chucuytu, qui, les ayant ouïs en leur déposition, les envoya au maréchal, sous une bonne et sûre garde. Les nouvelles étant venues aux Charcas et à Potosi de la commission donnée au maréchal pour faire justice en ces provinces des rébellions passées, plusieurs soldats, qui se sentoient coupables, conseillèrent à Blasco Godinez, se doutant bien qu'on ne leur pardonneroit point, de se tenir sur ses gardes, et de faire de nouvelles levées pour résister au maréchal, comme le raconte Diego Hernandez (ch. 18). « Ils lui mirent, dit-il, dans l'esprit qu'il le pouvoit faire, et lui persuadèrent même de semer le bruit que le maréchal Laurens d'Aldana et Gomez d'Alvarado vouloient troubler le pays et se révolter, parce qu'il pourroit se servir de ce prétexte pour les tuer; et que, s'il l'entreprenoit, il ne manqueroit pas de gens qui l'appuieroient, et qu'ainsi il n'auroit plus d'autre obstacle à vaincre. Blasco Godinez ne voulut pas suivre ce conseil, s'étant mis dans l'esprit qu'il avoit rendu un grand service au roi. Sur ces entrefaites, le maréchal, ayant eu le vent de cette affaire, jugea qu'il la falloit mener avec adresse : il fit donc courir le bruit que sa commission portoit qu'il falloit accorder des gratifications à ceux qui avoient aidé à la défaite de dom Sébastien et à apaiser la rébellion; qu'ainsi le département d'Indiens vacant par la mort d'Alphonse de

Mendoça étoit pour Blasco Godinez et pour Jean Ramon. Après avoir publié cette nouvelle, il dépêcha Alphonse Vellasquez et quelques autres à Potosi, avec ordre exprès de prendre Blasco Godinez, et fit courir le bruit de rechef qu'il avoit à le pourvoir du département susdit. »

Blasco Godinez étoit alors dans la ville de la Plata, et apprit, par une lettre qu'un de ses parents lui écrivit, qu'Alphonse Vellasquez lui apportoit des lettres de provision de la commanderie du défunt Alphonse de Mendoça, que les auditeurs lui avoient adjugée. Il témoigna d'en être fâché, parce, disoit-il, qu'il s'en falloit beaucoup que ce département fût aussi bon que ceux de Pedro de Hinoyosa, qu'il croyoit devoir lui revenir de droit pour avoir mis fin à ses révoltes et à ses tyrannies. Il se plaignit fort à ceux qui étoient là présents, qui, pour le consoler, lui dirent que c'étoit là un commencement pour avoir mieux à l'avenir; mais il ne laissoit pas de blasphémer, et les autres soldats en faisoient de même, s'imaginant avoir assez de mérite pour posséder les meilleurs départements de tout le Pérou. Alphonse Vellasquez, étant entré dans la ville de la Plata, alla, accompagné de quelques uns de ses amis, droit au logis de Blasco Godinez. D'abord ils s'abouchèrent ensemble assez paisiblement, et Vellasquez lui donna de bonnes paroles; néanmoins Godinez lui fit une réponse assez altière, quoique d'ailleurs il fût fort triste en son âme de ce qu'on ne le mettoit pas en possession de tout le Pérou. Alphonse Vellasquez, pour l'empêcher de passer outre dans ces impertinences, lui mit en main un écrit du maréchal et quelques autres lettres contrefaites, afin de le rassurer; puis, comme il le vit occupé à les lire, le retenant par le bras : « Vous êtes pris, lui dit-il, seigneur Godinez. » Ces paroles l'étonnèrent si fort, qu'il lui demanda, tout alarmé, « par où il croyoit l'avoir pris, et pour quelle raison ». Alphonse Vellasquez, comme le rapporte Diego Hernandez (ch. 22), lui répondit « qu'il eût à le suivre, et qu'il le lui montreroit ». Blasco repartit « qu'il entrât au conseil avec ceux qui s'y étoient déjà rendus, et qu'il lui fît voir sa commission en pleine assemblée, afin qu'on avisât là-dessus à ce qu'on auroit à faire ». Mais cette résistance ne servit qu'à aigrir l'esprit d'Alphonse Vellasquez, qui lui dit « qu'il le suivît seulement, sans user d'autre réplique ». Alors il lui fit prendre avec violence le chemin de la maison. « En y allant il se débattoit en homme désespéré, s'arrachoit la barbe et haussoit les yeux au ciel. Quelques uns de ceux qui étoient là présents voulurent lui dire, pour le consoler, qu'il falloit souffrir la prison patiemment, pour se mettre en état de se justifier et de faire voir les grands services qu'il disoit avoir rendus à Sa Majesté. Mais Blasco Godinez, au lieu de leur en savoir du gré, s'en mettoit plus fort en fougue, et souhaitoit que le diable les emportât pour l'avoir ainsi trahi et fait prendre au dépourvu. Alphonse Vellasquez, l'ayant mis en prison, lui donna de bonnes gardes pour le servir, et écrivit en même temps au maréchal ce qui se passoit. Le maréchal vint à Potosi, où il commença de faire le procès aux rebelles, après s'être assuré de quantité de soldats et des principaux bourgeois. Il commença ses procédures par des informations contre Martin de Roblez, Gomez de Solis, Martin d'Almendras et quelques autres. Il voulut pourtant recevoir et examiner toutes les preuves qu'ils apportèrent pour leur justification; et les principaux bourgeois échappèrent plutôt par les longs délais qu'ils apportèrent à se justifier que pour s'être justifiés véritablement. »

Il est surprenant que Diego Hernandez parle ainsi contre les principaux; et il faut conclure que cet auteur n'a parlé que par animosité de ces choses, comme de plusieurs autres, que nous remarquerons ci-après.

CHAPITRE XXIX.

Chefs des rebelles dans les villes de la Paix, de Potosi et de la Plata, condamnés au fouet, aux galères et à perdre la vie. — Exécution de Blasco Godinez.

Le maréchal commença de faire le procès aux rebelles dans la ville de la Paix, qui étoit le lieu de sa résidence; il condamna tous les prisonniers que Pedro de Enciso lui envoya, et plusieurs de leurs complices qui furent pris en divers endroits : les uns eurent la tête tranchée, les autres furent condamnés au fouet et aux galères, chacun d'eux étant puni selon son mérite. De la ville de la Paix le maréchal alla à Potosi, où il trouva quantité de prisonniers des plus braves et des plus grands amis d'Egas de Guzman et de dom Sébastien de Castille : il ne pardonna non plus à ceux-ci qu'aux autres, qui furent tous fouettés publiquement et envoyés aux galères, ou condamnés à être pendus ou à perdre la tête. Il fit prendre aussi Hernand Perez de Paria, chevalier de l'ordre de Saint-Jean; et, pour lui payer le port de la lettre qu'il avoit écrite à dom Sébastien (par laquelle, comme nous avons déjà dit, il lui demanda vingt arquebusiers pour se saisir d'Alvarado, afin qu'il ne semblât pas que lui-même le livrât par trahison), il lui ôta le département d'Indiens qu'il avoit dans la ville de la Plata; puis il l'envoya sous une bonne escorte au grand-maître de Malte, pour en disposer ainsi qu'il le trouveroit à propos.

Après cette exécution faite à Potosi, le maréchal s'en alla dans la ville de la Plata, où Blasco Godinez étoit prisonnier, et plusieurs autres des plus fameux et des plus aguerris soldats qui fussent en ces provinces-là. Ils furent punis de même que ceux des villes de la Paix et de Potosi, c'est-à-dire pendus, fouettés ou condamnés à avoir la tête tranchée : car la moindre punition étoit de ceux qu'on envoyoit aux galères, parce que, pour exécuter la sentence, il falloit qu'on les menât en Espagne, ce qui étoit difficile, vu la longueur du chemin, outre qu'ils s'y sauvoient tous en y allant, comme firent ceux qui furent livrés à Rodrigo Nino. Je ne dis point ici le nombre de ceux qu'on exécuta, parce qu'il fut trop grand; il suffit de dire que, depuis les derniers jours de juin de l'an 1553 jusqu'à la fin de novembre de la même année, il ne se passa point de jour de fête (1), ou plutôt de marché, auquel

(1) L'espagnol dit *feriales*.

on ne signifiât la sentence à quatre ou cinq soldats, qu'on exécutoit à mort le lendemain. Cés exécutions étoient nécessaires pour rendre les prisons libres, et le pays assuré contre tant de factions et de troubles que la tyrannie avoit causés, et qui mettoient tout le monde en alarme; néanmoins il y avoit des gens qui blâmoient cela, jusque là même qu'ils appeloient le juge Néron, parce, disoient-ils, qu'il faisoit impitoyablement mourir tant de bons soldats et de seigneurs principaux, sans considérer que la plupart d'entre eux avoient été surpris, et comme forcés à ces révoltes. Ils disoient « qu'après avoir fait mourir chaque jour cinq ou six soldats, le juge s'en retournoit de la prison en son logis, riant avec son lieutenant et son procureur fiscal, comme si les condamnés eussent été un gibier qu'on eût destiné pour quelque festin ». J'omets quantité d'autres termes licencieux dont ils usoient insolemment, et qui étoient comme autant de blasphèmes contre la justice, dont ils méritoient d'être punis.

Au mois d'octobre de la même année, le maréchal (ainsi qu'il est rapporté par Diego Hernandez, chap. 23) « fit traîner par les rues et écarteler ensuite Blasco Godinez, pour plusieurs crimes énormes rapportés dans son procès; et, s'il eût pu trouver aussi bien Balthazar Vellasquez, qui s'étoit retiré à Lima, il est très certain qu'il ne l'eût pas mieux traité, etc. ». Les trahisons et les autres méchancetés de Godinez furent comprises en abrégé dans la proclamation qui s'en fit, dont la teneur étoit : « Il est ordonné que cet homme sera traîné publiquement et mis par quartiers, pour avoir été traître à Dieu, au roi et à ses amis. » Cette sentence fut une des plus judicieuses qu'on eût données jusque alors dans le Pérou, contenant en peu de mots tout ce qu'on pouvoit dire ou écrire sur ce sujet en plusieurs chapitres. Ces exécutions durèrent jusqu'à la fin de novembre, auquel temps la nouvelle du soulèvement de François Hernandez Giron fit cesser ces exécutions.

Il parut dans ce temps-là une comète, que les Indiens regardèrent comme un pronostic de cette rébellion. J'en fus moi-même témoin, et je la vis une nuit que j'étois sorti pour voir tapisser les rues où devoit passer la procession qui se fait pour la fête du Saint-Sacrement, qui devoit être le lendemain. Cette comète étoit ronde comme une boule et aussi grosse qu'une grande tour. Comme elle approchoit de terre, on la vit s'écarteler tout à coup, et s'épandre aux environs par plusieurs éclats qui tombèrent la plupart sur les maisons des Indiens, auxquelles pourtant ils ne firent aucun dommage ; peu après on entendit gronder le tonnerre. Cependant les Indiens, épouvantés d'un si étrange prodige, se mirent tous à crier, et à répéter plusieurs fois ce mot : *Auca! auca!* qui signifie en leur langue *tyran*, *perfide*, *cruel*, *inhumain*, et tout ce qu'ils ont accoutumé de dire de plus injurieux à un traître, comme nous l'avons remarqué ailleurs. Ceci se passa le 19 de juin, l'an 1553, jour de la Fête-Dieu, et la révolte de François Hernandez Giron arriva le 3 de novembre de la même année. Nous en parlerons au livre suivant.

FIN DU DEUXIÈME LIVRE.

LIVRE III.

François Hernandez Giron se déclare chef d'une nouvelle rébellion, et moyens dont il se sert pour y réussir. — Il marche contre les auditeurs, qui nomment des capitaines pour lui résister. — Il remporte enfin la victoire à Villacori, après d'assez mauvais événements de part et d'autre. — Alphonse d'Alvarado le va chercher avec une armée. — Succès de cette journée, jusqu'à la bataille de Chuquynca, où le maréchal est vaincu. — Hernandez envoie de ses officiers en divers endroits du royaume, où ils font de grands désordres et pillages. — Marche des auditeurs contre le tyran, et succès de leur voyage, jusqu'à la bataille de Pucara. — Fuite de François Hernandez et de ses gens, qui sont faits prisonniers et ensuite exécutés à mort.

CHAPITRE Ier.

François Hernandez Giron, avec quelques seigneurs et soldats de son intelligence, entreprend de faire révolter le pays, sur la nouvelle des châtiments rigoureux qui se faisoient aux Charcas.

La renommée sema le bruit par tout cet empire du rigoureux châtiment que l'on faisoit dans la province des Charcas; et, comme d'ordinaire elle grossit les objets et amplifie indifféremment le mensonge et la vérité, elle publioit que le maréchal faisoit informer contre les autres coupables qui étoient hors de sa juridiction, et qu'il disoit, comme le Palentin le rapporte (ch. xxiv), « qu'à Potosi l'on coupoit les rameaux, mais qu'on arracheroit les racines à Cuzco. » On avoit ces avis par les lettres qui en étoient venues, qu'on disoit avoir été écrites, sans aucun mauvais dessein, par un certain cavalier nommé Jean de la Arreynaga. Ces bruits obligèrent François Hernandez Giron de se tenir sur ses gardes et de mettre des espions sur toutes les avenues des grands chemins de Potosi pour savoir qui alloit et qui venoit, de peur que le maréchal n'envoyât des gens exprès pour se saisir de lui. Il avoit encore prié ses amis d'user de précaution, et de prendre garde s'il ne venoit point au gouverneur Gilles Ramirez quelque paquet d'importance de la part du maréchal. Le Palentin dit que « tous les seigneurs de Cuzco trouvèrent étrange une proclamation qui fut faite, par laquelle on ôtoit le service personnel des Indiens, et qu'ils s'étonnèrent encore plus de ce que le gouverneur (1) déchira une requête qu'on lui présenta, et que tous avoient signée ».

Mais je ne sais qui peut lui avoir donné des mémoires si ridicules et si éloignés de toute vrai-

---

(1) Ou le principal juge, car il se prend l'un pour l'autre.

semblance : car il est certain que pas un des principaux de Cuzco ne se formalisa des exécutions qu'on avoit faites, hormis François Hernandez Giron, qui ne le fit que trop connoître par sa rébellion et sa tyrannie. D'ailleurs il n'y avoit aucune apparence que le gouverneur, qui étoit un cavalier des principaux d'alors et créature du viceroi dom Antoine de Mendoça, eût fait une chose si odieuse et si abominable que de déchirer une requête de toutes les communautés de la ville capitale de cet empire-là, où l'on comptoit jusqu'à quatre-vingts seigneurs pourvus de bons départements d'Indiens. S'il se fût laissé aller à une action si noire, « il auroit mérité, comme dit le même auteur, qu'on lui donnât cinquante coups de poignard, » comme en effet François Hernandez Giron et ses compagnons avoient résolu de les lui donner en pleine assemblée ou dans la chambre du greffe lorsqu'il y donneroit audience. Mais comme il ne seroit pas raisonnable de contredire ouvertement le témoignage de cet auteur, quoiqu'il ne fonde la plupart des choses qu'il écrit que sur les relations vulgaires, je le laisserai, et raconterai sincèrement, sans sortir des bornes de l'histoire, ce qui arriva pour lors dans Cuzco, dont je puis parler avec certitude pour l'avoir vu moi-même. La punition que l'on fit des mutinés dans le pays des Charcas ne fâcha pas un des seigneurs de Cuzco, à la réserve du seul Hernandez Giron, qui s'intéressa dans cette querelle pour les raisons que nous avons rapportées. Il communiqua son mauvais dessein à douze ou treize de ses plus chers confidents, qui étoient Jean Cobo, Antoine Carrillo, dont nous avons fait mention dans notre *Histoire de la Floride,* Diego Ganilan, Jean Ganilan son frère, Nuno Mendiola, et le licencié Diego d'Alvarado, qui, quoiqu'il fût homme de robe, faisoit pourtant le fanfaron. François Hernandez tâcha encore d'attirer à son parti Thomas Vasquez, qui étoit un des plus riches seigneurs de Cuzco et des premiers conquérants qui aidèrent à prendre Atahualipa. Il prit occasion d'une certaine animosité que le gouverneur Gilles Ramirez d'Avalos avoit témoignée quelques mois auparavant à Vasquez, l'ayant fait mettre en prison, et procédé contre lui plutôt comme partie que comme juge, ce qui avoit extrêmement fâché Thomas Vasquez, et ce n'étoit pas sans raison. Ce fut donc par ce moyen que François Hernandez gagna Thomas Vasquez, que sa passion rendit aveugle, et qui suivit un si mauvais conseiller pour se venger de l'affront qu'il avoit reçu du gouverneur. Jean de Pedrahita, qui vivoit ordinairement à la campagne dans son petit département d'Indiens, fut aussi de cette partie ; et, comme il étoit naturellement beaucoup plus enclin à la guerre qu'à la paix, il se laissa persuader aisément par François Hernandez.

Ces deux seigneurs, et un troisième, qu'on nommoit Alfonse Diaz, appuyèrent la rébellion de François Hernandez, et furent suivis, comme dit le Palentin, de Rodrigo de Pineda. Ceux-ci néanmoins, non plus que les autres, qui s'en allèrent avec Hernandez à la ville des Rois, ne se déclarèrent pas pour lui d'abord, mais le suivirent depuis plutôt par la crainte qu'ils eurent que pour aucune autre considération, ce qu'ils donnèrent assez à connoître en ce qu'ils l'abandonnèrent aussitôt qu'ils purent pour s'aller jeter dans le parti du roi; tellement qu'ils furent cause eux-mêmes de la ruine du chef d'une si dangereuse révolte.

Le Palentin, ayant nommé sans distinction de seigneurs ni de soldats tous ceux qui se liguèrent avec François Hernandez, dit que son dessein étoit de se servir des principaux et des gens de guerre à faire soulever tout le royaume, après avoir tué le gouverneur de Cuzco. Apparemment qu'il a écrit cela sur le rapport de quelques personnes malintentionnées ou pour quelque déplaisir qu'il avoit reçu des seigneurs du pays : car, toutes les fois qu'il parle d'eux, ou il les veut faire passer pour traîtres ou les rendre suspects de trahison.

Comme Cuzco est le lieu de ma naissance, j'ai raison de me fâcher de ce qu'il traite de lâches et de perfides des gens qui ont toujours été fidèles au roi, et qui lui ont même conquis un si grand et riche empire comme est celui du Pérou. Je raconterai pourtant les choses qui se sont passées dans cette ville sans partialité; et quand je trouverai des endroits où Diego Hernandez ne s'éloigne point de la vérité de l'histoire, je me conformerai avec lui et le citerai, comme, au contraire, s'il y en a d'autres où il paroisse obscur et confus, je l'éclaircirai le mieux qu'il me sera possible sans m'étendre tant que lui.

François Hernandez conspira donc contre sa patrie avec ceux que j'ai nommés ci-devant, où se trouvèrent joints deux autres soldats qu'on appeloit Bernardin de Roblez et Alphonse Gonçalez. Ce dernier étoit de basse naissance, de mauvaise mine, et mal fait de sa personne. Il fut depuis, dans le progrès de la tyrannie, le plus grand bourreau qu'on eût encore vu, se plaisant à exécuter lui-même quantité de misérables, et même contre la volonté de François Hernandez, qui trouvoit qu'il les avoit déjà expédiés quand il leur envoyoit leur grâce. Avant la rébellion, au lieu d'un si cruel métier, il en exerçoit un autre bien vilain, qui étoit de nourrir des pourceaux dans la vallée de Sacsahuana, où François Hernandez avoit son département d'Indiens, et ce fut d'où vint la connoissance qu'ils eurent ensemble, qui les rendit depuis si bons amis et si nécessaires l'un à l'autre. Les rebelles dont je viens de parler remirent l'exécution de leur entreprise au 13 novembre de l'an 1553. Il se devoit faire ce jour-là une noce solennelle. Les mariés étoient Alfonse de Loaysa, neveu de l'archevêque de la ville des Rois, où il tenoit rang entre les plus riches seigneurs, et Marie de Castille, nièce de dom Balthazar de Castille, fille de sa sœur Éléonore de Babadilla et de Nuno Tonar, cavalier de Badajox, dont nous avons parlé dans notre *Histoire de la Floride*. Nous allons voir dans le chapitre suivant le commencement de cette funeste rébellion, qui coûta tant de sang et de larmes aux habitants de ce grand empire.

CHAPITRE II.

Soulèvement de François Hernandez dans Cuzco. — Succès déplorables arrivés la nuit de sa rébellion, et fuite des principaux seigneurs de la ville.

Le jour de la noce étant arrivé, toutes les dames et tous les seigneurs y vinrent pour accompagner les nouveaux mariés et leur faire honneur; car, dans toutes les occasions qui se présentoient ou de se réjouir ou de se consoler les uns les autres, ils étoient toujours prêts, n'y ayant entre eux ni partialité, ni haine ou publique ou particulière. Plusieurs d'entre les seigneurs et leurs femmes furent traités magnifiquement; et, après le dîner, on fit des jeux publics, qu'ils appellent communément *alcanzias* (1), où peu de cavaliers se trouvèrent, parce que la rue étoit trop étroite. François Hernandez étoit dans une salle qui regardoit dans la rue, assis dans une chaise, les bras croisés et la tête penchée, paroissant extrêmement rêveur et mélancolique : aussi pensoit-il à ce qu'il avoit à faire la nuit suivante.

Après que ces divertissements publics furent finis, et que l'heure du souper fut venue, l'on mit le couvert dans une salle extrêmement longue et large, où plus de soixante cavaliers se trouvèrent assis à la table; les dames furent placées dans une autre salle fort grande, y ayant entre deux une chambre d'où l'on servoit la viande. Dom Sébastien de Castille, oncle de la mariée, faisoit par galanterie la charge de maître-d'hôtel. Je fus à la noce, presqu'à la fin du souper, pour emmener mon père et ma belle-mère, qui étoient du nombre des conviés. D'abord que je fus entré dans la salle, je m'en allai au plus haut bout de la table, où étoit assis le gouverneur, parce que, quoique je ne fusse alors qu'un jeune garçon âgé d'environ quatorze ans, ce cavalier, qui étoit officieux et grand courtisan, m'ayant aperçu, m'appela, et me dit, de fort bonne grâce : « Puisqu'il n'y a point ici d'autre chaise, appuyez-vous contre la

(1) Ceux qui font ces jeux se jettent les uns aux autres des grenades à feu, ou même des pots remplis de cendre.

mienne. » A peine eut-il achevé ces mots, qu'on entendit du bruit à la porte; et en même temps on sut que c'étoit François Hernandez Giron qui venoit : il entra l'épée à la main, soutenant de la gauche une forte rondache, et deux soldats qui l'accompagnoient étoient armés de pertuisanes.

Un spectacle si extraordinaire et si peu attendu fit incontinent lever de table tous les conviés. Hernandez, s'en apercevant, leur dit : « Remettez-vous, messieurs; cette affaire vous regarde tous. » Alors le gouverneur, sans en vouloir entendre davantage, se glissa par une porte qu'il y avoit à gauche dans l'appartement des dames; et, comme à l'autre bout de la salle il y avoit encore une porte par où l'on alloit à la cuisine et aux lieux les plus secrets du logis, ceux qui se trouvèrent auprès s'échappèrent; mais les autres qui en étoient plus éloignés coururent un grand danger pour ne savoir par où se sauver. Jean Alphonse Palomin fut celui de tous que la Fortune traita le plus mal : il avoit le dos tourné contre la porte de la salle, si bien qu'aussitôt que Hernandez et ceux de sa suite le reconnurent, ils le percèrent à grands coups de poignards et d'épées : car ils avoient tous ordre de le tuer, et son beau-frère avec lui, appelé Jérôme Castilla, à cause de l'obstacle qu'il avoit apporté dans la dernière mutinerie que François Hernandez avoit faite. Jean Alphonse Palomin mourut de ses blessures le lendemain, dans la maison de Loaysa, n'ayant pu se faire transporter dans la sienne. Ils y tuèrent encore un riche marchand, qu'on appeloit Jean de Morales, à qui les grands seigneurs invités à la noce furent bien aises de donner une place parmi eux, le considérant comme un très honnête homme. Comme il s'étoit imaginé qu'il pouvoit mieux se sauver dans l'obscurité, il s'avisa de tirer rudement la nappe, s'imaginant que les flambeaux viendroient à tomber, et par conséquent qu'ils s'éteindroient : en effet il en tomba dix, et ils s'éteignirent tous, à la réserve d'un seul. Cela fut cause qu'un des gens de François Hernandez, lui donnant de sa pertuisane dans le visage, lui dit : « Traître, tu veux donc que nous soyons réduits à nous entretuer, faute de nous connoître. » Au même instant il lui mit la pertuisane si avant dans la bouche qu'il l'entr'ouvrit des deux côtés jusqu'aux oreilles ; son camarade lui porta en même temps un coup sous la mamelle gauche, qui le fit tomber roide mort : ainsi ils ne lui donnèrent pas le loisir de s'attacher à la ceinture cette riche aiguière d'or qu'un écrivain peu judicieux écrit qu'il avoit volée à cette noce, suivant en cela les faux mémoires que les ennemis du mort lui avoient donnés.

Durant ce désordre, Garcillasso mon père, Diego de los Rios, Vasco de Guevare, deux jeunes cavaliers ses beaux-frères, qu'on nommoit les *escaluntez*, Rodrigo de Léon, frère de Pero de Lopez de Cazalla, et plusieurs autres seigneurs et soldats, jusqu'au nombre de trente-six, entrèrent tous, et moi avec eux, par la même porte par où le gouverneur étoit entré; et, tournant à main droite, ils cherchèrent une sortie par les basses-cours de la maison : ils y trouvèrent par bonheur une échelle assez haute pour monter jusque sur le toit, avec laquelle ils gagnèrent le mur du logis de Jean de Figueroa, seigneur des plus considérables, en la maison duquel il y avoit une porte qui s'alloit rendre à une autre rue, tout-à-fait différente de celle d'Alphonse de Loaysa. Pour ne pas perdre une si bonne occasion, mon père dit à ses compagnons qu'il se falloit sauver par là; que pour cette même fin ils l'attendissent patiemment, et qu'il s'en alloit quérir le gouverneur. En effet il s'y en alla tout aussitôt, et lui dit qu'ils avoient trouvé un lieu propre à sortir du logis à la rue, qu'ils auroient de bons seconds qui les assisteroient, et qu'ainsi il ne tiendroit qu'à lui qu'on ne calmât cette émeute : car il n'avoit qu'à se rendre à la place, où, aussitôt que par ses ordres on auroit sonné le tocsin, tous les mutins se dissiperoient et prendroient la fuite. Mais le gouverneur ne voulut pas suivre ce conseil, et dit « qu'il ne vouloit bouger de là ». Mon père s'en retourna vers ses compagnons, qu'il trouva tous montés sur un toit de la maison de Jean de Figueroa. Avant que de se sauver il retourna encore pour tâcher d'obliger le gouverneur de venir avec lui; mais il n'y gagna non plus que la première fois ; et, quelques raisons qu'il lui alléguât, il lui fut impossible de le faire résoudre, tant il avoit d'appréhension qu'on ne lui eût tendu des piéges de tous côtés pour se défaire de lui. Mon père, ayant perdu toute espérance de pouvoir vaincre l'obstination du gouverneur, s'en retourna joindre les autres. La première chose qu'il fit fut de poser ses pantoufles et de monter sur le toit, avec les mêmes brodequins des *alcanzias* (1). Dès qu'il fut monté, et moi de même, ceux qui étoient en haut tirèrent l'échelle, qui nous servit à descendre au logis de Jean de Figueroa : l'on ouvrit incontinent la porte de la rue, où l'on m'envoya devant pour faire la sentinelle, n'y ayant pas d'apparence qu'en l'âge où j'étois je dusse être suspect à ceux que je rencontrerois. Cependant j'avois ordre de me mettre à siffler à chaque avenue, afin de les obliger par ce signal à me suivre sans rien craindre. Nous rôdâmes ainsi de rue en rue, et nous rendîmes enfin à la maison d'Antoine de Quinones, beau-frère de mon père. Mon père fut extrêmement joyeux de le rencontrer au logis, parce qu'il ne savoit ce qu'il étoit devenu. Un des conjurés, nommé Jean Garcillan, qui dans les occurrences passées avoit fait amitié avec lui, lui avoit rendu un bon office : car, l'ayant trouvé à la principale porte de la salle, il le tira dans la rue, avec Jean de Saa-

(1) Jeux de grenades, dont il a été parlé ci-dessus.

vedra son camarade; puis, s'adressant à Quinonez: « Allez-vous-en, lui dit-il, tout droit à votre logis, et y menez avec vous Jean de Saavedra, sans en sortir que vous n'ayez de mes nouvelles; ce qui sera demain matin, comme j'espère. » Ils eurent à peine mis le pied dans la maison d'Antoine Quinonez, qu'ils conclurent ensemble de s'en aller cette même nuit à la ville des Rois. Ils prièrent Jean de Saavedra d'être de la partie, et lui offrirent un cheval, un manteau d'écarlate et de grosses bottes, sur ce qu'il s'excusa de n'en avoir point; mais, quand il se vit pressé làdessus, et qu'après ces offres il ne pouvoit honnêtement se dédire de faire ce voyage, il eut recours à une autre excuse, qui fut son indisposition. Nous rapporterons ci-après la cause de sa mort. Les autres seigneurs et les gens de guerre qui devoient sortir avec mon père s'en allèrent dans leurs maisons pour s'y équiper, et se tenir prêts à prendre la route de la ville des Rois. Comme notre maison n'étoit pas loin, mon père m'y envoya pour lui faire amener le meilleur cheval de son écurie, qui étoit celui de la course du jour précédent, à qui l'on n'avoit pas encore ôté la selle. En allant je passai devant la porte de Thomas Vasquez, et je vis à la rue deux chevaux sellés, auprès desquels étoient trois ou quatre nègres qui parloient ensemble. Je racontai cette aventure à mon père et aux autres, qui s'en émurent un peu, soupçonnant que ces esclaves et ces chevaux ne fussent à quelques uns des conjurés. Rodrigue de Léon, frère de Pero Lopez de Cazalla, m'appela tout aussitôt, et me dit que je lui ferois plaisir de m'en aller au logis de son frère, qui étoit dans la même rue, mais assez loin, pour avertir le portier qu'il eût à cacher soigneusement les casques et la cotte de maille qu'il trouveroit dans sa chambre, parce qu'il croyoit sûrement que cette nuit-là les conjurés pourroient bien piller la ville. Je courus vite où il m'envoyoit; mais, quand je fus de retour, je trouvai que mon père et ses deux parents, Diego de los Rios et Antoine de Quinonez, s'en étoient allés, après avoir fait un grand circuit par des sentiers fort mauvais, pour n'être point obligés de passer devant la porte de Thomas Vasquez. Je retournai en même temps droit au logis de mon père, et j'attendis là le succès de ce qui, selon les apparences, devoit arriver cette même nuit.

CHAPITRE III.

François Hernandez arrête le gouverneur, délivre les prisonniers, fait tuer dom Balthazar de Castille et le contrôleur Jean de Cacerez.

François Hernandez Giron et ses gens, qui étoient restés dans le logis d'Alphonse de Loaysa avec dessein de se saisir du gouverneur, se persuadant que, s'ils le tenoient une fois, toute la ville se rendroit, firent tout ce qu'ils purent pour découvrir où il étoit. A la fin, sur l'avis qu'ils eurent qu'il étoit dans la salle des dames, ils en rompirent la première porte avec un banc; et, comme ils furent à la seconde, ils ouïrent une voix qui leur dit qu'on les laisseroit entrer à condition qu'ils ne feroient aucun mal au gouverneur. François Hernandez l'ayant promis, on lui ouvrit la porte, et alors il se saisit du gouverneur, qu'il mena en son logis, où il le laissa sous de bonnes et sûres gardes; ensuite il s'en alla droit à la place avec tous ses compagnons. Avant que le gouverneur fut arrêté, il se passa bien trois heures de temps : ainsi, s'il eût voulu sortir quand mon père et ses compagnons l'en prièrent, pour s'emparer de la place et faire mettre les habitants sous les armes, tous les factieux s'en fussent fuis bien vite pour s'aller cacher où ils auroient pu, comme en tombèrent d'accord tous ceux qui surent comment l'affaire s'étoit passée. J'allai à la place pour voir ce qui se passoit ; et, demi-heure après que je fus arrivé, je vis venir à cheval Thomas Vasquez, qui étoit suivi d'un autre cavalier, tous deux armés de lances. Thomas Vasquez, s'en allant droit à François Hernandez, lui demanda ce qu'il souhaitoit qu'il fît. François Hernandez répondit : « Faites la ronde ici à l'entour, et dites à tous ceux que vous rencontrerez que, sans avoir peur de rien, ils viennent à la grande place, où je les attends pour les servir et tous mes amis. » Un peu après vint Alphonse Dias, qui parut monté sur un bon cheval, avec la lance à la main. François Hernandez lui dit la même chose qu'à Thomas Vasquez; si bien que lui, Jean de Piedrahita et Alphonse Dias, furent les seuls qui se rendirent cette nuit-là près de François Hernandez : car, pour l'autre cavalier qui vint avec Thomas Vasquez, c'étoit un de ses hôtes, et non pas un des principaux bourgeois de la ville. On peut voir par là combien peu considérable étoit le nombre des conjurés. Cependant ces malheureux rebelles, se voyant si peu de gens, et qu'avec cela il ne leur venoit personne, s'en allèrent à la prison, mirent en liberté tous les prisonniers, et les menèrent avec eux à la place, où ils demeurèrent tout le jour, leur nombre ayant grossi jusqu'à quarante. Le Palentin dit qu'ils sortirent tous à la place, criant *Liberté! liberté!* qu'ils y apportèrent quantité de piques et d'arquebuses; qu'ensuite ils déployèrent une enseigne de guerre, et que François Hernandez fit publier que, sur peine de la vie, ils eussent tous à se rendre à la place; et il ajoute que cette même nuit il y vint un assez bon nombre de gens qui posèrent tous des sentinelles et des gardes par la ville, afin que personne ne s'enfuît. Mais la chose se passa tout autrement : car il est certain que cette nuit-là il n'y eut pas davantage de gens que ceux dont je viens de parler qui se rendissent. Ils furent le lendemain dans la maison du gouverneur, et s'y saisirent de son écritoire, qui fermoit à la clé, où ils trouvèrent, à ce qu'ils dirent, dix-sept lettres, signées des auditeurs, au préjudice des seigneurs du pays et des soldats, outre qu'elles regardoient encore le service personnel des Indiens. Toutes ces choses ne furent que de pures inventions des rebelles pour irriter les soldats et les attirer à leur parti.

Le troisième jour de la révolte fut employé par François Hernandez à visiter jusque dans leurs maisons tous les principaux seigneurs du pays : mon père fut de ce nombre; et je me trouvai présent lorsque, le tyran étant venu parler à ma belle-mère, il lui dit, entre autres choses, « qu'il n'avoit rien entrepris que pour le commun bien des soldats et des seigneurs du pays ; qu'il ne prétendoit point usurper la charge de chef de parti, mais la laisser à un autre qui la méritât mieux que lui, et qu'il la prioit de faire en sorte que mon père vînt à la place, au lieu de se tenir caché dans sa maison, dans un temps où l'on avoit extrêmement besoin de lui ». Il en dit autant dans toutes les autres maisons dont il fit la revue, s'imaginant que ceux qu'on disoit s'en être fuis dans la ville des Rois y étoient cachés. Mais il fut bien surpris quand ma belle-mère lui protesta de n'avoir point vu mon père depuis la nuit de la noce, et que, s'il ne la croyoit pas, il pouvoit chercher dans tous les coins du logis. Il crut ce qu'elle lui dit ; et, sans s'enquérir davantage, il fit la visite dans plusieurs autres logis, où l'on lui certifia la même chose, quoiqu'il ne fût pas véritable, puisque tous ceux qui se retirèrent ne s'enfuirent point cette nuit-là.

Huit jours après la rébellion de François Hernandez Giron, un de ses gens, qu'on nommoit Bernard de Roblez, homme remuant et factieux, l'avertit que dom Balthazar de Castille et le contrôleur Jean de Cacerez parloient de s'enfuir, et d'emmener avec eux quelques uns des gens de leur suite, ayant déjà caché dans un monastère tout ce qu'ils avoient de meubles et de vaisselle d'argent. François Hernandez, ayant appris cela, envoya quérir en même temps le licencié Diego d'Alvarado ; et, après s'être conseillé avec lui sur ce qu'il avoit à faire, il remit à sa discrétion le châtiment des coupables. Le licencié n'eut pas besoin de grandes preuves pour faire le procès à dom Balthazar de Castille, y étant déjà tout disposé, parce que deux mois auparavant ils avoient eu querelle dans la grande place, d'où ils étoient sortis tous deux blessés; tellement qu'encore que la partie se fût trouvée égale, le licencié fut fort fâché de n'avoir pu tuer son ennemi. Se servant donc de sa commission comme d'un instrument de vengeance, il l'exécuta sur la personne des accusés, quoique, selon le bruit commun, ils fussent tous deux innocents. Il les fut chercher dans leurs maisons, d'où il les mena dans la sienne, les fit confesser le plus vite qu'il put, puis commanda qu'on les étranglât sur-le-champ. Jean Henriquez, crieur public, et le même qui avoit tranché la tête à Gonçale Piçarre, et mis par quartiers ses capitaines et son mestre de camp, fut l'exécuteur de cette sentence. Ce barbare, dès que François Hernandez se fut mutiné, parut en public, chargé de cordes et d'autres outils de son métier, pour étrangler et mettre à la torture ceux dont le tyran se voudroit défaire. Mais il en fut récompensé depuis, comme on le verra ci-après. Il étrangla ces pauvres cavaliers avec tant d'inhumanité, qu'il exposa nu dom Balthazar, et ne laissa rien que la chemise à Jean de Cacerez, parce qu'elle n'étoit pas si bonne que celle de son compagnon; tellement qu'en cet état ils furent portés à la place et mis au pied du gibet, environ les neuf heures de la nuit. Le lendemain, François Hernandez censura le licencié pour avoir fait mourir ces cavaliers sans lui en rien dire ; mais il fit cela plutôt pour se mettre bien dans l'esprit du peuple que pour avoir du chagrin de cette exécution, qui le délivroit de la crainte qu'il avoit de ces hommes, dont l'un étoit contrôleur des finances du roi, avoit été capitaine aux guerres passées, et l'autre jouissoit d'un département d'Indiens qui lui valoit 50,000 ducats de rente. Cette exécution fut cause que tous les seigneurs de la ville se rendirent.

CHAPITRE IV.

François Hernandez crée un mestre de camp et des capitaines pour son armée. — Deux villes lui envoient des ambassadeurs, et plusieurs seigneurs s'enfuient à Rimac.

François Hernandez, ayant fait en sorte d'attirer à lui un grand nombre de gens des frontières de Cuzco, et se voyant déjà plus de cent cinquante soldats, résolut de créer des officiers : il nomma donc pour mestre de camp le licencié Diego d'Alvarado, et pour capitaines de cavalerie Thomas Vasquez, François Nunez et Rodrigo de Pineda. Comme ces deux derniers étoient des principaux de la ville, il leur fit toutes les caresses imaginables; et, pour les mieux obliger, il leur offrit la charge de capitaines, qu'ils acceptèrent plutôt par crainte de sa tyrannie que dans l'espérance d'en tirer du profit ou de l'honneur. Il donna l'infanterie à commander à Jean de Piedrahita, à Nuno Mendioja et à Diego Gavilan. Robert Dordunia fut fait enseigne, et Antoine Carillo sergent-major. Ces capitaines, après leur élection, levèrent des gens en diligence pour avoir leurs compagnies complètes; ils mirent sur leurs enseignes plusieurs devises sur le mot de *liberté*, qui étoit le titre spécieux dont ils couvroient leur rébellion.

Le bruit du soulèvement de Cuzco s'étant répandu par toutes les villes de la frontière, sans que l'on en sût la cause, les habitants de Huamanca et d'Arequepa, qui s'imaginoient que cette révolte fût générale, envoyèrent des ambassadeurs aux principaux de cette ville, pour les prier, puisqu'elle étoit la capitale de tout l'empire, de les vouloir recevoir dans leur ligue et sous leur protection; ils ajoutèrent qu'ils vouloient se plaindre au roi, avec eux, du tort que les auditeurs leur faisoient de leur envoyer signifier tous les jours tant de nouveaux mandements et d'autres déclarations, qui ne leur pouvoient être que dommageables. L'ambassadeur d'Arequepa s'appeloit Valdecabras, quoique le Palentin dise que c'étoit un moine nommé Antoine de Talavera ; peut-être aussi l'avoit-on associé à l'autre pour cette commission. Hernand de Tiemblo étoit celui de Huamanca. Ils furent tous deux fort bien reçus par François Hernandez Giron, qui, plus insolent que jamais, se vantoit publiquement de son entreprise, qu'il assuroit devoir être si utile et si importante à tout le royaume, qu'avant qu'il fût peu de temps on s'enforceroit à l'envi pour le seconder et lui prêter main-forte. Afin de donner plus de poids à sa rébellion, il sema le bruit qu'on avoit tué dans le pays des Charcas le maréchal Alphonse d'Alvarado, et que les auteurs de ce meurtre l'avoient commis parce qu'il étoit un obstacle à leurs desseins. Aussitôt que ceux de Huamanca et d'Arequepa furent avertis que le soulèvement n'avoit pas été général, mais fait par un homme particulier, et que les autres seigneurs, dont ils apprirent le nombre et la qualité, s'étoient retirés, ils changèrent d'avis : de sorte que, d'un commun accord, ils firent tout ce qu'ils purent pour servir Sa Majesté, comme avoient fait ceux de Cuzco, et entre autres Garcillasso de la Vega, Antoine Quinonez, Diego de los Rios, Jérôme Costilla, et Garci Sanchez de Figueroa, cousin germain de mon père. Ces cinq cavaliers partirent de la ville de Cuzco pour celle des Rois la nuit du soulèvement, comme nous l'avons déjà dit. Les autres que nous avons nommés en sortirent à deux, trois, quatre et cinq nuits de là, selon qu'ils purent prendre leur temps. Vasco de Guevare et les deux *escalentez* ses beaux-frères se retirèrent deux nuits après. Alphonse de Hinoyosa et Jean de Pancorvo, du nombre des seigneurs, s'enfuirent la quatrième nuit, et Alphonse de Meza la cinquième, ne pouvant partir plus tôt parce qu'il voulut mettre à couvert quelque argent, dont les ennemis se saisirent, comme nous le dirons quand il en sera temps. Mon père et ses compagnons, étant éloignés de Cuzco de neuf lieues, rencontrèrent Pero Lopez de Cassalla dans une maison qu'il avoit à la campagne ; il étoit avec Sébastien de Cassalla son frère, tous deux seigneurs dans le pays, qui ne surent pas plus tôt ce qui se passoit dans Cuzco, qu'ils résolurent de s'en aller servir le roi. La femme de Pero Lopez, qui s'appeloit Françoise de Suniga, voulut être du voyage, et rendre à son mari les services qu'elle pourroit ; et, quoiqu'elle fût de complexion délicate, elle ne laissa pas de se tirer de tous les mauvais passages avec autant de facilité que les autres ; elle avoit encore soin de faire apprêter aux voyageurs à souper tous les soirs et à déjeuner pour le lendemain matin, demandant pour cet effet des vivres aux Indiens, et montrant aux Indiennes comment il les falloit apprêter. Je me souviens d'avoir ouï raconter ces particularités à ceux qui accompagnèrent cette dame, qu'ils louoient extrêmement.

Ces cavaliers étant arrivés à Curampa, qui est à vingt lieues de Cuzco, Fernand Bravo de Lajuna et Gaspard de Sotello, qui alloient à leurs départements d'Indiens, les emmenèrent avec eux, et tous les autres seigneurs et soldats qu'ils rencontrèrent en chemin, jusqu'à leur arrivée à Huamanca. Ceux de cette ville-là prirent courage quand ils se virent avec des hommes si considérables, et se fortifièrent dans la résolution qu'ils avoient prise de servir Sa Majesté. Pour cette fin, ceux qui les purent suivre s'en allèrent avec eux, et les autres les suivirent après. Il se faut souvenir de ce que j'ai dit ci-devant, qui est que, quand Garcilasso mon père et ses compagnons passèrent le pont de la rivière d'Apurimac, il leur étoit venu en pensée de le brûler; mais que, considérant que de Cuzco et de plusieurs autres endroits il viendroit des gens après eux pour aller servir Sa Majesté, et qu'ainsi ce seroit leur couper le passage, ils résolurent entre eux d'en laisser la garde à deux de leurs compagnons, qui reçussent tous ceux qui viendroient les cinq ou six premiers jours, et le brûlassent ensuite pour s'assurer de ce chemin, et empêcher que les rebelles ne les pussent suivre. La chose fut ainsi exécutée, tellement que ceux qui ne partirent pas d'abord de Cuzco ne laissèrent pas d'arriver assez à temps pour passer le pont. Quelques uns des principaux de Cuzco s'en allèrent aussi par d'autres chemins à la ville des Rois, parce qu'ils se trouvèrent dans leurs départements d'Indiens, vers le couchant de la ville : ceux-ci furent Jean-Jules de Hojeda, Pedro Dorvé, Martin d'Arbietto et Rodrigo d'Esquivel, qui passèrent tous par le département de dom Pedro de Cabrera, et s'en allèrent de compagnie.

CHAPITRE V.

Lettres écrites au tyran, et bannissement du gouverneur de Cuzco.

Le Palentin dit (ch. 25) ce qui suit : « Dans le même temps Michel de Villefort arriva à Cuzco, avec une lettre de créance pour François Hernandez, écrite par dom Pedro Louis de Cabrera, qui étoit à Cottabamba avec quelques soldats ses amis, dans le temps que la révolte arriva. Les principaux de ces soldats étoient Hernand Guillada, Diego Mendez et quelques autres, qui avoient trempé à la révolte de dom Sébastien de Castille. Cette lettre portoit que, « puisque dom
» Pedro n'avoit pu être le premier, et que Fran-
» çois Hernandez s'étoit déclaré avant lui, il le
» prioit de pousser son entreprise ; que, pour lui,
» il avoit déployé l'étendard en son nom ; qu'il

» s'en alloit à la ville des Rois; qu'il tâcheroit de
» se faire pourvoir par l'audience royale de la
» charge de capitaine-général, et qu'aussitôt qu'il
» en seroit pourvu, il se saisiroit des auditeurs,
» qu'il embarqueroit pour l'Espagne ». Dom Pedro écrivit encore une autre lettre, qu'il envoya par un des fils de Gomez de Tordoya, et fit dire à François Hernandez « qu'il pouvoit être assuré
» que, si Garcillasso de la Vega, Antoine Quinonez et quelques autres, s'en étoient allés à la
» ville des Rois, ce n'étoit pas dans la vue de le
» traverser ». Il ajouta « qu'à sa sortie de la ville
» il avoit fait dire une messe, et ensuite juré sur
» un autel à ceux qui se trouvoient avec lui qu'il
» n'alloit à Lima pour autre dessein qu'afin de
» prendre les auditeurs et les envoyer en Espa-
» gne ». François Hernandez, qui connoissoit dom Pedro pour un homme double et rusé, se persuada qu'il ne lui envoyoit ces messages que pour l'amuser, afin de pouvoir mieux prendre son temps et s'en aller avec les soldats qu'il tenoit ordinairement près de lui : c'est pourquoi il envoya Jean de Piedrahita et quelques arquebusiers avec ordre exprès d'ôter à Giles Ramirez le bâton d'intendant de justice, puis de le conduire hors de Cuzco, et, lorsqu'il en seroit à vingt lieues, de le laisser aller librement à la ville des Rois, ce qu'il fit. Il dit encore à Piedrahita de faire en sorte de voir dom Pedro pour lui dire que, sans aller à Lima, il l'obligeât de s'en retourner à Cuzco; et

qu'en cas qu'il ne voulût pas le faire, il l'arrêtât prisonnier. Mais, comme dom Pedro étoit déjà parti, Piedrahita ne le put rencontrer, ce qui l'obligea de retourner à Cuzco. »

Tout ce que je viens de dire est pris mot à mot du Palentin; mais cet auteur semble anticiper l'ordre du temps. J'éclaircirai ici le mieux que je pourrai ce qu'il dit. Premièrement il n'y a nulle apparence que dom Pedro de Cabrera ait envoyé des messagers à François Hernandez pour lui promettre de se joindre à lui, puisque ni son inclination ni l'état où il étoit ne le portoient nullement à suivre la guerre : car c'étoit le plus gros homme de son temps; de sorte qu'il avoit beaucoup de peine à aller à cheval, et même, quand il y alloit, il lui falloit une selle faite tout autrement que les autres. Secondement il n'avoit presque point de liaison avec François Hernandez Giron, parce qu'il passoit la meilleure partie de l'année dans son département d'Indiens, où il se divertissoit avec cinq ou six de ses amis. Ainsi, s'il envoya des messagers, ce fut pour s'éclaircir du soulèvement de Hernandez-Giron, savoir ce qui étoit arrivé depuis, qui étoient les seigneurs qui s'étoient retirés et ceux qui étoient demeurés avec le tyran. Il donna des lettres de créance à ses messagers afin que Hernandez Giron n'en prît aucun ombrage, et pour l'obliger en même temps à lui répondre. Pour ce qui est du chemin que dom Pedro choisit pour s'en aller à la ville des Rois, il le croyoit plus sûr, à cause que de son département jusqu'à cette ville il y avoit plus de quinze lieues, outre que, la rivière d'Apurimac se trouvant entre deux, il étoit bien assuré qu'après qu'on auroit brûlé le pont, les ennemis ne pourroient jamais passer. Lui et ses gens, ayant donc su ce qu'ils désiroient savoir, partirent pour la ville des Rois, et se moquèrent ainsi des tyrans.

A l'égard de Jean de Piedrahita, l'ordre que François Hernandez lui donna étoit qu'il emmenât le gouverneur Gilles Ramirez d'Avalos, non pas par le chemin de Lima, qui est du côté du nord, mais par celui d'Arequepa, qui regarde le midi; et il ne devoit le quitter qu'après qu'il l'auroit mené à quarante lieues de la ville. Il faut remarquer que ce voyage de Piedrahita ne se fit point au commencement de la révolte, ni même dans le temps que Pierre de Cabrera dépêcha les messagers susdits, qui fut neuf ou dix jours après le soulèvement, mais à quarante jours de là. De plus la raison pourquoi François Hernandez envoya le gouverneur par Arequepa, et non par le droit chemin, fut sans doute afin qu'il n'arrivât pas si vite dans la ville des Rois, et qu'il ne s'y en allât pas à son aise. Il paroît par les remarques que je viens de faire que le Palentin avoit été mal informé.

CHAPITRE VI.

François Hernandez se fait élire procureur et capitaine-général du Pérou. — Les auditeurs nomment des officiers pour la guerre, et le maréchal en fait de même.

Quinze jours après cette révolte, François Hernandez Giron, se voyant fort et redouté d'un chacun à cause de la cruauté qu'il avoit exercée en la personne de dom Balthazar de Castille, tâcha de s'affermir dans sa tyrannie, et de s'acquérir par là plus d'estime et d'autorité, s'imaginant que, quand les habitants de Cuzco le verroient puissant, ils se rangeroient plus facilement sous sa conduite.

Sur cette espérance, il commanda qu'il se fît une assemblée de toutes les communautés de la ville, où se trouvèrent vingt-cinq seigneurs de vassaux indiens, que Diego Hernandez a nommés. Il n'y eut parmi eux qu'un seul prévôt ordinaire et deux juges de police, tous les autres ne pouvant être nommés officiers de la ville. Il leur demanda que, pour se délivrer des troubles que les auditeurs leur apportoient tous les jours par leurs déclarations et leurs ordonnances, ils le fis-

sent procureur-général de tout cet empire, afin qu'ayant le pouvoir en main, il priât Sa Majesté de lui accorder ce qu'il jugeroit leur être profitable. Avec cela il voulut qu'on le nommât généralissime non seulement de la ville, mais de tout le pays, afin qu'il y pût maintenir la paix et la justice. Toutes ces demandes lui furent amplement accordées, non pas tant par amitié pour lui que par la crainte qu'on en avoit, parce qu'il avoit eu la précaution de faire mettre devant la grande porte du logis où se tenoit l'assemblée un bataillon de plus de cent cinquante arquebusiers, et deux capitaines, dont l'un étoit Diego Gavilan, et l'autre Nuno Mendiola. Après qu'on eut tenu conseil, on déclara par une proclamation publique le pouvoir que, d'une commune voix, on avoit donné à François Hernandez Giron. Ce ne fut pas seulement pour avoir plus de commandement et d'autorité qu'il voulut être nommé à ces charges par toutes les communautés; mais son principal dessein fut encore que tous les bourgeois de Cuzco approuvassent ce qui s'étoit fait, comme si eux-mêmes eussent consenti de leur bon gré à ce qu'il avoit exigé d'eux par force.

Les nouvelles de ce qui se passoit dans Cuzco ayant été apportées à la ville des Rois, les auditeurs n'y voulurent pas ajouter foi, s'imaginant que François Hernandez Giron vouloit sonder les habitants, voir quel seroit le sentiment des principaux sur une démarche de cette nature, et discerner par là ses partisans d'avec ceux de la faction contraire. Dans ce préjugé, ils firent arrêter Hernand Charcon; mais ils le remirent en liberté quand ils apprirent qu'elles étoient véritables. Les auditeurs prirent donc des mesures pour la guerre. Ils nommèrent des capitaines et des officiers, dont quelques uns refusèrent d'accepter les charges qui leur furent offertes, parce qu'ils ne les trouvèrent pas dignes d'eux. Nous ne parlerons que de ceux qui furent élus, et qui servirent effectivement dans toute cette guerre, quoique ces élections ne se fissent qu'avec d'étranges animosités et des passions différentes, comme il arrive ordinairement entre gens qui n'ont point de chef, chacun voulant commander à sa fantaisie.

On apprit encore cette révolte de François Hernandez à Potosi dans le temps que le maréchal Alphonse d'Alvarado faisoit le procès aux complices de la mort du général Pedro de Hinoyosa et à ceux qui avoient suivi le parti de dom Sébastien de Castille. Cela fut cause qu'on ne passa pas plus avant dans cette exécution, quoiqu'on ne manquât point de criminels qui méritoient la mort aussi bien que ceux à qui on l'avoit déjà donnée. Mais il falloit, par raison d'état et à cause de la nouvelle rébellion, pardonner aux coupables et apaiser les innocents, qui étoient les uns et les autres également scandalisés de tant de rigueurs et des sanglantes exécutions faites depuis peu. Ceux qu'on avoit condamnés à mort eurent permutation de peine, qui fut de servir le roi à leurs dépens. De ce nombre étoit, entre les autres, un soldat surnommé Bilbao, à qui un de ses amis ayant dit qu'il devoit bien rendre grâces à Dieu de lui avoir donné la vie et la liberté : « Il est vrai, lui répondit-il, qu'il est très juste que je le fasse. Voilà pourquoi je l'en remercie du profond de mon âme, aussi bien que saint Pierre et saint Paul, sans oublier saint François Hernandez Giron, par qui cette grâce m'a été faite : aussi je suis résolu de l'aller servir partout où il voudra. » En effet, il le servit depuis, comme nous le verrons ci-après.

Outre celui-ci, on tira encore hors de la prison environ quarante autres soldats, la plupart desquels devoient être condamnés à mort, ou du moins aux galères. Il y eut aussi des seigneurs et des gens de guerre qui furent remis en liberté sans qu'il intervînt sentence là-dessus, pour la raison suivante, rapportée par le Palentin, qui dit :

« Certains prisonniers eurent avis qu'on les vouloit relâcher sans donner sentence, et appréhendèrent que ce ne fût afin de les remettre en prison et de les faire châtier quand on voudroit ; ce qui fut cause que quelques uns des principaux ne furent point d'avis que cela se fît autrement que par un arrêt. On les jugea donc tous, et Gomez de Solis fut condamné à 600 ducats d'amende pour les gardes qu'il avoit eues ; Martin d'Almendras et Martin de Roblez furent obligés de payer la même somme. Il y en eut qui furent taxés à beaucoup moins, comme les uns à 200 écus, les autres à 100, à 50, à 20, selon qu'on jugeoit à peu près qu'ils en avoient le moyen, etc. »

Cependant le maréchal fit ses préparatifs pour la guerre, et se pourvut d'armes le mieux qu'il put; il commanda que dans toutes les provinces frontières on eût à faire de la poudre, et des piques dans celles où il y auroit du bois propre. A quelques jours de là on publia deux déclarations des auditeurs, par l'une desquelles on suspendoit pour deux ans le service personnel des Indiens, et les autres choses qu'on avoit auparavant ordonnées, au préjudice des seigneurs et des soldats de cet empire-là, parce que, par l'aveu même des officiers de justice, il paroissoit qu'elles troubloient le pays et portoient à la rébellion les habitants. L'autre déclaration portoit qu'on avoit élu le maréchal pour général de l'armée contre François Hernandez, avec pouvoir de prendre dans les coffres du roi autant d'argent qu'il en faudroit pour la subsistance des gens de guerre, et même d'en emprunter en cas qu'il n'y en eût pas assez dans l'épargne.

Le maréchal nomma des capitaines d'infanterie et de cavalerie, avec les autres officiers nécessaires, dont nous rapporterons les noms ci-après. Il voulut donner à Gomez d'Alvarado la charge de mestre de camp; mais il refusa de l'accepter, sachant la prétention qu'y avoit un autre cavalier, nommé Martin d'Avendano, frère de la femme d'Alvarado, qui sollicitoit instamment pour lui : de sorte qu'il lui accorda finalement cette place-là, quoique contre sa volonté, parce que celui qui la devoit exercer étoit encore trop jeune et sans aucune expérience. Après cela il ordonna aux Curacas qu'ils eussent à faire de grandes provisions de vivres pour la nourriture des soldats, et qu'ils tinssent prêts huit ou neuf mille diens qui portassent le bagage quand l'armée marcheroit; et il envoya en divers endroits plusieurs officiers pour amasser tout ce qu'on pourroit avoir d'armes, de chevaux, d'esclaves et de gens de guerre. Nous leur laisserons faire ces préparatifs, pour revenir à François Hernandez Giron.

Ce tyran, n'oubliant rien de ce qu'il lui falloit faire, poussoit toujours son entreprise plus avant : il envoya Thomas Vasquez, avec cinquante soldats bien armés, à Arequepa, pour prendre possession de cette ville en son nom, et faire en sorte envers les seigneurs que l'assemblée des états de la province l'élût pour capitaine-général et intendant de justice dans tout le royaume, à l'exemple de ceux de Cuzco. François Nunez, qui étoit des principaux de la ville, le servit encore dans cette occasion, après que, par ses caresses et ses applaudissements, il l'eut attiré dans son parti et pouvu d'une compagnie de cavalerie. Il l'envoya à Huamanca, lui donnant pour adjoint Jean Ganilan, et quarante autres soldats, avec ordre de faire comme Thomas Vasquez, et de dire aux habitants que, puisque les villes de Cuzco et d'Arequepa s'étoient déclarées pour lui et lui avoient envoyé des ambassadeurs, il lui sembloit raisonnable qu'elle lui accordât aussi ce qu'il demandoit, pour donner plus de poids et d'autorité à son entreprise. François Hernandez donna ces commissions plutôt pour semer le bruit dans tout cet empire-là que ces deux villes s'étoient jetées son parti que dans l'espérance qu'on lui accorderoit sa demande, sachant trop bien que ces mêmes villes avoient révoqué tout ce qu'elles lui avoient envoyé dire et offrir au commencement de sa révolte. Outre la commission qu'eurent ces deux capitaines, ils furent chargés de plusieurs lettres adressées à des particuliers et à quelques seigneurs de ces villes-là, à qui Hernandez écrivit séparément; et, non content de cela, il voulut que ceux de Cuzco leur écrivissent aussi qu'ils eussent à favoriser son parti, puisqu'il n'avoit pour but que leur commun bien et celui de tout le royaume. Il fit prier de la même chose la ville de la Plata, et lui-même en écrivit particulièrement à plusieurs seigneurs de la province des Charcas, au maréchal Alphonse d'Alvarado et à sa femme Anne de Velasque; mais ils ne firent tous que de se moquer de ses lettres, auxquelles ils ne daignèrent répondre. Ceux qui voudront les voir les trouveront dans l'histoire de Diego Hernandez, après le chapitre 27.

CHAPITRE VII.

Officiers nommés par les auditeurs. — Brigues qui se font pour la charge de général. — François Hernandez sort de Cuzco pour aller contre les auditeurs.

Les auditeurs, ayant su que François Hernandez se fortifioit tous les jours, résolurent d'élire des capitaines et des officiers pour commander l'armée royale : ils nommèrent Paul de Menezez pour mestre de camp, et pour capitaines de cavalerie dom Antoine de Ribera, Diego de Mora, Melchior Verdugo, chevalier de l'ordre de Saint-Jacques, et dom Pedro Louis de Cabrera. Ces deux derniers refusèrent les charges qu'on leur offrit, parce qu'ils croyoient mériter celle de général. On fit capitaines d'infanterie Rodrigo Nuno, qui avoit autrefois mené en Espagne les galériens; Louis d'Avalos, Diego Lopez de Saniga, Lopé Martin, Portugais; Antoine de Luxan, et Balthazar Vellasquez, qui, dans la précédente révolte de dom Sébastien de Castille, s'étoit heureusement échappé des mains du maréchal Alphonse d'Alvarado, ainsi qu'il a été dit ailleurs. Lopé de Cuaço fut nommé pour porter l'enseigne colonelle, et Melchior Verdugo fut pourvu d'une charge, qu'il refusa, obtenant que Pedro de Çarate fût mis à sa place. On nomma encore pour capitaine de cavalerie un des seigneurs d'Arequepa, qu'on appeloit Alphonse de Çarate; pour sergent-major François de Pigna, et pour capitaine de la garde des auditeurs Nicolas de Ribera le jeune. Le Palentin dit que, « pour ne pas faire tant d'éclat, on lui donna le titre de capitaine de la garde du sceau royal ». Il y eut de grandes disputes pour l'élection d'un général, parce qu'il y avoit trois personnes qui prétendoient à cette charge. Le premier étoit le licencié Santillan, auditeur de Sa Majesté, qui la croyoit mériter comme étant le plus considéré de tous les auditeurs. Le second, dom Jérôme de Loaysa, archevêque de la ville des Rois, qui donna bien à penser de voir qu'un religieux qui étoit de l'ordre des frères prêcheurs et archevêque prétendît d'être créé général d'une armée destinée à faire la guerre aux chrétiens mêmes. Ceux qui parloient le plus hardiment disoient tout haut que « la seule ambition lui avoit mis cette pensée dans l'esprit, quoiqu'il fût incomparablement plus séant à un homme de sa profession de prier Dieu pour la paix des chrétiens, et de faire prêcher l'Évangile pour convertir les infidèles ». Le troisième prétendant fut le docteur Sarvia, auditeur de Sa Majesté dans la même juridiction, qui, quoiqu'il fût bien assuré qu'on ne le nommeroit jamais à cette charge, ne laissoit pas de la briguer, tant pour obliger l'archevêque Loaysa que pour accroître le nombre des prétendants contre le licencié Santillan, et empêcher qu'il ne fût élu. Enfin les auditeurs, et quelques autres des principaux de la ville des Rois qu'on avoit nommés pour faire cette élection, voyant qu'on perdoit le temps, et que ce délai diminuoit l'autorité de l'armée, trouvèrent à propos de créer deux généraux, afin de couper chemin à toute sorte de querelles : l'un fut le licencié Santillan et l'autre l'archevêque des Rois.

Dans cette conjoncture, les auditeurs furent avertis par des lettres expresses venues de Cuzco du nombre et de la qualité de ceux qui venoient les joindre pour servir le roi; mais ils étoient si alarmés que tout leur faisoit ombrage, de sorte qu'ils se défioient les uns des autres, et encore plus de ceux qui venoient de dehors et d'une ville rebelle comme étoit celle de Cuzco. Ils envoyèrent donc dire à ces gens qu'ils ne passassent pas outre jusqu'à ce qu'il arrivât autre chose. Mais à peine eurent-ils dépêché un homme exprès pour ce message qu'ils furent désabusés, et qu'ils reconnurent la faute qu'ils alloient faire de refuser des hommes si considérables comme étoient ceux qui venoient, qui, pour ne pas suivre le tyran, avoient quitté leurs maisons, leurs femmes et leurs enfants. L'appréhension qu'ils eurent que leur mépris ne les rebutât et ne les fît retourner à Cuzco fut cause qu'ils dépêchèrent un nouveau courrier pour leur dire qu'ils seroient les bienvenus. Le courrier partit aussitôt en diligence; de sorte que les seigneurs de Cuzco arrivèrent un peu après dans la ville des Rois, où ils furent reçus comme ils le méritoient.

Après l'élection des capitaines et des généraux d'armée, les auditeurs envoyèrent des déclarations à tous ceux des autres villes du Pérou, par lesquelles ils les avertirent du soulèvement de François Hernandez Giron, leur ordonnèrent de se tenir prêts pour le service du roi, et de leur envoyer les noms et les rôles des capitaines de chaque ville, tant de cavalerie que d'infanterie.

Outre cela ils firent publier une amnistie générale en faveur de tous ceux qui dans les guerres passées auroient suivi le parti de Gonçale Piçarre et de dom Sébastien de Castille, à condition qu'ils viendroient servir le roi, comme leur devoir les y obligeoit : ils publièrent cette amnistie parce qu'ils savoient qu'il y avoit plusieurs de ces gens-là qui n'osoient paroître, et qui se tenoient cachés dans les maisons des Indiens.

Entre les précautions qu'ils prirent, celle de se rendre maîtres de la mer ne fut pas des moindres. Lopé Martin eut ordre, pour cet effet, de s'embarquer avec quarante soldats dans un bon galion qui étoit au port de cette ville-là, et de prendre garde aux vaisseaux qui étoient à l'ancre. Ce capitaine prit possession de cette charge; mais il ne l'eut pas long-temps, et l'on mit à sa place Jérôme de Silva, qui n'étoit pas moins bon soldat sur la mer que sur la terre, et Lopé Martin s'en alla faire sa charge de capitaine d'infanterie.

Pour revenir à François Hernandez Giron, il faut savoir que, dès qu'il se vit assez fort, il résolut de marcher droit à la ville des Rois pour aller chercher les ennemis, ou l'armée des rebelles à Sa Majesté : car c'est ainsi qu'il les appeloit, disant que, si c'eût été celle du roi, il n'auroit jamais eu la hardiesse de la combattre. Il mena avec lui plus de quatre cents hommes, tous bien montés et pourvus de toute sorte d'armes et de provisions de guerre. Cependant il fut extrêmement fâché de voir que ceux des bourgs ou des villes et des autres lieux de cet empire-là ne se jetèrent point dans son parti, comme il se l'étoit imaginé, leur ayant fait dire qu'ils le devoient faire pour l'honneur et le commun bien de tout le public. Avant qu'il se résolût de marcher vers la ville des Rois, il fut quelque temps en suspens s'il ne devoit point aller plutôt contre le maréchal; et peut-être auroit-il mieux fait, parce que tous les soldats que le maréchal avoit alors, tant ceux du roi que les autres, étoient fort mal satisfaits de l'extrême sévérité avec laquelle il avoit puni les coupables, la plupart de ceux qu'on avoit exécutés à mort étant leurs parents, leurs amis ou leurs compatriotes : aussi ceux qui s'entendoient le mieux aux maximes de la guerre disoient tout haut que, si François Hernandez avoit premièrement attaqué le maréchal, il s'en fût mieux trouvé. Le Palentin dit sur cela (ch. 60) : « François Hernandez fut malheureux et mal conseillé de ne prendre pas la route de Potosi plutôt que celle de Lima pour se rendre maître de ces provinces-là ; ce qui lui eût mieux réussi sans doute, parce que, s'il eût été contre le maréchal, à qui l'on vouloit alors tant de mal, il y a apparence que ses gens ne l'eussent jamais abandonné, comme ils firent en s'en allant à Lima, et les soldats du maréchal n'auroient pu ni même voulu lui résister. » Mais il faut dire que Dieu ne permit pas que François Hernandez en usât autrement, parce que, s'il l'eût fait, une perte irréparable s'en fût ensuivie. Il poursuivit donc son voyage de Lima, et le licencié Alvarado, son mestre de camp, demeura dans la ville pour lever des soldats. Avant que François Hernandez partît de Cuzco, il fit une action généreuse, qui fut de permettre à tous les seigneurs qui voudroient demeurer chez eux et ne point aller avec lui de le pouvoir faire librement. Diego de Silva fut le seul qu'il sollicita de suivre son armée, par ce qu'il savoit bien que sa présence contribueroit beaucoup à lui donner de l'autorité : ce cavalier y alla donc plutôt par crainte que par amour. Ainsi il n'y eut que six seigneurs qui partirent de Cuzco avec François Hernandez, savoir : Thomas Vasquez, Jean de Piedrahita, Alphonse Diaz, François Nunez, qui commandoit une compagnie de cavalerie, Rodrigo de Pineda et Diego de Silva.

Huit jours après que François Hernandez fut parti de Cuzco, son mestre de camp en sortit avec plus de deux cents hommes. Parmi ceux-ci se trouva François de Hinoyosa, qui étoit venu de Contisuyo, quelques jours auparavant, avec plus de vingt soldats : car tous ceux qui se piquoient de l'être ne demandoient pas mieux que de suivre le parti de François Hernandez Giron; tellement que plusieurs accoururent à lui sous prétexte d'être mal satisfaits des déclarations que les auditeurs faisoient publier tous les jours à leur préjudice. Outre François de Hinoyosa, il vint du côté d'Arequepa un autre soldat, qu'on appeloit Jean de Vera de Mendoça, qui avoit été dans le parti du roi, et qui, quoiqu'il fût jeune et fort peu habile, ne laissoit pas d'aspirer à la charge de capitaine : ce qui fut cause que, n'en ayant point été pourvu par les royalistes, il s'en alla avec un de ses amis, qu'on appeloit Matthieu Sanchez, droit à la ville de Cuzco, quelques jours avant que François Hernandez en fût sorti. Lui et son compagnon, pour jouir, comme ils désiroient, l'un du titre de capitaine et l'autre de celui d'enseigne, prirent, au lieu de drapeau, une serviette qu'ils attachèrent au bout d'un bâton, dans le dessein que François Hernandez, comme capitaine-général, les confirmât tous deux dans ces charges-là. Nous dirons au chapitre suivant quel fut le succès de leur voyage.

CHAPITRE VIII.

Fuite de Jean de Vera de Mendoça. — Ceux de Cuzco vont après le maréchal. — Sanchio Douart lève des troupes, dont il se fait général. — Le maréchal le tient en échec. — Arrivée de François Hernandez à Huamanca. — Rencontre des coureurs des deux armées.

Le mestre de camp Alvarado alla joindre son général à huit lieues de la ville de Cuzco, où il l'attendit jusqu'à son arrivée. Ils continuèrent leur route ensemble, et commencèrent deux heures avant la nuit à passer le pont sur la rivière d'Apurimac, à quoi ils employèrent quatre jours entiers, à cause de la grande quantité de troupes, de chevaux, de bagages, de vivres et de munitions de guerre, qu'ils avoient. Jean de Vera de Mendoça, voyant qu'il s'étoit passé quinze jours depuis qu'il étoit entré dans l'armée de François Hernandez Giron, sans qu'on lui donnât aucune charge et sans que l'on daignât même le confirmer dans celle de capitaine, se résolut de quitter Hernandez, et de s'aller rendre de rechef dans le parti du roi. Avant que de partir il communiqua son dessein à quatre autres soldats aussi jeunes que lui, et à son camarade, si bien que tous six conclurent de s'enfuir ensemble cette nuit-là, ce qu'ils firent en effet; et, dès qu'ils eurent passé le pont, ils le brûlèrent afin de n'être pas poursuivis. Ils arrivèrent à Cuzco la nuit suivante, et alarmèrent toute la ville, les bourgeois appréhendant que ce ne fussent des gens du parti du tyran venus exprès pour les surprendre et leur faire quelque mal. Le lendemain matin, ayant appris que c'étoit le capitaine Jean de Vera de Mendoça qui venoit enseigne déployée, on se rassura de cette crainte, et les principaux le furent trouver; puis ils allèrent tous ensemble chercher le maréchal, qui avoit mis sur pied une bonne armée. Ils élurent pour capitaine Jean de Sahavedra, qui étoit du nombre des seigneurs de la ville; et Jean de Vera de Mendoça s'avisa de se mettre devant avec ses gens, pour ne marcher point sous d'autre enseigne que la sienne. Cependant il ne put réussir dans son dessein, parce qu'on ne lui donna ni des gens à commander ni le nom de capitaine. Parmi les habitants sortis de Cuzco il se trouva quinze seigneurs de vassaux; tous les autres étoient marchands et officiers, que les tyrans avoient abandonnés comme gens inutiles : ils étoient en tout environ quarante, qui prirent la route du Callao, où étoit le maréchal Alphonse d'Alvarado, qui, sachant leur venue, leur envoya dire qu'ils l'attendissent, et qu'il s'en alloit à eux.

Cependant Sancho du Garte, gouverneur de la ville de la Paix, ayant levé des gens pour le roi, s'en alla droit à Cuzco avec plus de deux cents hommes, qu'il divisa en deux compagnies, l'une d'infanterie, commandée par le capitaine Martin d'Olmos, et l'autre de cavalerie, dont il se fit général. Il se rendit au pont du canal, où il ne fut que très peu de temps : car, ayant appris que François Hernandez, sorti de Cuzco, marchoit vers la ville des Rois, il poursuivit sa route, avec dessein de prendre la sienne du côté de Cuzco, et de suivre François Hernandez pour l'attaquer, ne voulant pas se joindre au maréchal parce qu'il prétendoit commander en chef. Le maréchal, l'ayant su, lui envoya tout aussitôt un messager exprès, avec une lettre, pour lui dire de s'en retourner en sa juridiction, et de l'y attendre, parce qu'il importoit au service du roi de ne pas mettre sur pied séparément tant de petites armées. Outre la lettre, comme capitaine-général il donna au même courrier un mandement rigoureux, et ordre exprès de le signifier à Sancho du Garte en cas qu'il refusât de faire ce qu'elle portoit. Le courrier s'acquitta ponctuellement de sa charge, et fit en sorte que Sancho du Garte demeura d'accord de rentrer dans sa juridiction.

Mais il est temps que nous revenions à François Hernandez Giron, que nous avons laissé dans Apurimac. Ayant continué sa marche jusqu'à Atavilla, il apprit là que tous les seigneurs et les soldats de Huamanca s'en étoient allés servir le roi, et que leur mestre de camp, Jean Alphonse de Badajox, s'étoit joint à François Nunez et à ce peu de soldats que ce capitaine avoit tirés de Cuzco pour aller à Huamanca. Cette nouvelle déplut fort à François Hernandez, qui se plaignit à ses gens de ce que les villes qui avoient d'abord approuvé son dessein l'abandonnoient sans cause. Il marcha jusqu'à la rivière de Villoa, où ses gens découvrirent les partis avancés de l'armée du roi : car les auditeurs, ayant su que François Hernandez venoit à eux, donnèrent ordre au capitaine Lopé Martin qu'avec un escadron de trente soldats il allât battre l'estrade pour savoir où étoit l'ennemi, et pour en faire rapport. Lopé Martin obéit, et se retira dès qu'il eut vu les ennemis, afin de donner avis du lieu où il les avoit laissés. François Hernandez continua sa marche jusqu'à la ville de Huamanca, où il s'arrêta pour attendre Thomas Vasquez, qu'il avoit envoyé à Arequepa. Vasquez, n'ayant pu rien faire dans cette ville, s'en retourna par la côte pour se joindre à François Hernandez, et fit mourir en chemin Martin de Lescano, quoiqu'il fût son plus grand ami, sur un simple soupçon qu'il eut que Lescano le vouloit tuer et se déclarer pour le roi. Il fit encore pendre un autre soldat des principaux, qu'on appeloit Alphonse de Mur, pour s'être seulement imaginé qu'il s'en vouloit fuir, ayant reçu de l'argent et même un cheval de la part de François Hernandez. Cependant Hernandez ne sut pas plus tôt que Thomas Vasquez approchoit de la ville, qu'il fut au-devant de lui avec un gros de soldats, et ils rentrèrent sans tenir ni rang ni ordre, afin qu'on ne pût pas savoir le peu de gens que Thomas Vasquez menoit avec lui. Le capitaine François Nunez, qui étoit sorti de Cuzco avec quarante soldats pour prendre possession de Huamanca, ne réussit pas mieux que Thomas Vasquez dans Arequepa, où il trouva que tous les seigneurs, se repentant de leur première résolution, s'en étoient fuis dans la ville des Rois pour y servir Sa Majesté; tellement que les plus considérables qui restèrent avec lui furent Jean Alphonse de Badajox, et Sancho de Tudela, vieillard âgé de quatre-vingt-six ans, qui suivit toujours François Hernandez jusqu'à la fin de sa révolte, ce qui fut cause de la perte de sa vie.

François Nunez alla au-devant de son général avec ces deux hommes et ce peu de soldats qu'il avoit. Il le trouva fort affligé de se voir abandonné en son entreprise, de ceux qui au commencement l'avoient si fort approuvée. Pour le consoler de cette disgrâce, deux fameux soldats de Lopé Martin, l'un desquels fut depuis ensei-

8.

gne du mestre de camp, le furent trouver, et l'informèrent au long de tout ce qu'il avoit envie de savoir touchant l'armée royale. Après s'en être bien éclairci, il sortit de Huamanca avec plus de sept cents hommes, et arriva finalement dans la vallée de Sauza, d'où il envoya battre l'estrade en divers endroits. Ceux à qui il donna cette commission furent Jean de Piedrahita, qui prit avec lui soixante soldats, et Salvador de la Sana, qui en mena quarante. D'un autre côté, Jérôme Costilla fut envoyé du camp de Sa Majesté avec vingt-cinq hommes pour découvrir l'ennemi. Le malheur voulut qu'il se rencontra dans le même chemin de Piedrahita; si bien qu'étant encore éloigné de quatre lieues de lui, ayant su qu'il avoit soixante soldats, il fut contraint de se retirer, la partie lui semblant trop forte pour lui pouvoir résister. Piedrahita fut averti, par des Indiens, que Jérôme Costilla n'étoit pas loin de lui, et qu'il n'avoit que fort peu de gens, ce qui l'obligea de marcher toute la nuit : tellement qu'au point du jour il arriva où ils étoient; et, les ayant mis en déroute, il en fit trois prisonniers, et alla rejoindre l'armée.

CHAPITRE IX.

Trois capitaines du roi en prennent un du tyran, et quarante soldats, qu'ils remettent entre les mains d'un des auditeurs. — François Hernandez se résout de combattre l'armée royale, et est abandonné de plusieurs des siens.

Comme les succès de la guerre sont variables, il arriva que Jérôme Costilla rencontra par hasard Jérôme de Silva, que les auditeurs avoient envoyé après lui. Ils se retiroient ensemble, de peur que François Hernandez ne vînt fondre sur eux avec toute son armée, lorsqu'ils prirent un valet indien qui servoit le capitaine Salvador de la Sana. L'ayant interrogé, ils surent de lui où étoit son maître et le nombre de gens qu'il avoit. Ils en donnèrent aussitôt avis aux auditeurs, et leur demandèrent des gens pour lui courir sus. Les auditeurs ordonnèrent en même temps que Lopé Martin y allât avec soixante hommes, qui, s'étant joints à Jérôme Costilla et à Jérôme de Silva, chargèrent si vigoureusement les ennemis, qu'encore qu'ils fussent tous bons soldats, bien armés et bien retranchés, ils les contraignirent tous de se rendre, à condition de leur pardonner s'ils se vouloient déclarer pour le roi. Ils acceptèrent l'offre, sortirent de leur retranchement, et se laissèrent tous prendre, sans qu'il en réchappât qu'un seul, qui en porta la nouvelle à François Hernandez Giron, à qui cette perte fut d'autant plus sensible qu'il se fioit fort à la Sana et à la valeur de ses soldats, qui étoient l'élite de son camp. Ces prisonniers ayant été conduits à l'armée du roi, les auditeurs ordonnèrent qu'on les pendît tous; ce que les soldats de Sa Majesté ne surent pas plus tôt, qu'ils en formèrent leur plainte, disant que, si telle chose avoit lieu, ils ne pourroient plus désormais courir le pays, parce que leurs ennemis, à l'exemple des auditeurs, feroient pendre de même tous ceux qu'ils prendroient, quoiqu'ils ne l'eussent point mérité. Quelques capitaines appuyèrent cette plainte en faveur de leurs soldats, et prièrent les auditeurs de vouloir modérer la sentence; tellement que, pour les mettre hors de l'armée, ils les envoyèrent avec Sana leur chef au licencié Altamirano, qui étoit alors sur mer, pour en disposer comme il aviseroit. Cet auditeur fit pendre Sana et deux des plus coupables, bannissant les autres hors du royaume.

François Hernandez Giron, quoique fort fâché de la perte du capitaine Sana et de ses soldats, ne laissa pas de continuer sa route, se fiant à ses ruses et aux stratagèmes de guerre qu'il s'étoit mis dans l'imagination. Après qu'il fut arrivé à la vallée de Pachacamac, qui est à quatre lieues de la ville des Rois, et qu'il eut assemblé ses officiers pour délibérer sur ce qu'ils avoient à faire, il fut résolu que, pendant une des nuits suivantes, ils iroient attaquer l'armée royale, qui étoit hors de la ville, et qu'ils feroient marcher devant eux les vaches de cette vallée-là, après leur avoir attaché sur les cornes plusieurs mêches allumées, afin de mettre en désordre l'armée royale, en l'obligeant de fuir de devant ces bêtes, que des Indiens devoient aiguillonner, et l'attaquer en même temps par l'endroit qu'ils jugeroient le plus foible.

On choisit pour exécuter cette entreprise la quatrième nuit après leur arrivée. Les coureurs des deux armées se virent bientôt après, et donnèrent avis de ce qu'ils remarquèrent de part et d'autre; ce qui obligea les auditeurs et les généraux à se tenir prêts pour quelque occasion qui se présentât. Les capitaines en firent de même, et ne manquèrent point de donner de l'exercice à leurs soldats, tantôt par de fréquentes escarmouches, tantôt en les faisant tirer au blanc, où ils proposoient des prix à ceux qui s'en acquitteroient le mieux. Il faut remarquer que cette armée étoit de plus de treize cents hommes, à savoir trois cents cavaliers, environ six cents arquebusiers et quatre cent cinquante piquiers.

Dans cette conjoncture, les auditeurs trouvèrent à propos, pour le contentement de leurs gens, et pour pacifier les communautés tant des seigneurs du pays que des soldats, de suspendre les mandements qu'ils avoient faits touchant le service personnel des Indiens, par lesquels il étoit encore porté qu'on ne les chargeroit à l'avenir d'aucun fardeau, et que les Espagnols ne mèneroient dans leurs voyages ni Indiennes ni Indiens. Après avoir mis l'affaire en délibération avec tous les seigneurs du pays, ils demeurèrent d'accord de nommer des procureurs qui allassent en Espagne, au nom de tout le royaume, pour supplier Sa Majesté d'y mettre le règlement que son conseil trouveroit le meilleur : ils élurent pour cette commission dom Pedro Louis de Cabrera, qui étoit de Cuzco, et qui, à cause de sa grosseur, ne pouvait aller à la guerre, comme il a été dit ailleurs, et Antoine de Ribera, du nombre des seigneurs de Rimac. Ils firent donc leurs préparatifs, en qualité de procureurs du pays, afin de s'en aller en Espagne, où dom Antoine de Ribera se rendit à bon port, et dom Pedro de Cabrera s'arrêta par les chemins, pour ne pouvoir passer outre.

Deux jours après l'arrivée de François Hernandez à Pachacamac, une partie de ses soldats sortit pour aller en parti contre les royalistes. En ayant rencontré, ils s'échauffèrent de part et d'autre pour éprouver les forces de leur ennemi. Diego de Sylva y alla aussi, pour montrer par là qu'il étoit des plus zélés dans le parti de François Hernandez ; mais l'occasion de se sauver s'étant présentée, il passa dans l'armée du roi, et fut suivi de quatre autres soldats des plus fameux, l'un desquels, qu'on appeloit Gamboa, étoit enseigne dans la compagnie du capitaine Nuno Mendiola, auquel il causa par sa fuite une très grande disgrâce, comme il sera dit ci-après. Il y eut ce jour-là plusieurs autres soldats qui s'allèrent rendre au roi; il en arriva de même le jour d'après et les suivants, tant que François Hernandez fut à Pachacamac : de sorte que les soldats s'échappoient vingt à vingt et trente à trente, sans que les ennemis, quelque peine qu'ils prissent, les pussent empêcher de s'aller jeter dans le parti du roi. François Hernandez prit donc la résolution de s'en retourner à Cuzco avant que tous les siens l'abandonnassent : car, pour le stratagème qu'il s'étoit proposé de faire par le moyen des vaches, il ne crut pas qu'il lui pût réussir, y ayant apparence que Diego de Silva, qui avoit été dans le conseil quand on en prit la résolution, en auroit donné avis, et que les auditeurs y sauroient bien mettre ordre.

Après cette résolution il usa d'une générosité qui sembla très grande, quoique néanmoins il la fit plutôt pour sonder les intentions de ses gens. Il leur dit qu'il permettoit à ceux qui ne le suivoient qu'à contre-cœur de s'en aller à l'armée des auditeurs. Quelques uns profitèrent de cette permission; mais il se trouva que c'étoient des plus inutiles. Le licencié Alvarado leur ôta leurs chevaux, leurs armes et leurs habits même, s'il jugeoit qu'ils fussent propres pour ses gens. François Hernandez sortit de la vallée de Pachacamac avec le meilleur ordre qu'il put tenir, plutôt de peur d'être abandonné des siens que dans la crainte que les ennemis le suivissent, étant bien certain qu'il y avoit dans l'armée des auditeurs tant de gens qui vouloient commander, qu'il ne s'y ordonnoit rien en temps et lieu ni qui fût conforme à la nécessité des affaires.

CHAPITRE X.

François Hernandez se retire avec son armée. — Différents avis dans celle du roi. — Mutinerie en la ville de Pioura.

François Hernandez étant sorti de Pachacamac, ses soldats laissèrent dans leurs logements quantité de choses inutiles qu'ils ne purent emporter, et dont ceux du roi se saisirent. Cependant les auditeurs tinrent un conseil de guerre, dans lequel, outre les capitaines, ils admirent plusieurs des principaux et des plus expérimentés du royaume; toutefois un si grand nombre d'avis étoit plutôt nuisible, à cause qu'un chacun vouloit qu'on suivît le sien. Enfin ils résolurent que Paul de Menescz suivroit François Hernandez avec six cents hommes; ce qui ne fut pourtant pas exécuté, parce que, le lendemain, quand ils furent prêts, les deux généraux voulurent qu'il n'y en eût que cent, disant qu'ils ne trouvoient point à propos qu'on dénuât l'armée de la plus belle élite de ses soldats. Les auditeurs et les conseillers, pour remédier à cette diversité d'avis, ordonnèrent de rechef que Menesez emmenât avec lui les six cents hommes qu'on avoit choisis; mais les généraux les contremandèrent, et ordonnèrent de ne prendre pas davantage de cent soldats pour donner l'alarme aux ennemis et recevoir les fuyards. La rigueur des généraux fut si grande, qu'ils ne voulurent pas permettre à Paul de Menesez d'emmener avec lui quelques uns de ses amis qui désiroient de l'accompagner. Mais il est temps de voir ce qui se passa en même temps dans la ville de Saint-Michel-de-Pioura.

Après que les auditeurs eurent envoyé des lettres d'avis à tous les officiers, gouverneurs et autres ministres de ce royaume-là, pour les avertir du soulèvement de François Hernandez Giron, et leur ordonner de lever des gens pour résister au tyran, le gouverneur de Pioura, qu'on appeloit dom Jean de Gadillo, donna commission expresse à François de Silva, qui demeuroit dans cette ville, de s'en aller à Tumpiz, et de rallier le long de la côte tous les soldats qu'il y trouveroit épars, afin de les mener avec lui. François de Silva exécuta cet ordre, et revint à Pioura avec vingt-six ou vingt-sept soldats, qui, après avoir été douze ou treize jours dans la ville, voyant qu'on ne leur donnoit ni logement ni vivres, et qu'ils ne pouvoient subsister d'eux-mêmes, furent trouver le gouverneur, sous la conduite de François de Silva, et le supplièrent de leur permettre de s'en aller à la ville des Rois pour y servir le roi. Le gouverneur le leur permit plutôt à la sollicitation des bourgeois que de son gré propre; mais le lendemain, comme il vit qu'ils étoient sur le point de partir, il révoqua la permission sans aucune cause, leur commandant expressément de se retirer en leur quartier, et de n'en sortir point qu'ils n'en eussent un exprès congé de lui. Comme cette rigueur étoit un peu trop grande, elle fut tellement insupportable à François de Silva et à ses compagnons, que, voyant qu'ils ne pouvoient fléchir le gouverneur ni par prières ni par protestations, ils conclurent entre eux de le tuer, de saccager la ville, et de s'en aller servir François Hernandez Giron, attendu qu'on ne vouloit pas qu'ils servissent le roi. Après avoir pris cette résolution et s'être tous bien armés, ils s'en allèrent au nombre de douze droit à la maison du gouverneur, où ils le prirent, et tuèrent un des juges ordinaires; ensuite ils entrèrent dans son logement, où ils trouvèrent plusieurs arquebuses, espadons, épées, rondaches, lances, pertuisanes, et une grande quantité de poudre; ils se saisirent aussi de l'étendard royal, et ordonnèrent que tous s'y vinssent ranger, sur peine de la vie. De plus, ils enfoncèrent la caisse du roi, et pillèrent tout ce qui s'y trouva dedans, jusqu'aux biens des défunts, faisant la même chose dans les autres maisons de la ville, qu'ils pillèrent toutes sans y rien laisser pour peu qu'il valût; et, comme il arriva par hasard un certain banni de Rimac, ils semèrent le bruit, et le firent même publier par le soldat, avec qui ils s'entendoient, que François Hernandez Giron s'en alloit à la ville des Rois avec de puissantes forces, et qu'il avoit tout le royaume pour lui, jusque là même que l'auditeur Santillan s'étoit déclaré de son parti avec plusieurs de ses amis et de ses parents. Ils ajoutèrent quantité d'autres choses si adroitement inventées, qu'elles ne pouvoient être plus vraisemblables. Les factieux se réjouirent si fort de ces nouvelles, qu'ils résolurent tous d'aller servir François Hernandez, et ils se mirent en devoir d'exécuter leur dessein.

Ils emmenèrent le gouverneur et huit ou neuf autres, tant seigneurs que principaux de la ville, garrottés de bonnes chaînes de fer; et, dans cet équipage, ils les firent cheminer plus de cinquante lieues, leur faisant tous les affronts imaginables, jusqu'à ce qu'ils arrivèrent à Cassamarca. Là ils trouvèrent des Espagnols, qui vivoient de leur travail et du trafic qu'ils faisoient, qui leur dirent en quel état se trouvoit réduit François Hernandez Giron; que lui et ses gens s'en étoient fuis, et que les auditeurs les tenoient de si près, qu'il ne pouvoit pas échapper, et par conséquent que la tyrannie finiroit bientôt avec sa vie. Cette nouvelle surprit François de Silva et ses compagnons, qui, tout épouvantés de leur crime, conclurent entre eux de marcher le long de la côte pour se jeter dans quelque navire s'ils en pouvoient rencontrer. Ils relâchèrent le gouverneur et les autres prisonniers, qu'ils laissèrent dépourvus de toutes choses, afin qu'ils ne leur pussent nuire; et, quoiqu'ils fussent plus de cinquante, ils s'en allèrent trois à trois et quatre à quatre, les uns d'un côté et les autres de l'autre, afin qu'ainsi divisés ils ne fussent pas sitôt remarqués en passant. Le gouverneur, se voyant libre, assembla des gens pour donner main-forte au roi, et prit quelques uns des coupables, qu'il fit écarteler. Les auditeurs, avertis des insolences et des méchancetés de ces hommes-là, députèrent pour leur faire leur procès un juge qu'on appeloit Bernardin Romain, qui, en ayant pris plusieurs, fit pendre les uns, et envoya les autres en galère. François de Silva et ses compagnons, plus fins que ces malheureux, s'en allèrent à Truxillo, dans le couvent de Saint-François, et en prirent l'habit, avec lequel étant sortis de la ville, ils s'embarquèrent dans un vaisseau, qui les porta hors de cet empire-là, si bien qu'ils s'échappèrent ainsi.

Dans ce même temps, il vint du royaume du

Chili un des seigneurs de la ville de Saint-Jacques, appelé Gaspard Orenso, qui apporta les nouvelles du soulèvement des Indiens arauques et de la mort du gouverneur Pedro de Valdivia, dont nous avons amplement parlé ailleurs. Cette nouvelle fut extrêmement sensible à tous ceux du Pérou, à cause des grands malheurs qu'ils voyoient se devoir ensuivre de cette rébellion. Elle commença vers les derniers jours de l'an 1553, et aujourd'hui, qui est presque la fin de l'an 1611, que nous écrivons cette Histoire, elle n'est pas encore finie. Au contraire, ces Indiens ne furent jamais si fiers ni si obstinés qu'ils le sont à présent, à cause des grandes victoires qu'ils ont gagnées et des villes qu'ils ont détruites. Nous rapporterons dans le livre suivant quelques particularités remarquables touchant la bravoure de ces peuples.

CHAPITRE XI.

Evènements arrivés dans l'une et l'autre armée. — Mort de Nuno Mendiola, capitaine de François Hernandez, et de Lopé Martin, capitaine de Sa Majesté.

Revenons au Pérou. Nous avons dit que François Hernandez Giron étoit sorti de Pachacamac avec toutes les précautions nécessaires, de peur que ses ennemis ne le poursuivissent; mais lorsqu'il vit les trois ou quatre premiers jours passés, et qu'il apprit de ses espions la grande diversité d'opinions qui se rencontroit dans les délibérations de ses ennemis, il marcha avec plus d'assurance. Il arriva à la vallée de Chinca, qui est abondante en toute sorte de rafraîchissements et de vivres, ce qui obligea le capitaine Mendiola de lui dire « qu'il trouvoit à propos de s'arrêter là trois ou quatre jours, afin que l'armée s'y reposât et s'y pourvût des choses qui lui étoient nécessaires pour continuer sa route. » François Hernandez ne voulut point suivre son conseil, et s'imagina même que, sur ce refus, Mendiola lui avoit fait mauvaise mine, et il ne manqua pas de témoins qui assurèrent qu'il se vouloit tourner du côté du roi. Le tyran le crut d'autant plus facilement qu'il se ressouvint que, peu de jours auparavant, son enseigne Gamboa s'en étoit fui avec Diego de Silva. Il ne fallut que ce soupçon pour obliger François Hernandez de commander à son mestre-de-camp de désarmer Mendiola, de lui ôter son cheval, et de le laisser aller où il voudroit. Le maréchal passa plus avant, et lui ôta la vie. Voilà quelle fut la fin du pauvre capitaine Nuno Mendiola, qui, pour avoir été des premiers confédérés du tyran, reçut la mort pour récompense. Il y en eut encore plusieurs autres qui s'enfuirent d'avec François Hernandez, et qui rapportèrent à Paul de Menesez que ce tyran se trouvoit bien embarrassé que ses gens l'abandonnoient tous les jours, et que, de cinq cents hommes et davantage qu'il s'étoit vus, il ne lui en restoit plus qu'environ trois cents.

Cette nouvelle obligea Paul de Menesez de faire un effort pour surprendre les ennemis de nuit et les mettre en déroute. Ses gens, ayant approuvé son dessein, se mirent en chemin; mais ils oublièrent de prendre du maïs pour la nourriture de leurs chevaux, de sorte qu'ils se trouvèrent fort embarrassés. Un des transfuges de François Hernandez, appelé François de Cuevas, dit qu'il savoit où il y avoit quantité de ce grain-là, et qu'il en iroit chercher autant qu'il en faudroit si on le lui vouloit permettre. Paul de Menesez lui donna une douzaine d'Indiens pour en aller quérir; et le transfuge, s'étant mis en chemin, renvoya les Indiens avec le maïs, leur disant qu'ils allassent toujours devant, et qu'il les suivroit. Mais, au lieu de s'en aller à Paul de Menesez, il fut trouver François Hernandez, auquel il rendit compte du nombre des ennemis et du dessein qu'ils avoient de l'attaquer la nuit suivante, lui demandant pardon, au reste, de ce qu'il s'en étoit fui d'avec lui. La raison pour laquelle ce soldat s'en retourna vers François Hernandez fut pour avoir ouï dire à quelqu'un des gens de Paul de Menesez, parlant en général de tous ceux qui avoient eu part aux rébellions, qu'après la fin de la guerre la plus grande grâce qu'on leur feroit, quand même ils auroient passé du côté du roi, seroit de leur donner le fouet ou de les envoyer aux galères.

François Hernandez se tint prêt à recevoir les ennemis; mais Paul de Menesez, Lopé Martin et tous les autres, se doutèrent bien que leur dessein étoit éventé quand ils virent que François de Cuevas ne revenoit point. Ils crurent même que l'ennemi, sachant leur petit nombre, ne manqueroit pas de les attaquer; de sorte que, pour prévenir cela, ils se retirèrent, faisant marcher leurs gens du côté du bourg de Villacori, situé sur la rivière d'Yca, à cinq lieues du lieu où ils étoient; et ils trouvèrent à propos que trente cavaliers des mieux montés demeurassent à l'arrière-garde pour donner avis aux autres de tout ce qu'il faudroit faire. Le capitaine Lopé Martin offrit d'observer les ennemis avec trois de ses compagnons, et même de servir de sentinelle ou d'avant-coureur, afin qu'il ne se passât rien dont il n'avertît incontinent ceux de son parti. Paul de Menesez partit donc pour Villacori, tandis que Lopé Martin et ses compagnons montèrent sur une haute colline située sur la rivière d'Yca pour mieux découvrir les ennemis; mais ils ne prirent pas garde que cela ne se pouvoit, parce qu'il y a quantité d'arbres dans cette vallée qui empêchent qu'on ne puisse voir ce qui est au-dessous. Comme ils étoient aux aguets, un Canarin du parti de François Hernandez, ayant découvert Lopé Martin et ses trois compagnons, en avertit aussitôt ses gens, qui sortirent des deux côtés de la colline pour envelopper Lopé Martin et ses soldats, qui ne voyoient pas ce qui étoit auprès d'eux, tandis qu'ils s'amusoient à regarder loin. Il fut d'autant plus facile aux ennemis de faire cette expédition que la rivière qui passe au-dessous de la montagne où étoit Lopé Martin paroît si basse à ceux qui sont en haut, qu'il est presque impossible de découvrir ceux qui viennent de part et d'autre, jusqu'à ce qu'ils aient gagné le sommet. Ainsi ils ne purent en aucune sorte voir monter les ennemis, jusqu'à ce qu'ils en fussent enveloppés par derrière, et il ne leur servit de rien de prendre la fuite, parce que, de quelque côté qu'ils se tournassent et quelques efforts qu'ils fissent, il leur fallut céder, tellement qu'ils furent pris tous trois. Comme les ennemis ne connoissoient point Lopé Martin, il se trouva par hasard un Maure, qui avoit été à Alphonse de Toro, qui dit à Alphonse Gonçalez qui étoit Lopé Martin. Ils furent bien aises de savoir la qualité du prisonnier, qu'ils menèrent à François Hernandez Giron; mais il ne le voulut point voir; et, se souvenant de la mort de Sana, que l'auditeur Altamirano avoit fait pendre, il dit qu'on se défît de lui et des autres, aussi bien que du transfuge qui l'avoit abandonné, ce qui fut exécuté incontinent. Lopé Martin eut la tête tranchée; ils la mirent à la pointe d'une lance, et la portèrent depuis en trophée à la journée de Villacori. Ainsi finit sa vie le bon Lopé Martin, qui étoit du nombre de ceux qui se trouvèrent à l'emprisonnement d'Atahualpa, et qui fut des principaux seigneurs de Cuzco.

CHAPITRE XII.

Secours envoyés par les auditeurs à Paul de Menesez, à qui François Hernandez Giron donne un second échec. — Mort de Michel Cornejo.

Paul de Menesez, poursuivant, comme nous avons dit, François Hernandez Giron, écrivit à l'auditeur Santillan et à l'archevêque des Rois, tous deux généraux de l'armée royale, qu'ils lui envoyassent un prompt secours de soldats, parce que l'ennemi étoit incomparablement plus fort que lui, et que, moyennant cela, il se promettoit l'entière défaite du tyran. Les généraux lui envoyèrent tout aussitôt plus de cent hommes, tous bien armés, parmi lesquels il y avoit plusieurs seigneurs des villes des Rois, de Cuzco, de Huamanca, et d'Arequepa. Ils firent tant de diligence, qu'ils arrivèrent à Villacori avant que Paul de Menesez y entrât. Après leur jonction, ils surent que l'ennemi étoit à cinq lieues d'eux, et que Lopé Martin, avec ses compagnons, battoit la campagne, pour examiner les démarches de l'ennemi, et leur donner des avis sur ce qu'ils devoient faire. Ils se reposèrent donc sur cela, sans considérer qu'à la guerre, les capitaines qui veulent bien faire leur charge ne doivent jamais se croire en assez grande sûreté, quand même les ennemis seroient loin, et encore moins quand ils sont près.

François Hernandez, ayant appris de Lopé Martin en quel lieu et en quelle posture étoit Paul de Menesez, fit préparer ses gens pour le suivre en diligence. Sa bonne fortune contribua beaucoup à lui donner la victoire : car un des compagnons de Lopé Martin, s'étant échappé des tyrans, s'alla cacher, au lieu d'aller avertir Paul de Menesez de ce qui se passoit. Menesez cependant se trouva bien en peine de voir que les ennemis le venoient charger, s'étant reposé sur la vigilance de Lopé Martin et de ses compagnons, et n'ayant pas même daigné, tant il se fioit en eux, ni mettre des sentinelles, ni user de précautions semblables. Un de ses soldats, qui étoit sorti du camp pour aller chercher un peu de maïs à travers des broussailles, ouït un grand bruit, et, tournant la vue du côté d'où il venoit, aperçut environ trente cavaliers que François Hernandez avoit envoyés devant pour donner l'alarme à Paul de Menesez, et amuser les royalistes jusqu'à ce que tout le gros de l'armée fût venu pour combattre. Il en avertit Paul de Menesez, et en même temps ses soldats se mirent à crier, et à dire que les ennemis étoient là. Paul de Menesez, s'imaginant que le nombre n'en étoit pas plus grand que celui dont le soldat venoit de lui faire un rapport, ne daigna se retirer; au contraire, il commanda qu'on fît halte, pour combattre ceux qui le suivoient, contre le sentiment de ses officiers, qui vouloient continuer à marcher. En effet il donna par là le loisir aux gens d'Hernandez de se grossir et de s'approcher. Les royalistes les virent paroître incontinent en grand nombre : ce qui fit qu'à l'heure même, Paul de Menesez commanda que ses gens se retirassent en diligence, tandis qu'il demeuroit à l'arrière-garde pour les soutenir. Ils commencèrent à escarmoucher : il y eut des blessés et des morts des deux côtés. La meilleure partie du jour fut employée sans que les ennemis, qui les amusoient, leur donnassent le loisir de continuer leur marche. Sur ces entrefaites tout l'escadron de François Hernandez arriva, si bien que la confusion se trouva si grande, tant du côté des fuyards que des assaillants, que dans cette foule et en désordre ils furent enveloppés d'un si épais nuage de poussière, qu'ils ne se pouvoient reconnoître les uns les autres. Le capitaine Louis d'Avalos et cinq ou six autres furent dangereusement blessés; mais le pire fut qu'il en demeura sur la place quatorze ou quinze, parmi lesquels se trouva le bon Michel Cornejo. La mort de ce cavalier arriva d'une manière surprenante : car, ayant baissé la visière de son casque, à cause de la poussière, et de la chaleur, qui est insupportable en ces vallées, il étouffa.

Les ennemis firent sonner la retraite, ayant pris garde qu'encore qu'ils fussent victorieux, ils ne laissoient pas pourtant de perdre beaucoup, à cause que plusieurs de leurs gens se jetoient dans le parti du roi : ainsi ils se retirèrent le plus vite qu'ils purent, de crainte qu'il ne survînt quelque désordre dans leur armée. Ce même jour un des principaux seigneurs de Cuzco, nommé Jean Rodriguez de Villalobos, abandonna François Hernandez. Il lui avoit fait épouser la sœur de sa femme, pour se l'acquérir par ce moyen ; mais cela n'empêcha pas qu'il n'allât servir sa majesté. François Hernandez, venant à le savoir, en fut dans une extrême colère, quoique, pour cacher son déplaisir, il dit en jurant, et par manière de mépris, « qu'il n'étoit pas tant fâché de la perte de Rodriguez que de celle d'une epée qu'il lui emportoit ; » et il ajouta « que ceux qui ne le voudroient point suivre n'avoient qu'à s'en aller vers les auditeurs, qu'il leur en donnoit la permission, et qu'il ne vouloit dans sa compagnie que des amis volontaires. » Paul de Menesez, pressé par les ennemis, fut contraint de s'éloigner de ses gens, avec trois autres de ses compagnons, qui se retirèrent à Chinca, comme le Palentin le remarque (chap. 38). « Paul de Menesez, dit-il, voyant qu'il avoit perdu plusieurs de ses gens, et qu'ils s'enfuyoient à toute bride, s'écarta du grand chemin, et, par des lieux sablonneux, tourna, lui troisième, du côté de la rivière de Pisco, d'où il fut à Chinca, etc. »

Au retour du combat, les ennemis amassèrent par le chemin quantité de hardes qu'ils y trouvèrent, les royalistes, pour décharger leurs chevaux, ayant jeté jusqu'à leurs capes et à leurs armes les plus incommodes, comme les navigateurs ont accoutumé de faire quand ils appréhendent que leur navire, pour être trop chargé, ne coule à fond par la violence de la tempête. On peut juger par cet événement combien la fortune est inconstante, les capitaines et les soldats du roi, qui se trouvoient assez puissants pour défaire le tyran, se voyant réduits en moins de rien à s'enfuir.

Parmi les choses qui s'y passèrent, il en arriva une assez remarquable, qui me semble bien digne d'être rapportée ici. Ce fut l'extrême fidélité d'un cheval, dont le maître s'appeloit Jean Jules de Hojeda, des plus considérables seigneurs de Cuzco, et des premiers conquérants de cet empire-là. Comme il étoit fort zélé pour le parti du roi, il se trouva des plus avancés dans le combat de Villacori; mais le malheur voulut que, comme il couroit à bride abattue, il tomba de dessus son cheval. Ce cheval, le voyant par terre, s'arrêta tout court, quoiqu'il galoppât parmi plus de trois cents autres chevaux ; et, sans branler, il attendit que son maître se fût relevé, et qu'il fût remonté comme auparavant. Je pourrois douter de ceci si je n'avois vu dans Cuzco une semblable action de ce même cheval.

CHAPITRE XIII.

Les auditeurs déposent de leurs charges les deux généraux. — François Hernandez arrive à Nanasca, où il est averti de plusieurs nouveautés par un espion, et fait un corps d'armée de nègres.

Il y avoit dans l'armée royale de si grands différents entre les deux généraux, que les soldats et les capitaines s'en scandalisoient, et murmuroient même de les voir agir comme ils faisoient. Plusieurs s'entremirent pour les accorder, si bien qu'à la fin ils mangèrent ensemble, par les persuasions des principaux, qui firent en sorte de joindre le licencié et l'auditeur Santillan, qui étoient à deux lieues l'un de l'autre ; ce qui fut, comme dit le Palentin, une chose extrêmement agréable à toute l'armée.

Le même jour de cet accommodement, environ le soir; on eut la nouvelle au camp du rude échec de Villacori, dont on fut extrêmement surpris, parce qu'on avoit dit que Paul de Menesez avoit de grands avantages sur les ennemis. Les auditeurs et les capitaines virent bien que les animosités des généraux avoient diminué de beaucoup la réputation de l'armée impériale, et, pour y remédier à l'avenir, ils demeurèrent d'accord de déposer au nom du roi les deux généraux, de faire général d'armée Paul de Menesez, et mestre-de-camp dom Pedro Portocarrero. Les soldats murmurèrent fort de ce choix, disant « qu'ils trouvoient étrange qu'au lieu de punir un officier qui avoit perdu une journée de cette importance-là, on l'élevât à la charge de général. » Les résolutions de l'audience royale furent donc signifiées aux généraux, qui firent de grandes plaintes; mais on les apaisa, et les chefs demeurèrent pourvus de leurs charges. Ils eurent ordre de suivre le tyran avec huit cents hommes, et en ceci il y eut encore de la contestation comme auparavant, ce qui retarda leur départ de trois jours. Le licencié Santillan se mit en chemin pour s'en retourner à la ville des Rois. Plusieurs de ses parents et amis, jusqu'au nombre de cent cinquante, s'offrirent à l'accompagner; mais un de ses confidents, ne le jugeant pas à propos, lui conseilla de ne mener pas tant de gens avec lui, parce que cela donneroit occasion à ses ennemis de dire qu'il marchoit en homme timide ou qu'il se vouloit révolter. Pour couper chemin à ces défiances, Santillan pria tous ses amis de se retirer, et de s'en aller servir le roi dans son armée, et lui se mit en chemin sans avoir pour toute compagnie que ses domestiques.

François Hernandez Giron étoit cependant à Cuzco, où il arriva sans faire aucune mauvaise rencontre : car la confusion étoit si grande dans l'armée du roi, qu'on le laissa marcher sans y apporter aucun obstacle. Le bonheur voulut encore pour lui qu'un sergent du roi, du nombre des autres qui étoient entrés avec Diego de Royas, offrit aux auditeurs de s'en aller déguisé en Indien au camp de François Hernandez pour apprendre ce qui s'y passoit, et revenir pour en dire des nouvelles. Les auditeurs le lui permirent, ne se défiant point de lui; mais, étant arrivé au camp de Hernandez, il lui dit qu'il s'étoit avisé de jouer cette pièce pour se rendre dans son armée; qu'en celle du roi, il n'y avoit que divisions parmi les chefs et que mécontentements parmi les soldats, et qu'ils n'étoient point portés à combattre.

Il ajouta que les auditeurs étoient extrêmement tristes pour avoir appris que la ville de Saint-Michel de Pioura s'étoit révoltée contre le roi en sa faveur; qu'il venoit du nouveau royaume un capitaine appelé Pedro d'Orsua avec quantité de gens de guerre pour se joindre à lui, et que le royaume de Quito s'étoit aussi soulevé. Hernandez et ses gens furent si satisfaits, qu'ils publièrent partout ces mensonges comme s'ils eussent été des vérités. Il dit encore à Hernandez que les auditeurs avoient eu nouvelle que le maréchal venoit du pays des Charcas avec une armée fort leste, composée de plus de douze cents hommes; mais on ne fit pas du bruit de cette nouvelle : au contraire, on dit à l'espion de semer le bruit qu'il n'y en avoit pas davantage de six cents. Dans cette conjoncture, on découvrit qu'un Indien de l'armée des auditeurs avoit des lettres à rendre à un soldat de François Hernandez. Ainsi l'Indien et les soldats furent pris et pendus aussitôt, sans que le soldat, à qui on donna la torture, voulût jamais confesser aucune chose. Néanmoins, après sa mort, on lui trouva une petite boîte pendue au cou avec un billet dedans. Ce billet étoit une amnistie des auditeurs pour Thomas Vasquez. François Hernandez publia tout aussitôt ce pardon, et il ajouta que les auditeurs promettoient de grandes récompenses et de bons départements d'Indiens à quiconque tueroit et lui et les autres officiers de son armée.

Avant la déroute de Villacori, François Hernandez avoit fait une compagnie de plus de cent cinquante nègres esclaves qu'il prit au pillage que lui et les siens firent dans les villes et les bourgades par où ils passèrent. Dans la suite plusieurs Mores s'allèrent joindre à leurs compagnons, si bien qu'ils se trouvèrent enfin plus de trois cents. Pour les rendre plus considérables et plus hardis il fit d'eux un corps d'armée, et leur donna même un général, qu'on appeloit maître Jean, fort bon charpentier, et qui avoit autrefois été esclave d'Antoine d'Altamirano. Son mestre de camp se nommoit maître Antoine, et ce fut lui qui, dans la déroute de Villacori, désarma un des principaux soldats de l'armée royale, dont je veux taire le nom, quoique le bruit de cette action se répandit même jusqu'en Espagne. Outre les principaux officiers, il leur donna d'autres capitaines, et voulut même qu'ils eussent des enseignes, des sergents, des chefs d'escouade, des fifres et des tambours. Cela fut cause que plusieurs de ceux du parti du roi s'enfuirent au camp du tyran, voyant les grands honneurs que François Hernandez faisoit à leurs parents. Le tyran se servoit très volontiers de ces soldats, qu'il envoyoit à la picorée, et chercher des vivres avec des chefs d'escouade espagnole, parce que, comme ils étoient fort cruels, les Indiens abandonnoient jusqu'à leurs femmes et à leurs propres enfants, après les avoir abondamment fournis de provisions de bouche.

CHAPITRE XIV.

Arrivée du maréchal à Cuzco. — Il va chercher François Hernandez. — Mort du capitaine Diego d'Almendras.

Tandis que les choses dont je viens de parler se passèrent à Cuzco, à Rimac et à Villacori, le maréchal Alphonse d'Alvarado n'étoit point oisif dans le royaume des Charcas. Il ne cessoit de lever des gens pour le service du roi, de se pourvoir de chevaux, de poudre, d'arquebuses, de piques et d'autres armes pour l'usage des soldats, et il nomma des capitaines et autres officiers. Il fit mestre-de-camp dom Martin d'Avendano, son beau frère, premier enseigne Diego de Porras, et sergent-major Diego de Villavicencio, qui avoit servi le président Gasca contre Gonçale Piçarre. Il choisit pour capitaines de cavalerie deux seigneurs du pays des Charcas, savoir Hernandez Paniaga et Jean Ortis de Çarate, sans y comprendre dom Gabriel de Guzman, cavalier non moins recommandable pour sa vertu que pour sa naissance. Le licencié Gomez Hernandez fut fait auditeur ou intendant de justice dans son armée, et Jean de Rubo Martin eut la charge de grand-prévôt. Il créa six capitaines d'infanterie, qui furent le licencié Polo, Diego d'Almendras, Martin d'Alarcon, Hernand Alvarez de Tolède, Jean Ramon et Jean d'Arreinaga, qui s'employèrent tous à faire leurs charges avec toute sorte d'empressements; de manière qu'en fort peu de jours il se trouva que le maréchal avoit environ sept cents hommes. Le Palentin en dit ce qui suit (ch. 41):

« Il compta dans son armée jusqu'à sept cent cinquante-cinq hommes, les plus lestes, les plus richement vêtus et les mieux armés qu'on eût jamais vus dans le Pérou : ce qui faisoit bien voir qu'ils venoient d'une montagne qui est abondante en toutes choses, et d'un pays le plus riche du monde, etc. » Le maréchal, se voyant une si belle armée, marcha du côté de Cuzco. Il fut joint le long du chemin par une grande quantité de soldats qui s'alloient rendre à lui dix à dix et vingt à vingt, jusque là même qu'il y en eut une troupe de quarante qui fut au-devant de lui après qu'il fut hors d'Arequepa. Sancho du Garté et le capitaine Martin d'Olmos, qui étoient dans la ville de la Paix, le furent recevoir avec plus de deux cents soldats qu'ils avoient levés ; tellement qu'à leur rencontre il y eut de part et d'autre plusieurs salves d'arquébusades pour marque de la joie qu'ils avoient de se voir ensemble. L'armée continua sa marche, jusqu'à ce qu'elle arrivât dans la juridiction de la grande ville de Cuzco, où elle trouva le capitaine Jean de Sahavedra, avec sa compagnie, plus considérable par la qualité de ses soldats que par leur nombre, y ayant parmi eux treize ou quatorze seigneurs de Cuzco, tous des premiers et des seconds conquérants de cet empire-là. Cette jonction fit beaucoup de plaisir au maréchal, qui poursuivit sa route, et ne s'arrêta point qu'il ne fût entré dans Cuzco avec plus de douze cents hommes, savoir, trois cents chevaux, trois cent cinquante arquebusiers, et cinq cent cinquante tant piquiers que halebardiers.

Chaque compagnie entra en ordre de bataille, si bien que tous ensemble ils formèrent un bataillon à la grande place. Dom Jean Solano, évêque de Cuzco, fut recevoir le maréchal, et lui donna sa bénédiction, accompagné de tout son chapitre. Il prit alors la résolution de ne suivre jamais plus la guerre, mais de se tenir en repos dans son église, et d'y prier Dieu pour tous.

Le maréchal envoya ordre qu'on eût à faire les ponts des rivières d'Apurimac et d'Amançay, ayant dessein d'aller chercher au plus tôt François Hernandez, car il ne savoit où il étoit, ni ce qu'on avoit fait de lui. Il apprit alors ce qui s'étoit passé à Villacori, et l'arrivée du tyran en la vallée de Nanasca. Cette nouvelle lui fit changer son dessein, qui étoit d'envelopper François Hernandez par derrière, pour n'être pas réduit à s'en aller devant par la côte d'Arequepa, et de là jusqu'aux Charcas. Il sortit de la ville Cuzco après avoir commandé qu'on brûlât les ponts, pour empêcher que l'ennemi ne pût passer, en cas qu'il vînt de ce côté-là; et il prit la route du Collao, et ayant fait quarante ou cinquante lieues par le grand chemin, il tint toujours la droite, pour voir par où viendroit François Hernandez quand il sortiroit de Nanasca. Son dessein étoit d'aller au-devant de lui et de l'attaquer; mais comme il vit qu'il n'en avoit aucunes nouvelles, il marcha jusqu'à Parihuanacocha, quoiqu'il lui fallût traverser un désert extrêmement rude, de plus de trente lieues d'étendue. Dans le chemin quatre soldats s'enfuirent d'avec lui, et furent trouver François Hernandez, ayant volé deux fort bonnes mules, l'une à Gabriel de Pergna et l'autre à Pedro Franco. Le maréchal ne sut pas plus tôt à qui appartenoient ces mules, qu'il les fit étrangler, les soupçonnant d'en avoir eux-mêmes accommodé les fuyards. Les soldats en furent si fort irrités contre lui, qu'ils le blâmèrent tout haut de cette action, qui étoit en effet trop cruelle. Le Palentin, parlant de ces fuyards, dit (chap. 41): « Les quatre fuyards s'en allèrent à Nanasca, où ils dirent en secret à françois Hernandez Giron que le maréchal venoit avec des forces extrêmement grandes, et qu'il avoit pris le chemin de Parihuanacocha. Sur cet avis Hernandez dit à ses gens: « Messieurs, pré-

« parez-vous à jouer des mains, car je vous as-
« sure que du côté d'en bas vous avez à combat-
« tre mille hommes, et mille deux cents du côté
« d'en haut. Ce nombre pourtant ne vous doit pas
« étonner, puisque, assisté de la faveur divine, je
« ne veux que cent de mes bons amis pour les
« mettre en déroute. » Après leur avoir tenu ce
discours, il fit tenir prêts ses gens pour partir au
premier jour, et, le huitième de mai, il sortit
de Nanasca, pour aller aux Lucannes par la montagne, en intention d'arriver à Parihuanacocha
avant le maréchal, etc. »

Alphonse d'Alvarado, ayant marché assez long-
temps, arriva finalement au désert de Parihuanacocha, où, pour l'intempérie de l'air, il perdit
plus de soixante chevaux, des meilleurs et des plus
estimés de l'armée : car, quoiqu'on les menât en
main, et qu'on les traitât le mieux qu'il se pouvoit, ils ne laissoient pas de tomber morts les
uns après les autres, sans que les maréchaux en
pussent dire autre cause, sinon que l'haleine leur
manquoit, ce que les Indiens prenoient à mauvais présage. Diego Hernandez décrit cela en
peu de paroles (chap. 42). « Après que le maréchal, dit-il, fut arrivé aux Chumbibiicas, et
qu'il eut pourvu son armée des choses nécessaires, il entra dans le désert de Parihuanacocha,
qui a trente-deux lieues de montagnes à traverser, couvertes de neiges, de fondrières et de chemins si rudes que plusieurs chevaux s'y perdi-

rent, et même y moururent de froid, dont la rigueur étoit grande en cette saison, outre que celle de la faim ne fût pas moindre. » Le maréchal laissa malade d'une dysenterie, dans Parihuanacocha, le capitaine Sancho du Garte, qui en mourut quelques jours après. Ses coureurs prirent un soldat de François Hernandez, qui lui dit qu'il s'étoit venu rendre volontairement pour servir Sa Majesté, quoique cela ne fût pas, et qu'il ne prît ce prétexte que pour sauver sa vie. Le maréchal sut de ce prisonnier que François Hernandez étoit à quelque vingt lieues de ce poste-là; ce qui l'obligea d'avertir les siens d'user dans leur marche de toutes sortes de précautions pour empêcher que les ennemis ne les surprissent de nuit. En effet, à deux journées de Parihuanacocha, l'armée royale fut fort alarmée par l'aventure suivante. C'étoit la coutume de Diego d'Almendras, comme l'armée marchoit en corps, de s'en éloigner de temps en temps pour tirer sur quelque bête fauve; de sorte que, parmi quelques rochers, ayant rencontré un déserteur nègre, qui appartenoit au sergent-major Villavicencio, il lui voulut lier les mains pour l'amener à son maître. Le nègre, qui étoit adroit, et qui vouloit surprendre Diego d'Almendras, le voyant venir à lui la mêche à la main, se jeta par terre, et, l'ayant saisi par les deux jambes, le poussa si rudement de sa tête qu'il le fit tomber, puis lui donna tant de coups de poignard, qu'il le laissa presque mort ; après cela, il prit la fuite , et se retira dans la compagnie des autres nègres qui étoient dans l'armée de François Hernandez, auxquels il raconta le bel exploit qu'il venoit de faire. Cependant un jeune mestif, qui suivoit Diego d'Almendras, voyant son maître par terre, et que le nègre le traitoit mal, le saisit par les épaules dans le dessein de délivrer son maître, qui, se sentant blessé à mort, dit au mestif qu'il s'enfuît avant que le nègre le tuât, ce que le pauvre garçon fit aussitôt, et par ses cris effroyables mit tout le camp en alarme. Diego d'Almendras fut porté à Parihuanacocha, où il mourut peu après.

CHAPITRE XV.

Le maréchal envoie contre l'ennemi plusieurs bons soldats.—Escarmouches entre les uns et les autres, et obstination des royalistes à conseiller à leur général de ne point donner bataille.

Le lendemain de la disgrâce de Diego d'Almendras, Alphonse d'Alvarado, sachant que les ennemis n'étoient pas loin de lui, fit huit lieues de chemin avec son armée : car elle marchoit aisément, parce qu'à son départ il commanda que les soldats n'eussent à porter que leurs armes et des vivres pour trois jours. Le jour d'après, ayant fait encore huit lieues, ils arrivèrent avec beaucoup de peine à Guallaripa, où ils apprirent que François Hernandez étoit passé depuis trois jours, et qu'à trois ou quatre lieues de là il faisoit rafraîchir ses gens à Cuchinga, où il avoit bien eu de la peine à se rendre, à cause de la rigueur du froid et des mauvais chemins.

Cependant le commandeur Romero et Garcia de Melo furent joindre le maréchal avec mille Indiens chargés de vivres et de quelques piques de la province d'Andaguaylas. Ils lui firent une ample relation de l'état de François Hernandez, et dirent qu'il avoit fait pendre Diego d'Orihuela, ayant découvert qu'il alloit au camp du maréchal.

Le maréchal avoit tant d'envie d'attaquer les ennemis, qu'ayant su qu'ils ne pouvoient être guère plus proches, il résolut d'envoyer contre eux cent cinquante arquebusiers d'élite, qui eurent ordre de leur donner l'alarme dès le lendemain au point du jour, et de recevoir tous ceux qui se présenteroient pour servir Sa Majesté. Les autres capitaines et seigneurs, qui savoient combien étoit fort le lieu où François Hernandez s'étoit retranché, ne furent pas d'avis de l'attaquer, alléguant pour raison qu'il avoit tout l'avantage de son côté; qu'à moins que de se vouloir perdre, on ne le pouvoit combattre; qu'il n'y avoit aucune apparence d'exposer à un péril si évident cent cinquante arquebusiers des meilleurs qu'ils eussent, et qu'assurément leur perte attireroit celle de tous les autres. Le maréchal répondit qu'il chargeroit l'ennemi en queue avec tout le reste de l'armée, et empêcheroit ainsi qu'il ne pût beaucoup endommager ses arquebusiers. Il en choisit donc cent cinquante dans toutes les compagnies, qui, sous la conduite du mestre de camp et du capitaine Jean Ramon, eurent ordre d'avancer le plus près qu'ils pourroient de l'ennemi. Ces capitaines partirent, environ la minuit, et à trois heures de là le maréchal partit de même pour aller chercher François Hernandez, qui, sachant qu'il avoit affaire à un puissant ennemi, qui n'étoit pas loin de lui, faisoit tout ce qu'il pouvoit pour s'empêcher d'en être surpris. Pour cela, il tenoit toujours ses gens rangés en bataille, et de bonnes sentinelles dans tous les passages par où il jugeoit qu'on pût entrer, quoiqu'il n'y eût qu'une avenue à craindre, la situation du lieu le mettant à couvert de tout autre côté.

Avant qu'il fût jour, les royalistes arrivèrent où étoit l'ennemi, vers lequel ils s'avancèrent le plus qu'ils purent, sans qu'il les pût découvrir d'abord, parce qu'il étoit de l'autre côté de la rivière d'Amançay. Enfin un Indien les aperçut, qui en avertit aussitôt Hernandez. Le tyran fit en même temps sonner l'alarme, et mit des gens où il en falloit mettre en cas que l'ennemi l'attaquât. Ils firent alors plusieurs décharges sans se faire de mal, étant trop éloignés les uns des autres. Sur les neuf heures du matin, le maréchal parut avec son armée à la vue de François Hernandez, que les ennemis n'aperçurent pas plus tôt qu'ils en vinrent à une escarmouche avec plus de hardiesse que de bonne conduite. Dans l'endroit qu'ils avoient choisi pour champ de bataille, il n'y avait aucune plaine, mais quantité de broussailles, de marais et de grands rochers, le long de la rivière d'Amançay. Les gens de François Hernandez s'épandirent, qui çà qui là, dans un taillis, pour s'y mieux défendre, tandis que ceux du maréchal furent plus hardis, et descendirent au bas d'un vallon pour s'y escarmoucher, comme ils firent. Les uns demandant aux autres, quand ils se virent à la portée de l'arquebuse, « pour qui ils tenoient, et quel étoit leur nom, » Jean Ramon, qu'on appeloit Gonçale de Matta, se mit à faire de grands cris, et, à mesure qu'il avançoit, il répétoit ces mots : « Je suis Matta, je suis Matta. » Un des ennemis, qui étoit en embuscade, l'ayant ouï : *Yo te matto*, lui répondit-il en sa langue, *yo te matto*, et en disant cela il l'abattit mort d'un coup d'arquebuse. Il en arriva de même à plusieurs autres, qui furent tués ou blessés sans savoir d'où leur venoit le coup. L'escarmouche dura jusqu'à trois heures après midi, et fit beaucoup de dommage à ceux du roi, dont il y en eut plus de quarante ou de blessés ou de tués. De ce nombre fut un jeune cavalier appelé Philippe Henriquez, qui n'avoit pas plus de dix-huit ans, dont la perte fut extrêmement sensible à l'une et à l'autre armée. Le capitaine Arreynaga y fut aussi blessé. Ce combat donna moyen à deux soldats de s'échapper durant la mêlée, dont l'un s'appeloit Sancho de Vajona, qui s'alla rendre au maréchal; et l'autre, qui se jeta dans le parti de François Hernandez, étoit ce même Bilbao qui avoit fait vœu, comme nous avons dit ailleurs, de le suivre en quelque part qu'il allât.

Après que l'escarmouche eut cessé de part et d'autre, il arriva ce qui suit, que j'ai tiré mot à mot du Palentin. « Le maréchal, dit-il, appela tout aussitôt Laurens d'Aldana, Gomez d'Alvarado, Diego Maldonat, Gomes de Solis, et quelques autres des plus considérables de son armée, pour aviser ensemble à ce qu'il leur falloit faire. Son avis étoit de combatire le tyran, à quoi il s'obstinoit d'autant plus que Vajona l'avoit assuré que Hernandez prendroit la fuite quand il se verroit poursuivi de près. Dès que le maréchal eut découvert son dessein, Laurens d'Aldana et Diego Maldonat, l'ayant tiré à part, lui conseillèrent et le prièrent même très instamment de ne point hasarder la bataille et de se donner patience, puisqu'il ne pouvoit ignorer les grands avantages que l'ennemi avoit sur eux, et pour l'assiette du lieu, et pour le nombre de gens; qu'en temporisant il auroit pour lui tous les Indiens et même tout le pays; que leurs ennemis n'avoient rien d'avantageux que leur retranchement ; et que, les mettant mal avec les Indiens, ils se trouveroient en de si grandes extrémités que la faim et la misère les contraindroient ou à sortir de leur fort, d'où s'ensuivroit leur défaite, ou à se détruire eux-mêmes et se venir jeter dans leur parti ; qu'ainsi on pouvoit gagner la victoire sans perdre un seul homme, et qu'il ne falloit se mettre en peine d'autre chose que d'avoir des gardes qui observassent fidèlement le tyran, surtout du plus haut de la montagne, et de cette pointe qui s'avançoit dans les deux camps du côté de la rivière. Plusieurs des principaux approuvèrent cet avis, contre le sentiment de Martin de Roblez, que le maréchal avoit pourvu de la compagnie de Diego d'Almendras, et de quelques autres aussi, qui concluoient à donner bataille. Mais Laurens d'Aldana sut si bien persuader le maréchal, qu'il le fit résoudre de ne point combattre. Ainsi, à l'heure même il dépêcha un courrier aux auditeurs, auxquels il avoit demandé quelques fauconneaux et un nombre d'arquebusiers, avec dessein de les flanquer sur le haut de la montagne pour en battre les ennemis, afin de les faire sortir de leur fort, ou pour les harceler de telle sorte qu'ils fussent contraints ou de se rendre ou d'en venir aux mains. »

CHAPITRE XVI.

Alarme donnée par Jean de Piedrahita au camp du maréchal. — Rodrigo de Pineda se déclare pour le roi. — Il conseille de livrer bataille, et le maréchal se résout de le faire malgré les oppositions.

Jean de Piedrahita, avec environ trente-six arquebusiers, alla donner l'alarme de nuit au camp du maréchal et en trois ou quatre endroits différents, sans rien faire pourtant qui fût d'importance. Les ennemis lui répondirent à coups d'arquebuse, seulement pour faire voir qu'ils étoient prêts à le recevoir, et qu'ils ne dormoient point, de sorte que le lendemain matin Piedrehita s'en retourna vers ses gens. Rodrigo de Pineda, des principaux de Cuzco et capitaine de cavalerie, prit cette occasion pour s'enfuir au camp du maréchal, sous prétexte d'aller soutenir Piedrahita. A son arrivée, il dit au maréchal ce que le Palentin rapporte dans les paroles suivantes :

« Que la plupart des gens de François Hernandez s'échapperoient si les gardes ne l'empêchoient, et que même il étoit à craindre que la nuit suivante il ne se retirât, la rivière étant guéable. Le maréchal fit assembler aussitôt les capitaines et les seigneurs, auxquels il rapporta ce que Rodrigo de Pineda venoit de lui dire. Il leur dit qu'il étoit résolu de combattre l'ennemi, quelques raisons qu'on lui pût alléguer pour l'en détourner. Ceux du conseil en produisirent qui leur sembloient assez fortes pour faire voir qu'il ne falloit en aucune sorte l'attaquer dans ses retranchements. Sur cela le maréchal dit à Pineda qu'il leur dît l'état où étoit François Hernandez, le nombre de ses gens et le dessein qu'il avoit. Pineda dit donc que les principales forces d'Hernandez étoient dans sa cavalerie, qui étoit composée de plus de mille chevaux; que ses fantassins étoient environ trois cent quatre-vingts hommes, parmi lesquels il y avoit deux cent vingt arquebusiers, tous mal en ordre, et qui ne servoient la plupart qu'à regret; que son intention étoit de se retirer la nuit suivante, si on ne lui donnoit bataille, parce qu'il manquoit de vivres et que l'alarme s'étoit mise parmi ses gens; qu'au reste s'il se retiroit une fois il seroit difficile de le poursuivre, à cause des mauvais chemins, et qu'il étoit facile d'éviter ces inconvénients et de donner bataille, puisque la rivière étoit guéable. Nonobstant toutes ces raisons les conseillers persistèrent dans leur premier sentiment. Le maréchant, n'en étant pas content, repartit que cet avis ne s'accommodoit ni au devoir de sa charge ni à la valeur de tant de cavaliers et de bons soldats qu'il avoit dans son armée, qui ne devoient point souffrir que François Hernandez, avec ses troupes de bandoliers, désolât plus long-temps le royaume par une infinité de voleries et d'autres violences ; et il conclut qu'il vouloit absolument donner bataille, quelque inconvénient qu'il en pût arriver. Plusieurs des principaux capitaines sortirent mécontents de la tente du maréchal, où se tenoit le conseil de guerre, et Gomez d'Alvarado ne put s'empêcher de dire : « Allons, puisqu'il le faut, » et que l'heure de mourir est venue, etc. »

Cette résolution ayant été publiée, les seigneurs de Cuzco et des Charcas, qui étoient en tout plus de trente, se présentèrent au maréchal. Les principaux étoient Laurens d'Aldana, Jean de Sahavedra, Diego Maldona, Gomez d'Alvarado, Pedro Hernandez Paniaga, le licencié Polo, Jean Ortis de Çarate, Alphonse de Loaisa, le commissaire Jean de Salas, Martin de Menesez, Garcia de Melo, Jean de Berrio, Antoine Ruis de Guevarre et Gonçale de Sotto. Ils le prièrent très instamment de se désister de la résolution qu'il avoit prise de donner bataille, et de vouloir considérer que l'ennemi étoit beaucoup mieux retranché que lui ; qu'on ne le pouvoit forcer sans un extrême péril ; qu'il attendît encore un peu, puisqu'au rapport de Rodrigo de Pineda, il avoit si peu de vivres, qu'en trois jours au plus tard il seroit contraint de sortir de son fort ; et que peut-être il se présenteroit quelque autre occasion qui lui feroit changer d'avis ; qu'en tout cas ils avoient devant eux le tyran, qui ne pouvoit voler ; que, s'il s'enfuyoit, ils le poursuivroient et commanderoient aux Indiens de leur couper les chemins, et qu'ils y trouveroient des barrières de toutes parts; que de faire autrement et de l'attaquer dans un lieu si fort, ce seroit se hasarder de perdre la partie, et lui envoyer des soldats et des capitaines pour en faire de sanglantes victimes.

Le maréchal, ne se souvenant pas qu'il avoit déjà perdu près de cette même rivière une autre bataille, leur répondit, en colère, qu'ils ne lui disoient rien de nouveau; qu'il avoit examiné le tout; que son honneur étoit engagé à ne pas souffrir que des brigands eussent l'effronterie de lui donner toutes les nuits de nouvelles alarmes; que, pour les faire cesser, il vouloit résolument les combattre ce jour-là; qu'il lui en coûteroit trois cents hommes, ou qu'il les tailleroit tous en pièces avant que le soleil se couchât; qu'ainsi ils ne lui parlassent plus de différer la bataille, mais qu'ils se tinssent prêts pour la donner; qu'il leur commandoit, comme leur général, de n'y manquer pas, sur peine d'être déclarés traîtres.

Leur conférence prit fin par cette résolution, qu'il leur déplut tellement qu'il y en eut parmi eux qui dirent que « le maréchal faisoit bien voir que la vie des soldats ne lui coûtoit rien, et qu'il en faisoit un but et un blanc aux traits de leur ennemi; que leur mauvaise fortune leur avoit donné un général si mélancolique et si passionné, qu'à leurs dépens propres, et sans y être contraint, il vouloit donner aux ennemis une victoire qui leur étoit assurée. » Les seigneurs, les capitaines et les soldats les plus avisés ne laissèrent pas de se tenir prêts pour la bataille, afin de ne passer pas pour rebelles. Il y en avoit quelques uns parmi eux qui ne s'affligèrent pas beaucoup de cela, regardant déjà l'ennemi comme vaincu, parce qu'il leur paroissoit en petit nombre, en comparaison de leur armée, qui étoit de douze cents hommes. Mais ils ne considéroient point que, pour les combattre en des retranchements si forts que les leurs, il leur falloit surmonter de grands obstacles, traverser une grosse rivière et se tirer de plusieurs détroits et mauvais passages qui servoient aux ennemis d'autant de remparts, et que d'ailleurs toute la cavalerie du maréchal étoit inutile, à cause des rochers et des précipices.

CHAPITRE XVII.

Le maréchal fait attaquer François Hernandez, qui se met en état de lui resister. — Echecs de part et d'autre, et mort de plusieurs des principaux.

Il étoit environ midi quand le maréchal fit battre l'assemblée. Il commanda au capitaine Martin de Roblez qu'avec sa compagnie d'arquebusiers il passât la rivière et attaquât la gauche de l'ennemi. Les capitaines Martin d'Olmos et Jean Ramon eurent ordre de la passer aussi et d'attaquer la droite; et il ordonna aux uns et aux autres de ne combattre qu'à force de balles et de ne partir qu'au son de la trompette, qui en seroit le signal. Il voulut, de plus, que les cavaliers et les fantassins qui restoient filassent tous par un sentier fort étroit, par où seulement on pouvoit descendre à la rivière, et que, l'ayant passée, ils se missent en bataille dans une petite plaine qui n'étoit pas loin des ennemis, afin de les charger par là le plus furieusement qu'ils pourroient. Dans cet ordre ils se présentèrent au combat. François Hernandez Giron, qui, après avoir vu ranger les royalistes, crut bien qu'ils donneroient par trois endroits, dit à ses gens: « Courage, messieurs; c'est aujourd'hui qu'il nous faut vaincre ou mourir, puisque les ennemis viennent à nous avec beaucoup de furie. » Un des soldats, qui étoit un vieux routier qu'on appeloit communément le colonel Villalva, pour encourager son général et ses compagnons, qui lui sembloient un peu froids, leur dit, comme le rapporte le Palentin, « qu'ils ne s'étonnassent point que le maréchal ne pouvoit aller à eux en ordre de bataille, de quelque côté qu'il vînt; qu'au passage de la rivière ils se mettroient eux-mêmes en déroute; et que pour eux ils se trouvoient retranchés dans un lieu si fort qu'ils pourroient tenir contre dix mille hommes. »

La suite ne fit que trop voir que Villalva avoit raison. François Hernandez posta dans un lieu avantageux une partie de ses arquebusiers et tous les piquiers, dont il fit un bataillon, qu'il voulut qu'il fût commandé par les capitaines Jean de Piedrahita et Sotelo. Il leur ordonna expressément d'accourir où le besoin le requerroit, ou divisés, ou joints, selon la nécessité. Cela fait, il disposa quatre à quatre et six à six parmi les taillis, les rochers et les fondrières qui étoient le long de la rivière, cent arquebusiers des meilleurs qu'il eût, n'ayant pas de lieu pour les mettre en bataillon. Martin de Roblez passa la rivière avec sa compagnie d'arquebusiers; et, s'imaginant d'avoir déjà vaincu l'ennemi, dont il faisoit peu de compte, pour empêcher qu'un autre ne le devançât en cette victoire, il combattit si à la hâte, qu'il n'eut pas la patience d'attendre que tous ses soldats eussent passé l'eau. Il commença à le charger avec ceux qui avoient gagné le bord, tandis que les autres, ayant de l'eau jusqu'à la ceinture, ne prirent pas garde que la poudre de leurs fournimens se mouilloit. Les plus avisés d'entre eux pourtant la mirent au bout de leurs arquebuses et les portèrent au-dessus de leur tête.

Le capitaine Piedrahita, voyant Martin de Roblez si empressé et marcher avec si peu d'ordre, le fit saluer d'une grêle d'arquebusades qui lui tua plusieurs soldats, si bien que le capitaine et ses gens furent contraints de repasser la rivière, pendant que Piedrahita retourna dans son premier poste. En même temps les capitaines Martin d'Olmos et Jean Ramon, voulant réparer la perte de Martin Roblez, donnèrent sur les ennemis avec beaucoup de furie; mais ils les reçurent à grands coups d'arquebuse. Le choc dura assez long-temps, jusqu'à ce qu'enfin la victoire favorisa, pour la seconde fois, le capitaine Piedrahita, qui en blessa ou tua plusieurs, contraignant les autres de rebrousser vers la rivière et quelques uns même de la passer.

Tandis que ces deux disgrâces arrivèrent au maréchal par la faute de Martin Roblez, pour n'avoir voulu ni attendre le signal, ni observer l'ordre qu'on lui avoit donné, les autres soldats et capitaines des royalistes gagnèrent le bord de la rivière, qu'ils eurent bien de la peine à passer, parce qu'elle se trouva si profonde de ce côté-là, que les fantassins en eurent leur poudre et leurs arquebuses toutes mouillées, et les piquiers même y perdirent leurs piques.

Les arquebusiers que François Hernandez avoit mis dans les broussailles et sur les rochers qui étoient le long de la rivière, voyant que leurs ennemis avoient tant de peine à passer, se mirent à tirer sur eux et en tuèrent plusieurs dans l'eau, ce qui leur étoit d'autant plus facile qu'ils se trouvoient à couvert et qu'ils les choisissoient comme ils vouloient. Ainsi dans ce passage les uns y perdirent la vie, les autres furent blessés, et les autres, qui se voulurent mettre en bataille dans la plaine, en furent empêchés par les fréquentes décharges des ennemis. Les principaux qui moururent en cette occasion furent Jean de Sahavedra, le sergent-major Villavicencio, Gomez d'Alvarado, le capitaine Hernand Alvarez de Tolède, dom Gabriel de Guzman, Diego d'Hulloa, François de Barrientos et Siméon Pento. Les capitaines Martin de Roblez, d'Alarçon et Gonçale Silvestre y furent blessés. Gonçale Silvestre eut une jambe rompue, et perdit un cheval dont Roblez lui avoit offert, quelques jours avant le combat, jusqu'à 12,000 ducats; néanmoins il ne laissa pas de s'échapper, parce que son valet indien, le voyant abattu sous son cheval, le mit sur un autre qui le porta jusqu'à Huamanca.

Outre les principaux que je viens de nommer, il demeura sur la place ou morts ou blessés plus de soixante soldats. Ces échecs furent des plus remarquables de cette déroute, tout le reste n'ayant été que désordre et que confusion. La plupart des gens du maréchal ne voulurent point passer la rivière pour aller combattre leurs ennemis, tant ils appréhendoient leurs arquebuses. Dans ce même temps, un certain soldat nommé Perales s'alla rendre au maréchal, et lui demanda une arquebuse chargée pour en tuer François Hernandez, qu'il connoissoit fort bien, à ce qu'il disoit, et savoit même de quelle couleur étoit son habit. On lui en donna une qu'il déchargea sur Jean Alphonse de Badajox, qu'il tua, croyant que ce fût François Hernandez, parce qu'il étoit habillé comme lui et de même taille. Il fut loué publiquement de cette action. Depuis, voyant que la victoire étoit demeurée à François Hernandez, il le retourna trouver, et lui dit qu'on l'avoit contraint de se rendre, perfidie dont il fut payé bientôt après: car Hernandez, ayant su que ce traître s'étoit vanté de le tuer, en écrivit au licencié d'Alvarado, qui le fit pendre par son ordre.

Revenons à la bataille. Le capitaine Piedrahita, ayant aperçu que dans l'armée du maréchal tout y étoit en désordre et en alarme, commanda à ses gens de le suivre le plus vite qu'ils pourroient, tellement qu'étant sorti de son poste avec environ cinquante arquebusiers, il s'en alla criant partout: Victoire! victoire! tandis que les arquebusiers qui venoient après lui faisoient leurs décharges là où ils voyoient vingt ou trente des ennemis assemblés, ce qui les épouvantoit si fort, qu'ils s'allèrent rendre à eux volontairement, au nombre de trois cents, et leur remirent leurs armes et leur poudre, ce qui fit beaucoup de bien aux ennemis, qui en manquoient.

CHAPITRE XVIII.

François Hernandez gagne la victoire. — Fuite du maréchal et de ses gens.

Le maréchal Alvarado, voyant que la plupart de ses gens fuyoient le combat et qu'ils ne vouloient point passer la rivière, la passa lui-même, avec dessein de les rallier et de les contraindre d'en venir aux mains; mais plus il les pressoit par ses cris, moins ils obéissoient, fuyant toujours devant Piedrahita, qui ne cessoit de les poursuivre. Quelques confidents du maréchal lui dirent qu'il ne se mît point davantage en peine de les rallier, et que des soldats épouvantés ne retourneroient jamais au combat s'il ne survenoit un nouveau secours ou quelque nouvelle aventure qui leur fût avantageuse. Le maréchal prit donc la résolution de se retirer; quelques uns le suivirent, mais la plupart s'enfuirent. Les uns se retirèrent à Arequepa, aux Charcas, à la Ville-Neuve, à Huamanca, et les autres, qui gagnèrent la côte, s'allèrent joindre à l'armée, où étoient les auditeurs. Le plus petit nombre fut de sept soldats qui s'enfuirent à Cuzco, desquels nous rendrons compte ci-après.

Les Indiens en tuèrent quantité par les chemins, et d'autant plus facilement, que les Espanols n'avoient aucunes armes à feu pour se défendre. Ils tuèrent entre autres un fils de dom Pedro d'Alvarado, ce grand et fameux cavalier dont nous avons amplement parlé ailleurs. Il fut regretté par tous ceux qui connoissoient son père, dont il se pouvoit dire digne fils. Son nom étoit dom Diego d'Alvarado. Les Indiens se portèrent à cette insolence sur un ordre exprès de quelques officiers de l'armée du maréchal que je ne veux point nommer, qui, s'imaginant déjà d'avoir défait leurs ennemis, ne vouloient pas qu'il en réchappât un seul. Cet ordre portoit de faire main basse de tout ce qu'ils trouveroient de fuyards. En effet ils en tuèrent jusqu'à quatre-vingts. Il en demeura de morts sur la place plus de six-vingts, tant à l'escarmouche qu'à la bataille du premier jour, et de deux cent quatre-vingts qui furent blessés, il en mourut quarante, faute de chirurgiens pour les panser; de sorte que du côté du maréchal il y en eut de tués environ deux cent cinquante, et dix-sept seulement de ceux du tyran. Les victorieux pillèrent le plus riche camp qu'on eut jamais vu dans le Pérou, le maréchal ayant fait trouver à la bataille jusqu'à cent seigneurs des principaux et des plus riches de tout le pays, outre qu'il y eut quantité de soldats qui employèrent pour s'équiper les uns trois ou quatre mille ducats, et les autres plus de sept mille.

Au commencement de la bataille François Hernandez commanda à son sergent-major Antoine Carillo de garder avec neuf cavaliers une petite avenue qui, étant assez loin du champ de bataille, lui faisoit appréhender que quelques uns de ses gens ne s'enfuissent par là. Dans la plus grande chaleur du combat, l'enseigne colonel de François Hernandez les vint trouver, et leur dit qu'ils n'avoient qu'à s'enfuir, parce que leur général étoit mort et son armée défaite. Ils prirent la fuite aussitôt, et firent cette nuit-là huit ou neuf lieues. Le lendemain, quand ils surent tout le contraire par des Indiens qui leur dirent que le maréchal étoit le vaincu et François Hernandez le vainqueur, ils s'en retournèrent à leur camp, tout honteux de leur lâcheté. Ils tâchèrent pourtant de se couvrir du prétexte de ne s'en être fuis que pour suivre quelques soldats du maréchal qui tâchoient de s'échapper par les montagnes.

Après que François Hernandez eut remporté la victoire, son mestre de camp y voulut avoir part, quoique pendant la bataille il n'eût pas fait sa charge, ni même l'action du moindre soldat. Il aperçut que ses gens avoient pris un cavalier de Camora, nommé Romero, qui étoit arrivé quatre jours auparavant dans le camp du maréchal avec mille Indiens chargés de vivres, et ayant su qu'on l'amenoit prisonnier, il envoya dire à Alphonse Gonçalez de le faire exécuter incessamment, avant qu'il mît le pied dans le camp, se doutant bien que François Hernandez lui pardonneroit si quelqu'un l'en prioit. Ce cruel bourreau ne manqua pas d'exécuter aussitôt ce qui lui étoit enjoint. On présenta en même temps à François Hernandez un autre prisonnier nommé Pero Hernandez-le-Fidèle, ce surnom lui ayant été donné parce qu'il avoit toujours été fidèle au roi. Le Palentin, parlant de lui, dit : « Pero Hernandez étoit tailleur, et après que François Hernandez lui eut pardonné, à la requête de Christophe de Funez, il lui fit une cruelle réprimande, l'appelant coquin, ravaudeur et homme de néant. » Mais cet auteur se trompe, n'y ayant aucune apparence qu'il fût ce qu'il dit. Ce jeune garçon, dont j'ai parlé dans la première partie de mon *Histoire des Incas* (liv. 2, chap. 25.), auquel j'appliquai une herbe médicinale pour la guérison d'un mal qu'il avoit à l'œil, étoit fils de ce même Pero Hernandez, et étoit né dans la maison de Garcillasso. A présent il demeure à Olive de Valence, qui est le lieu de la naissance de son père.

Pero Hernandez ayant su le soulèvement de François Hernandez Giron, dont la nouvelle lui vint dans le pays des Antis, où il faisoit trafic de l'herbe appelée Cucuca, et faisoit valoir une grosse ferme de sa majesté dans le terroir de Tunu, étoit parti de ce lieu pour se rendre au camp du maréchal, où il fit le devoir d'un fidèle serviteur du roi, jusqu'à ce qu'étant pris à la bataille de Chuquinca, il fut présenté à François Hernandez comme un prisonnier considérable. Hernandez, à qui le nom de fidèle étoit odieux, commanda qu'on le fît mourir, tellement qu'à l'heure même il fut mené au camp pour y être exécuté. Après que le bourreau l'eut fait mettre à genoux et qu'il lui eut mis la corde au cou pour l'étrangler, il survint un soldat qui s'approcha de ce cruel ministre pour lui dire quelque chose ; le bourreau se retourna vers lui pour y répondre, et Pero Hernandez, par conséquent, se trouva derrière lui, qui, le voyant occupé, se leva le plus vite qu'il put, et courut encore avec plus de vitesse, la peur lui donnant des ailes. Il s'en alla droit à François Hernandez, et, se jetant à ses pieds, il le supplia d'avoir pitié de lui. D'autres joignirent leurs prières aux siennes, et entre autres Christophe de Fuegnez, qui lui dit, pour le mieux fléchir, que le pauvre malheureux avoit comme subi la mort, puisqu'il avoit encore la corde au cou. François Hernandez ne les voulut pas refuser, et lui pardonna, quoique ce fût contre sa volonté. Nous verrons dans la suite de cette histoire de quelle manière il s'échappa des mains du tyran pour s'en retourner servir Sa Majesté.

CHAPITRE XIX.

Désordre dans l'armée royale, causé par la perte que le maréchal venoit de faire. — Les auditeurs tâchent d'y remédier, et veulent que le conseil suive l'armée. — Opposition là-dessus.

Nous avons dit ci-devant qu'Antoine Carillo, sergent-major de François Hernandez, et Albert d'Ordugna, son enseigne, avoient fui quand on leur vint dire que François Hernandez avoit été tué dans le combat. Il en arriva de même dans l'armée du roi : car quelques Espagnols de la frontière, ayant appris, par les Indiens, que François Hernandez avoit tout perdu, et la vie même, l'écrivirent aux auditeurs, auxquels ils demandèrent récompense pour une si bonne nouvelle. Mais, par malheur pour eux, on reçut, un peu après, la relation de la perte du maréchal et de tout son monde. L'armée du roi en fut d'abord si troublée et en si grand désordre, que le Palentin, sans en dire la raison ni la cause, rapporte, dans son Histoire (ch. 46), « que les trois auditeurs mirent en délibération entre eux d'arrêter l'auditeur Santillan, pour l'envoyer en Espagne, et que, si cela ne se fit pas, ce fut à cause de l'opposition qu'y apporta le docteur Xaravia, comme si Santillan eût été cause de la perte de cette bataille. La victoire de François Hernandez Giron choqua si fort l'imagination des plus judicieux du Pérou, qu'ils se persuadèrent tous que le maréchal avoit été vendu par ses gens. Mais enfin, quand ils virent que plusieurs de ceux qu'ils soupçonnoient et qui s'en étoient fuis de la bataille se vinrent rendre dans l'armée du roi, la plupart blessés et en très mauvais état, ils changèrent d'avis et crurent que cet échec ne leur étoit arrivé que par leur mauvaise fortune. »

Les auditeurs envoyèrent à Humanca Antoine de Quinionez avec soixante arquebusiers pour secourir et rassembler tout ce qu'ils trouveroient de soldats qui, après la perte de la bataille, auroient fui de ce côté-là. Ils eurent encore une autre vue, qui fut d'empêcher que François Hernandez n'envoyât dans cette ville pour s'y pourvoir de vivres, comme en effet il y envoya, un peu après la bataille, un de ses capitaines, nommé Jean Cobo, avec ordre d'apporter quelques médicaments pour la guérison des blessés et des malades. Mais Jean Cobo, qui savoit qu'Antoine de Quinionez le suivoit en queue, se retira de Huamanca sans y avoir fait aucune chose.

Dans ce même temps, et presque à la même heure, les auditeurs reçurent deux lettres. L'une étoit du maréchal dom Alphonse d'Alvarado, qui se plaignoit de sa mauvaise fortune et de la désobéissance de ses gens, qui n'avoient pas voulu le croire ni garder l'ordre qu'il leur avoit donné pour la bataille : en effet, il disoit vrai. L'autre venoit de Laurens d'Aldana, et contenoit ces paroles, que j'ai tirées mot à mot du Palentin :

« J'envoyai lundi dernier une lettre à vos sei-
» gneuries par laquelle je leur disois ce que j'avois
» toujours appréhendé. Je l'eus à peine achevée,
» qu'un mauvais démon, qui possédoit le maré-
» chal, le fit résoudre de donner bataille à Fran-
» çois Hernandez, et de l'aller attaquer jusque
» dans ses retranchements, contre l'opinion de
» tous, et de moi particulièrement. Aussi, pour
» ne nous avoir pas voulu croire, il a été battu
» par François Hernandez, qui nous a tué quan-
» tité de gens, dont nous ne savons pas le nom-
» bre, et contraint le maréchal de se retirer, après
» avoir été blessé, je ne sais comment, car ce n'a
» pas été dans le combat. »

Les auditeurs, ne pouvant douter de la perte du maréchal, conclurent entre eux de faire marcher toute l'armée, et même ils furent d'avis que les officiers de l'audience royale la suivissent. Le Palentin l'assure ainsi, quand il dit « que cela se fit et pour lui donner du crédit, et pour empêcher qu'on ne murmurât de ce que les officiers de justice n'agissoient point. Néanmoins, le licencié Altamirano s'y opposa, disant que le conseil ne pouvait suivre, parce que l'intention du roi étoit qu'il ne bougeât de Lima, et il concluoit de là que les auditeurs ne devoient pas sortir sans un exprès commandement, puisque, aussi-bien, ce qu'ils ordonneroient ailleurs qu'en la ville de leur résidence n'auroit pas la même force. Le docteur Xaravia ayant voulu soutenir le sentiment opposé, Altamirano répondit qu'il ne sortiroit point absolument, le roi ne l'ayant point envoyé là pour combattre, mais pour administrer la justice. Cette dispute se termina par une menace que lui fit le docteur Xaravia de le suspendre de sa charge s'il ne suivoit l'armée, et que de plus il enjoindroit aux officiers royaux de ne lui payer aucuns salaires. »

Pour accommoder ces différents, il fut résolu que les trois auditeurs, qui étoient le docteur Xaravia et les deux licenciés Santillan et Mercado, suivroient l'armée royale, et que le licencié Altamirano, puisqu'il ne vouloit point ouïr parler d'autre guerre que de celle de la chicane, demeureroit dans la ville des rois en qualité d'intendant de justice. Ils ordonnèrent de plus que Diego de Mora, seigneur des principaux de Truxillo, qui étoit venu, comme j'ai dit, avec une bonne compagnie d'arquebusiers, demeureroit dans la ville en qualité de gouverneur, et qu'il donneroit sa compagnie à un autre capitaine qui se nommoit Pedro de Çarate. L'armée royale partit aussitôt, et marcha droit à Huamanca. Dans ce voyage il se vint rendre parmi les royalistes un fameux soldat appelé Jean Chacon, que les tyrans avoient pris dans la déroute de Villacori, et à qui François Hernandez Giron avoit donné d'abord une compagnie d'arquebusiers pour l'obliger à demeurer dans son parti; mais Chacon étoit si fidèle au roi, qu'il ne pouvoit se détacher de son service, jusque-là même qu'il avoit fait un complot de tuer le tyran. Son dessein ayant été découvert, il résolut de se retirer avant qu'on l'arrêtât prisonnier, et il s'échappa courageusement à la vue de François Hernandez; ce qu'il ne put faire néanmoins sans s'exposer : car comme les Indiens avoient ordre exprès de faire main-basse de tous les fuyards, ils traitoient indifféremment et les royalistes et les traîtres. Aussi traitèrent-ils si mal Jean Chacon, qu'assurément ils l'eussent tué, sans un fusil qu'il avoit, dont il se servoit pour les éloigner de lui. Enfin il joignit l'armée royale, qui arriva à Huamanca, où nous la laisserons pour retourner à François Hernandez.

CHAPITRE XX.

Entreprise de François Hernandez après la bataille. — Il fait piller plusieurs villes du royaume et plusieurs seigneurs de Cuzco.

François Hernandez Giron demeura plus de quarante jours dans le lieu où s'était donnée la bataille, tant pour jouir de la gloire qu'il y avoit acquise que pour la commodité des royalistes blessés, qu'il prenoit soin lui-même de faire panser, et les traitoit le mieux qu'il pouvoit pour les ranger dons son parti. Effectivement, il en gagna plusieurs qui le suivirent jusqu'à la fin de la guerre. Dans ce même temps, il envoya son mestre de camp Alvarado à Cuzco pour y arrêter les fuyards; et Antoine Carillo, son sergent-major, afin de le divertir de l'extrême chagrin qu'il avoit d'avoir fui à la bataille de Chuquinca, eut ordre d'aller aux villes de la Paix, de Chucuito, de Potosi, de la Plata, et dans toutes ces provinces-là pour y ramasser tout ce qu'il trouveroit de soldats, de chevaux, d'armes, et d'autres munitions de guerre. Il lui recommanda surtout de faire provision d'or et d'argent qu'il savoit qu'on y avoit caché. Un soldat de l'armée du maréchal, appelé François Bologne, lui ayant dit qu'il savoit un lieu où il y avoit un grand trésor, Carrillo alla avec Bologne et une vingtaine de soldats, parmi lesquels il ne s'en trouvoit que deux qui fussent affectionnés à François Hernandez, tous les autres n'ayant d'inclination que pour le maréchal, ce qui fit soupçonner que Hernandez avoit donné cette commission à son sergent-major plutôt pour le faire maltraiter que pour en tirer du profit. Cela arriva en effet, comme nous le verrons ci-après. Diego Hernandez envoya aussi à Arequepa le capitaine Jean de Piedrahita, avec ordre de saisir, partout où il passeroit, des provisions de guerre, et d'autant de gens et de chevaux qu'il en pourroit trouver, et il lui donna le titre de mestre de camp des troupes de la liberté, comme il appeloit son armée. Il voulut encore qu'Alvarado, au lieu de la charge de maréchal de camp, fût pourvu de celle de lieutenant-général, ce qu'il fit afin de donner plus d'autorité à ces officiers.

Le lieutenant-général Alvarado prit donc le chemin de Cuzco; mais, un jour avant qu'il entrât dans la ville, sept soldats du maréchal y arrivèrent sous la conduite de Jean Cardono, et y semèrent le bruit de la défaite du maréchal, qui affligea extrêmement tous ceux de la ville, qui ne pouvoient s'imaginer qu'un homme si mal en ordre et si dépourvu de tout, comme étoit François Hernandez, eût pu gagner une si grande victoire. Comme ils craignoient que le tyran ne les fît tous massacrer, ils résolurent de s'enfuir. François Rodriguez de Villefort, qui étoit juge ordinaire de la ville, rassembla ce qu'il y avoit de gens, le nombre desquels, y comprenant les sept soldats échappés, ne se trouva que de quarante, qui prirent la route de Collao. Les uns s'arrêtèrent la nuit suivante à une lieue et demie de la ville avec les juges; les autres passèrent trois ou quatre lieues plus avant, et ceux-ci furent les mieux avisés de tous: car Jean de Cardone, voyant que le juge et ses compagnons se tenoient si près de la ville, se déroba d'eux, rebroussa vers Cuzco, et, étant arrivé sur la mi-nuit, il avertit le lieutenant-général Alvarado que Villefort et vingt autres avec lui n'étoient qu'à une lieue et demie de là. Alvarado fit sortir incontinent le grand prévôt Alphonse Gonçalès avec une vingtaine de soldats pour arrêter Villefort; et Alphonse Gonçalès exécuta si bien ses ordres, que, le lendemain sur les huit heures, il les livra tous dans Cuzco entre les mains de son lieutenant-général.

A leur arrivée il fit semblant de vouloir qu'on exécutât François de Villefort et quelques uns de sa suite; mais il leur pardonna facilement, d'autant plus qu'il ne les trouva pas coupables, en considération des parents et des amis de François Hernandez Giron. Entre les autres méchancetés que le lieutenant-général Alvarado commit dans Cuzco, à la sollicitation de son capitaine-général, c'en fut une bien grande que de voler les cloches de l'église principale et des monastères de cette ville-là. De deux qu'il y avoit au couvent de Notre-Dame de la Merci, il en prit une, et une autre à Saint-Dominique. Il eut beaucoup de peine à laisser celle de l'église de Saint-François, quoique tous les religieux l'en priassent instamment; mais de cinq qui étoient à la cathédrale il en déroba deux, et il les eut toutes fait enlever, si l'évêque et le clergé, qui accoururent à l'instant, ne l'en eussent empêché à force d'excommunications. Ces cloches avoient été bénies et baptisées de la propre main de l'évêque; mais sans s'arrêter à cela, le tyran ne laissa pas de s'en servir à faire fondre six pièces d'artillerie, et sur la plus grande on fit graver ce mot latin, *Libertas*.

L'expérience fit voir, depuis, que ces fauconneaux faits d'une matière consacrée au service divin n'endommagèrent personne. Ce lieutenant-général fit quantité d'autres vols, tant du bien des seigneurs qui s'enfuirent que de celui des autres qui furent tués à la bataille de Couquinca; et à force d'enquêtes et de menaces, il découvrit enfin par le moyen de quelques Indiens deux grandes fosses dans un petit jardin de la maison d'Alphonse de Meza, de chacune desquelles il tira soixante lingots d'argent, dont le moindre valoit plus de 300 ducats. Je fus témoin de ce vol, la maison d'Alphonse étant voisine de celle de mon père. Quelques jours après ils tirèrent aussi des Indiens du capitaine Jean de Sahavedra cent cinquante moutons du pays, chargés de trois cents lingots d'argent du même prix que les précédents, ce qui fit croire que la raison pourquoi Jean de Sahavedra ne voulut pas sortir de Cuzco la nuit du soulèvement de François Hernandez Giron fut afin de mettre à couvert son argent, ce qui ne lui servit de rien, puisqu'il le perdit avec la vie. Ces lingots, à les prendre au prix ordinaire, se montoient bien à 126,000 ducats d'Espagne.

CHAPITRE XXI.

Voleries de Diego de Carillo et sa mort. — Ce qui arriva à Piedrahita dans Arequepa, et la victoire qu'il remporta à cause des dissensions qu'il y eut dans la ville.

Le sergent-major Antoine Carillo n'eût pas fait de moindres vols que le lieutenant-général Alvarado, si la mort ne l'eût prévenu. Il en fit néanmoins d'assez grands, tant à la Ville-Neuve qu'en toutes les autres du pays de Collasuyu et en celle de la Paix, où, durant le peu de temps qu'il y fut, il tira des cassiques de cette juridiction des sommes immenses et presque incroyables, provenues de leurs rentes et du droit que leur devoient leurs sujets. Le Palentin le fait voir quand il dit que « Carillo, ayant arrêté les cassiques et les intendants des maisons des grands, ne cessa de les persécuter, pour tirer d'eux le tribut de leurs vassaux; tellement que de ceci et de plusieurs lingots d'argent qu'il prit au monastère de Saint-François et en plusieurs autres lieux, tant dans la ville que dehors, il recueillit en moins de cinq jours la valeur de plus de 500,000 écus en or, en argent, en vin et en autres choses semblables, etc. »

Tout cela se fit par l'entremise de François de Bologne, qui, par ses intrigues, lui découvrit où ces biens étoient cachés. Il en eût encore volé davantage, si le dénonciateur lui-même, bourrelé par sa propre conscience, et vaincu par les raisons de Jean Vasquez, gouverneur de Chucuytu, ne les eût fait rendre à ceux auxquels ils appartenoient. Pour faire ces restitutions, Bologne et ses amis furent contraints d'entrer de force dans la maison de Carillo, qu'ils tuèrent à grands coups de poignard; puis ils réduisirent la ville comme auparavant au service de Sa Majesté. Voilà quelle fut la fin d'Antoine de Carillo. Jean de Piedrahita ne fut pas si malheureux dans la ville d'Arequepa, les dissensions qui y arrivèrent entre le gouverneur et le capitaine Gomez de Solis lui ayant été avantageuses. Les auditeurs y avoient envoyé Solis pour général, avec ordre de faire tête de ce côté-là à Hernandez; mais le gouverneur ne le voulut pas reconnoître, et le fit même arrêter, disant « qu'il n'étoit pas juste qu'on mît au-dessus de lui un homme qui n'avoit ni son expérience ni son adresse à la guerre. » François Hernandez dit « qu'après que Gomez de Solis fut parti du camp de Sa Majesté avec ses expéditions et celles de Vincent du Mont, son enseigne, on apprit dans la ville qu'il y venoit et que les principaux voulurent sortir pour lui aller au-devant; mais que le gouverneur Gonçale de Torrès les empêcha de passer outre avant qu'il eût une plus ample connoissance de cette promotion, disant qu'il ne paroissoit point que les auditeurs s'en fussent mêlés. » Il ajoutoit que, « quand même Gomez de Solis seroit pourvu de cette charge, il n'en étoit nullement capable, et que, d'ailleurs, il ne pensoit pas qu'il y eût personne dans tout le royaume à qui on le dût soumettre. »

Pendant cette dispute, on fut averti de la marche de Piedrahita, et qu'il menoit avec lui plus de cent cinquante hommes, parmi lesquels il y avoit cent arquebusiers des meilleurs qu'eût François Hernandez Giron. Cette nouvelle les effraya, et les obligea de se retrancher dans la grande église, où ils retirèrent avec eux leurs femmes, leurs enfants, et les meubles de leurs maisons; puis ils la fortifièrent à l'entour d'une haute muraille, pour empêcher que l'ennemi n'y entrât. Ils mirent à l'avenue des deux rues qui aboutissoient à l'église le peu d'arquebusiers qu'ils avoient, de telle sorte que des fenêtres et même des portes où ils étoient ils pouvoient tirer sans être aperçus. Mais comme rien n'est tenu secret dans un pays où il y a des partialités et des divisions, Piedrahita fut averti de l'embuscade qu'on lui avoit dressée, et, tournant par une autre rue, il s'alla loger dans l'évêché, où il se donna quelque combat de peu d'importance. Cependant Piedrahita envoya un religieux dominicain pour dire aux bourgeois de sa part qu'il ne vouloit point rompre avec eux; qu'au contraire il vouloit être leur ami, et qu'il laissoit aux soldats de l'un et de l'autre parti une pleine liberté de s'en aller servir le roi ou François Hernandez, pourvu que les armes qui se trouveroient de reste lui fussent mises entre les mains.

Gomez de Solis refusa d'abord cette offre, trouvant infâme de rendre les armes à l'ennemi, de quelque façon que ce fût; mais il l'accepta le lendemain, parce que la nuit on mit le feu dans une maison qu'il avoit dans cette ville : car, quoiqu'il y eût une trêve pour trois jours, les tyrans ne laissèrent pas de rompre, sur l'avis qu'ils eurent que quelques soldats de Gomez de Solis s'en étoient fuis, et que ceux qui étoient restés ne vouloient point venir aux mains, ce qui leur enfla tellement le courage, qu'ils eurent l'effronterie d'attaquer les bourgeois dans leur asyle. Ainsi Gomez de Solis et les seigneurs qui étoient avec lui, voyant qu'ils manquoient de gens pour soutenir l'attaque, s'enfuirent par où ils purent, laissant tous leurs biens aux ennemis, qui s'en retournèrent vers leur général après s'être enrichis d'une si bonne dépouille.

Cependant François Hernandez Giron, que nous avons laissé à Chuquinca, y ayant demeuré plus d'un mois, marcha avec eux dans la vallée d'Antahuayla; et, fâché de ce que les Indiens des provinces des Charcas, pour se venger des affronts qu'ils avoient reçus de ses gens à la bataille de Chuquinca, s'étoient insolemment débandés contre eux, jusqu'à les poursuivre à grands coups de frondes, dont les cailloux avoient cassé la tête à plusieurs. A son arrivée dans cette province, il commanda à ses soldats, tant nègres que blancs, de piller tous les bourgs par où ils passeroient, d'y mettre le feu et de faire tous les dégâts et les maux qui leur seroient possibles.

Quand il fut arrivé à Antahuyala, il envoya quérir sa femme et celle de Thomas Vasquez. Les gens de guerre leur firent une réception magnifique, leur rendant tous les honneurs imaginables, principalement à la femme de leur général; ils furent même si hardis, comme le Palentin le remarque, que de l'appeler reine du Pérou. Ils ne furent pas long-temps dans la province d'Antahuyala: car, ayant appris que l'armée royale marchoit à eux, ils tournèrent du côté de Cuzco, et passèrent les deux rivières d'Amançai et d'Apurimac. Ils trouvèrent dans leur chemin quantité d'obstacles et plusieurs lieux naturellement fortifiés, ce qui faisoit dire souvent à François Hernandez que, s'il n'avoit pas envoyé devant Piedrahita son mestre de camp avec l'élite de ses gens, il se seroit servi de l'avantage de ce lieu-là pour y attendre l'armée des auditeurs et lui donner bataille.

Dans cette marche, six des principaux soldats qui avoient été au maréchal eurent un jour l'assurance de s'enfuir à la vue de tous, montés sur de bons coureurs, armés d'arquebuses et fournis de tout ce qu'il leur falloit. François Hernandez ne voulut pas qu'on les poursuivît, de peur que ceux qui les poursuivoient ne s'enfuissent avec eux. Ces six soldats se rendirent dans l'armée de Sa Majesté, et y publièrent que François Hernandez alloit à Cuzco, et qu'il prétendoit de passer plus avant jusqu'au Collao. A cette nouvelle les auditeurs hâtèrent la marche de l'armée, qui néanmoins alla pas si vite que le service du roi le demandoit, à cause que les principaux ministres ne pouvoient s'accorder ensemble.

CHAPITRE XXII.

François Hernandez se détourne de Cuzco, et mène sa femme avec lui.

François Hernandez et son armée passa la rivière d'Apurimac sur le pont, où il mit en garde un soldat qu'on appeloit Valde Rouane avec une vingtaine de ses camarades. Deux jours après, se défiant de lui, il le contremanda, et mit à sa place Jean Gavillan, qui entreprit de garder ce poste; mais ayant vu paroître bientôt après les troupes avancées de l'armée royale, il mit le feu au pont, et se retira en diligence près du capitaine-général, qui fut extrêmement fâché qu'il eût brûlé ce pont; si bien qu'au rapport du Palentin, « il lui en fit une rude réprimande. » Pour moi, je ne puis comprendre quelle raison il eut; au contraire, puisqu'il se retiroit et qu'il n'avoit point à repasser le pont, je trouve que Gavillan fit fort bien de le brûler pour arrêter les ennemis. François Hernandez entra dans la vallée d'Youçay pour y jouir des délices de cet agréable lieu, ce qui ne fut pas pour long-temps.

Cependant son armée, continuant sa route, se rendit à une lieue de Cuzco; mais le général prit à main gauche pour ne pas entrer dans cette ville-là, parce que les devins, les magiciens et les astrologues, avec lesquels il étoit souvent en conférence, lui avoient mis dans l'esprit que le dernier qui en sortiroit pour donner bataille courroit risque d'être vaincu et le seroit en effet; ce qu'ils lui confirmoient par les exemples de quelques capitaines de leurs temps, tant Indiens qu'Espagnols, qui avoient perdu des batailles. Diego Hernandez fait mention à cette occasion de quatre Espagnols et une Morisque qui se vantoient d'avoir un esprit familier qui leur découvroit ce qui se passoit dans les deux armées; si bien que les soldats de François Hernandez n'osoient ni s'enfuir du tyran, ni entreprendre quoi que ce fût à son préjudice, tant ils appréhendoient que le diable ne le lui découvrît. Il me souvient d'avoir vu une lettre qu'il écrivit à Jean de Piedrahita quand il étoit à Cuzco, un peu devant qu'il partît pour

Arequepa, où il y avoit ces paroles : « Vous ne sortirez point de la ville qu'à tel jour de la semaine, parce que le nom de Jouan ou de Jean ne se doit point écrire avec un V, mais avec un O. » Quoi qu'il en soit, il est certain que François Hernandez passoit pour magicien et pour enchanteur, et ses gens même, qui savoient le commerce et les conférences qu'il avoit avec les sorciers, s'entretenant quelquefois sur ce sujet, se disoient les uns aux autres qu'ils s'étonnoient de ce que pour faire ses sortiléges il se servoit d'autres gens que des Indiens, qui passoient pour maîtres passés en cet art diabolique. D'autres disoient que leur général ne faisoit pas de cas des prédictions de ceux du pays, parce que ce n'étoient que jeux d'enfants en comparaison des pactes qui se faisoient avec le diable; et ils avoient quelque raison, comme nous l'avons montré dans la première partie de notre *Histoire des Incas* (liv. 4, chap. 16), en parlant des présages qu'ils tiroient du remuement des paupières. A cette occasion, nous rapporterons ici une autre sorte d'augure qu'ils tiroient du sifflement des oreilles, comme on le voit dans le livre qui fut fait exprès contre tant d'abus.

Les Indiens disoient que, lorsqu'on avoit du bruit dans l'oreille droite, c'étoit signe qu'un de nos parents ou de nos amis disoit du bien de nous; et pour savoir qui c'étoit, ils se le figuroient dans leur imagination, puis ils bâilloient avec leur haleine sur la main droite, qu'ils portoient en même temps sur l'oreille : s'ils voyoient que ce bruit ne cessât point, ils pensoient à un autre ami, faisant la même chose, et ainsi un autre, jusqu'à ce que, le bruit venant à cesser sur le dernier auquel ils avoient pensé, ils croyoient que c'étoit celui-là qui parloit bien d'eux. Que si tout au contraire ils avoient ce bruit dans l'oreille gauche, ils conjecturoient qu'un ennemi parloit à leur désavantage ; tellement que, pour apprendre ce que c'étoit, ils faisoient les mêmes extravagances, jusqu'à ce qu'au souvenir du dernier qu'ils s'étoient mis dans l'esprit, ce bruit, s'arrêtant, leur faisoit croire que c'étoit là leur ennemi, contre lequel ils renoveloient leur haine, s'ils avoient autrefois été mal ensemble. François Hernandez appeloit cela des jeux d'enfants et s'en moquoit.

Mais revenons à la route où nous l'avons laissé. Après avoir marché quelque temps, il alla joindre son armée dans la plaine qui est derrière la citadelle de Cuzco, où, selon le Palentin, « il fut visité par François Rodriguez de Villefort, juge de ladite ville, des habitants de laquelle le tyran leur dit mille maux, menaçant les principaux de les ruiner de fond en comble et de les faire mourir, parce qu'ils n'avoient point voulu tremper dans sa rébellion. » Il sortit un peu après de la plaine, et reprit sa route du côté d'orient par la colline qui est au-dessus de Cuzco, comme il lui fut suggéré par ses devins. Il emmena sa femme avec lui, contre le sentiment de ses plus proches parents, auxquels il dit « qu'il ne la vouloit point laisser en la puissance de ses ennemis, de peur qu'ils ne se vengeassent en sa personne des maux qu'il leur pourroit avoir faits. » Ayant continué sa route, il arriva dans la vallée d'Horcos, qui est à cinq lieues de Cuzco, où je le laisserai, pour dire ici ce qui m'arriva depuis en Espagne, par la civilité du fils de ce même Villefort dont je viens de parler, sans que lui ni moi nous fussions vus ni connus autrement que par lettres.

Ce jeune cavalier, nommé Felician Rodriguez de Villefort, vint en Espagne il y a quelques années, pour y faire ses études à Salamanque, où il demeure à présent. Au commencement de la présente année 1611, il me fit l'honneur de m'envoyer un reliquaire de sa façon, qui contenoit quantités de saintes reliques. Outre ce reliquaire, il me fit présent de deux horloges qu'il avoit faites lui-même : l'une au soleil, avec son aiguille au nord, qui marquoit les heures du jour; et l'autre lunaire, faite suivant les règles de l'astrologie, avec son mouvement circulaire divisé en vingt-deux parties, qui sont les dix de la lune. Cet ouvrage est d'autant plus beau, qu'elle s'y voit en sa conjonction, où, à mesure qu'elle croît ou décroît, suivant son cours ordinaire, et par son ombre, on y peut connoître les heures de la nuit, qui y sont marquées avec beaucoup d'artifice. Ces ouvrages sont de sa propre main, sans que personne lui ait aidé, ce qui surprend tous les curieux qui les voient. Je rapporte ceci d'autant plus volontiers que cela fait honneur à mon pays et à ma ville, et est une preuve évidente de l'esprit et de l'inclination naturelle qu'ont les Péruviens crioules ou les mestifs pour toute sorte de sciences. Voyons maintenant ce que l'armée du roi fit en son voyage de Huamanca, où nous l'avons laissée.

CHAPITRE XXIII.

L'armée royale passe les rivières d'Amançay et d'Apurimac, et ses troupes avancées arrivent à Cuzco.

L'armée du roi sortit de Huamanca pour suivre celle de François Hernandez Giron, qui avoit pris la route de Cuzco. Elle passa à gué la rivière d'Amançay, sur laquelle on fit passer le bagage et l'artillerie, ce qui ne fut pas difficile, parce que la rivière est assez étroite en cet endroit-là. Il arriva un malheur qui affligea fort tous ceux qui le virent : le capitaine Antoine Luxan, ayant gagné l'autre bord, se mit sur la pointe d'un rocher qui avançoit dans la rivière, et, voulant prendre de l'eau dans le creux de la main pour se rafraîchir la bouche, les pieds lui manquèrent, et il tomba dans la rivière, d'où jamais on ne le put tirer, quelque diligence qu'on y apporta. Sa compagnie d'arquebusiers fut donnée à Jean Ramon, qui avoit perdu la sienne à Chuquinca.

L'armée se rendit ensuite sur le bord de la rivière d'Apurimac; et, ayant appris qu'un des coureurs, nommé François Menaco, qui marchoit devant avec quarante de ses camarades, par un excès de témérité, avoit, sans péril, passé trois ou quatre fois la rivière par l'endroit qu'on nomme à présent le Gué, tandis que les troupes du roi s'avançoient, elle se hasarda de même de la passer, pour ne pas attendre qu'on eût fait le pont, à quoi il y avoit beaucoup de temps à perdre. Pour que les fantassins, les Indiens chargés de bagage, et ceux qui portoient l'artillerie sur leurs épaules, la passassent avec moins de danger, les cavaliers se mirent à travers la rivière pour rompre le courant de l'eau, ce qui réussit si heureusement, qu'ils passèrent tous sans danger, comme l'affirme le Palentin. Il ne s'est trouvé personne depuis qui ait eu l'assurance d'en faire autant. Ce ne fut pas sans peine qu'ils continuèrent leur route par une colline extrêmement rude. Ils arrivèrent le second jour à Arimatampu, qui est à sept lieues de la ville. De là ils passèrent outre cette même nuit, au grand déplaisir des officiers de l'armée, parmi lesquels il y avoit toujours des disputes lorsqu'il falloit donner des ordres. Enfin l'armée arriva à

Sacsahuana, qui est à quatre lieues de la ville de Cuzco. Quelques seigneurs de l'armée voulurent y aller pour voir leurs maisons, leurs femmes et leurs enfants, si bien qu'ils y arrivèrent à midi, et le lieutenant-général Alvarado en étoit sorti le matin.

La nuit suivante, les seigneurs ne voulurent point dormir dans leurs maisons; et, pour empêcher qu'à son arrivée l'ennemi ne vînt fondre sur eux et ne les trouvât divisés, ils s'unirent tous en corps, avec ce peu de soldats qu'ils avoient, dans le logis de Jean de Pancorvo, qui étoit assez fort et où l'on ne pouvoit entrer que par la principale porte de la rue. Ils employèrent une grande quantité de terre et de briques à faire un retranchement qui s'avançoit à sept ou huit pas de la porte, et firent aussi des canonnières pour s'en servir à tirer, avec leurs arquebuses, contre tous ceux qui viendroient les attaquer par les trois rues d'où l'on pouvoit les combattre à droite et par les deux flancs. Ils passèrent là toute la nuit, après qu'ils eurent posé de bonnes sentinelles sur les avenues du logis, où je me trouvai moi-même et fus employé à faire trois ou quatre messages aux maisons de ceux qui m'y envoyèrent.

Le lendemain, comme j'étois dans une petite galerie de la maison de mon père, je vis entrer par la porte de la rue Pero Hernandez le Fidèle, monté sur son cheval, qu'il appeloit l'Arondèle. Il courut d'abord droit à l'appartement de mon père, qui l'embrassa avec de grandes démonstrations de joie. Hernandez lui dit que, le jour précédent, comme l'armée du tyran marchoit en campagne, il s'étoit éloigné à une lieue de la ville, feignant d'aller à quelques nécessités, et avoit pris à main gauche du grand chemin, où il s'étoit caché dans une cavernée n'attendant que les ennemis fussent passés. Il fut depuis avec mon père à l'armée de Sa Majesté, où il servit durant tout le cours de cette guerre-là, et s'en retourna finalement à Cuzco.

CHAPITRE XXIV.

L'armée royale entre dans Cuzco et va plus avant. — Adresse des Indiens à porter l'artillerie.

Le troisième jour, après que les principaux seigneurs entrèrent dans Cuzco, l'armée royale y entra de même. Les gens de guerre, rangés par files, marchèrent tous en bon ordre, et formèrent un bataillon dans la grande place, où ils s'escarmouchèrent quelque temps. Plusieurs décharges y furent faites, par où les soldats montrèrent leur grande adresse à tirer de l'arquebuse et à faire tous les autres exercices militaires. Le

Palentin dit (ch. 5o) « que Philippe de Mendoça, capitaine de l'artillerie, la fit tirer toute dans la place, où les arquebusiers tournoient à droite et à gauche avec beaucoup d'adresse. » Mais il se trompe en cette occasion comme en plusieurs autres : car il est certain qu'alors on ne se servoit pas souvent du canon, à cause de l'extrême difficulté qu'il y avoit de le conduire d'un lieu à l'autre, vu que, pour transporter onze pièces d'artillerie et tout l'attirail qui en dépendoit, il falloit jusqu'à dix mille Indiens. Je raconterai ici comment on la transportoit, m'étant trouvé à Cuzco quand elle y arriva.

Chaque pièce d'artillerie étoit attachée à une fort grosse poutre de plus vingt pieds de long, à travers de laquelle il y avoit en égale distance deux pieux extrêmement gros qui sortoient hors de la poutre de la longueur d'environ demi-aune de chaque côté. Ces pieux étoient soutenus de part et d'autre par deux Indiens, comme sont les fardeaux que les crocheteurs portent en Espagne. Ils avoient sur l'épaule une manière de coussinet, et se relayoient de deux en deux cents pas. On peut juger quelle devoit être la fatigue de ces pauvres gens, surtout marchant par des chemins si rudes comme sont ceux de mon pays, où il y a des coteaux de deux et trois lieues, tant de montée que de descente.

L'armée royale sortit à une lieue de la ville, après y avoir séjourné cinq jours tout entiers, pour s'y pourvoir des choses nécessaires, principalement de vivres que les Indiens de cette frontière-là lui fournissoient, et de fers pour leurs chevaux, qui en avoient grand besoin, et non pas pour la raison qu'allègue le même auteur quand il dit « que l'armée fut dans les salines pour y attendre les cinq ou six jours durant, à la fin desquels elle partit sans eux; que ceux qui s'enfuirent se trouvèrent être des départements des seigneurs de Cuzco, lesquels on soupçonna même de les avoir fait échapper, etc. » Je suis fâché de trouver ici tant de passages qui marquent visiblement l'animosité de cet auteur, et particulièrement contre ceux des environs de Cuzco, qu'il accuse à tout moment de plusieurs choses auxquelles il ne pensèrent jamais, comme il le fait à cette occasion : car quelle apparence y a-t-il qu'il fût plus utile aux seigneurs d'empêcher la marche de l'armée en favorisant la fuite des Indiens que de la laisser passer outre, puisque son séjour étoit au préjudice de ces seigneurs et des maisons qu'ils avoient aux champs, qui étoient d'autant plus sujettes aux dégâts des soldats qu'ils se trouvoient proches de la ville?

L'armée marcha donc toujours en bon ordre, et en état de combattre, s'il en étoit besoin, se défiant que l'ennemi ne l'attaquât dans les détours et les défilés par où elle devoit passer jusqu'à Quequezana; mais le tyran ne pensoit à rien moins qu'à cela, et ainsi elle arriva sans danger au bourg de Pucara, qui est à quarante lieues de Cuzco. Cependant François Hernandez envoyoit toujours à la picorée ses soldats nègres, qui, s'éloignant du grand chemin à droite et à gauche, enlevoient sur la frontière tout ce qu'ils y trouvoient de bétail et de vivres, en quoi il avoit un très grand avantage sur les royalistes, qui manquoient de vivres à toute heure, étant contraints de les faire venir de loin, parce que les ennemis ravageoient tout à mesure qu'ils marchoient. Ce fut dans cette route qu'il y eut plusieurs déserteurs de part et d'autre. Les auditeurs avoient envoyé déjà un homme exprès pour faire venir ses munitions, à cause que ceux à qui on avoit laissé le soin de les faire porter l'avoient négligé. La diligence du commissaire Pedro de Stanca, qui en fit arriver une bonne partie la veille du jour auquel se donna la bataille, y suppléa et réjouit fort les soldats.

CHAPITRE XXV.

Arrivée de l'armée royale à la vue de l'ennemi. — Escarmouches de part et d'autre, où les royalistes sont fort mal traités.

Les auditeurs apprirent en chemin la déroute de Gomez de Solis dans Arquepa, dont ils furent extrêmement affligés ; néanmoins, comme ils ne pouvoient pas y remédier, ils dissimulèrent le mieux qu'ils purent, et continuèrent leur route jusqu'à Pucara, où l'ennemi s'étoit retranché avantageusement. Le poste qu'il avoit pris se trouvoit environné d'une si forte montagne, qu'elle sembloit être une muraille faite de main d'homme, où l'on ne pouvoit entrer que par une seule avenue, encore étoit-elle bien étroite, et faite en forme de labyrinthe. Toutefois la plaine étoit assez grande au-dedans, et capable de loger ce que les ennemis avoient de cavalerie et de gens de pied, leurs munitions et leurs vivres, dont ils avoient une très grande abondance. Outre que les nègres leur fournissoient tous les jours quantité de fourrages et de provisions qu'ils prenoient dans tout le pays d'alentour.

L'armée royale campa dans une rase campagne, sans aucun avantage. Cependant, pour n'être pas si à découvert, ils se fortifièrent le mieux qu'ils purent en élevant de la terre assez haut, qui servoit de palissade à tout le camp, ce qui leur fut d'autant plus facile qu'ils employèrent à travail ce grand nombre d'Indiens qui servoient à porter le bagage et le canon. François Hernandez, voyant l'armée du roi campée, pointa son artillerie sur le haut d'une montagne, avec dessein de battre en ruine les ennemis. En effet, il ne cessoit jour et nuit de tirer sur eux; mais les boulets n'endommagèrent aucunement ni les hommes ni les chevaux, ce qu'on regarda depuis comme un miracle et une grâce particulière de Dieu, qui ne voulut point permettre que ces machines, qui ne sont faites que pour la destruction du genre humain, fissent aucun mal, ayant été faites d'une matière autrefois dédiée à son divin service.

Après que les deux armées eurent campé à la vue l'une de l'autre, les plus fameux d'entre les capitaines et les soldats firent, à l'envi, à qui donneroit de plus hautes preuves de son courage. Aux premières escarmouches, deux des plus braves soldats qui fussent dans le parti du roi perdirent la vie, et cinq ou six autres s'allèrent rendre à François Hernandez. Ils lui dirent tout ce qui se passoit dans l'armée royale, et que, peu de jours avant leur arrivée à Pucara, le général Paul de Menesez avoit voulu quitter sa charge à cause des partialités et des différents qui survenoient entre les officiers, qui, bien loin de suivre ses ordres, se roidissoient à l'encontre; mais que le docteur Saravia l'en avoit dissuadé en lui représentant que cela ne lui feroit pas d'honneur. Cette dissension fit beaucoup de plaisir à François Hernandez et à tous ses gens, espérant qu'elle leur seroit favorable.

Dans la chaleur de ces escarmouches les soldats des deux partis s'attaquèrent aussi bien à coups de langue qu'à coups d'épées et d'arquebuses. Diego Hernandez en rapporte plusieurs. En voici quelques uns, que j'ai tirés de cet auteur (ch. 51).

Comme il arrivoit souvent que, dans ces combats, ceux d'un parti se trouvoient avoir des amis et des connoissances dans l'autre, ils s'entretenoient toujours ensemble, et s'assuroient de ne se point faire de mal. Il arriva que Scipion Ferraro, royaliste, et un autre soldat, appelé Pavio, parlèrent un jour ensemble ; et, comme ils avoient été tous deux au bon vice-roi Antoine de Mendoça, Scipion voulut attirer Pavio au service du roi, et le sollicita par des termes fort pressants. Pavio lui répondit « que, comme on l'avoit gagné de bonne guerre, ce seroit aussi de bonne guerre qu'on le regagneroit, etc. »

Une autrefois le capitaine Rodrigo Nuno entra en discours avec Jean de Piedrahita, et, pour l'inciter à servir le roi, il lui fit plusieurs belles offres de la part de l'audience ; à quoi Piedrahita répondit « qu'il savoit assez en quelle monnaie les auditeurs payoient leurs gens, et qu'il y auroit bien du malheur s'il retournoit à eux. »

Diego Hernandez ajoute à ces contes que Diego Mendez, Hernand Guillada, le capitaine Ruhibarba, et Bernardin de Roblez son gendre, entrèrent aussi en conférence; mais que les auditeurs, ayant pris garde que ces abouchements étoient plus nuisibles que profitables, firent publier, dans le camp, qu'on n'eût plus à les continuer, sur peine de la vie. Aussi n'y avoit-il la plupart du temps que fourberie, comme le capitaine Ruhibarba ne l'éprouva que trop à son dommage. Bernardin de Roblez et lui avoient pris jour au lendemain pour s'aboucher ensemble, et ils devoient porter tous deux un manteau d'écarlate pour se connoître; mais Bernardin de Roblez le trahit : car, en ayant averti dix ou douze capitaines, et autant de soldats, il le prit et le mena devant François Hernandez, auquel il dit tout haut « qu'il s'étoit rendu de son bon gré; » ce que Ruhibarba n'ouït pas plus tôt, qu'il répondit à Hernandez « que cela n'étoit pas, et qu'avec la permission de François, il se battroit ou à pied ou à cheval contre quiconque le voudroit soutenir, quand même c'eût été son gendre Roblez, qui l'avoit fait prendre par trahison. » François Hernandez, bien aise de sa venue, le fut présenter à sa femme, et lui dit : « Voici, madame, un fort bon prisonnier que je vous amène : ayez en soin, car je vous le donne en garde. » Il arriva depuis qu'un cavalier, appelé Raudona, sortit du camp sous prétexte de vouloir communiquer avec Jean d'Yllanez, sergent-major de François Hernandez; mais, ayant envie de le prendre, il courut sur lui à toute bride, et fut pris lui-même par la faute de son cheval, qu'il ne put faire bien galopper. Cependant il se trouva fort étonné d'avoir si mal réussi dans son entreprise; et sur ce que ceux qui l'emmenoient lui en demandèrent la cause, il leur répondit « qu'il avoit promis aux auditeurs de ne point retourner au camp qu'il n'eût pris quelqu'un des principaux, et qu'ainsi il avoit voulu combattre le sergent-major. » Cela déplut tellement à ces officiers, qu'ils dirent tout haut « que, si on ne le faisoit mourir, ils ne porteroient jamais les armes, et qu'il y alloit de la conscience de laisser en vie des hommes si téméraires et si perfides comme étoit celui-ci. » Aussi le mit-on en même temps dans la tente du lieutenant-général Alvarado, où l'on fit venir un prêtre pour le confesser, et là même il fut mis sous la garde d'Alphonse Gonçalès, qui eut ordre de s'en défaire, pour empêcher que François Hernandez ou quelque autre de sa part ne vînt exprès pour le délivrer. En effet, le capitaine Ruhibarba, et le licencié Tolledo, grand-prévôt dans l'armée de François Hernandez, l'ayant prié de lui faire grâce de la vie, l'obtinrent, et il leur donna ses gants pour gage de sa promesse; mais, sitôt qu'Alphonse Gonçalez vit venir le messager, il rentra dans la tente, et dit au confesseur : « Achevez de l'absoudre, mon père : autrement il sera relâché. » Le prêtre, hâtant l'absolution de Raudona, hâta, bien qu'innocemment, sa mort : car à l'instant Alphonse Gonçalez lui trancha la tête ; et, étant sorti de la tente, « Voilà, s'écria-t-il, comme monsieur le marquis s'est bien acquitté de sa parole. » Ce qu'il dit par raillerie contre le pauvre Raudona, qui s'étoit vanté d'enlever une tête dans le camp des ennemis ou d'y laisser la sienne.

Raudona ne montra que trop, par ses actions, qu'il avoit plus de courage que de prudence. Son peu de jugement parut en ce qu'il eut la vanité de dire à ses ennemis qu'il avoit résolu de ne point retourner au camp sans leur amener un prisonnier. Le Palentin ajoute à ceci « qu'à mesure que les auditeurs donnoient des lettres d'abolition pour quelques particuliers, et qu'ils les envoyoient par des nègres et des indiens de service appelés yaconas, François Hernandez en faisoit exécuter tout autant qu'il lui en tomboit entre les mains, et disoit ensuite : Voilà ce que coûtent les abolitions. Non content de cela, il commandoit que ces porteurs de lettres eussent les narines et les mains coupées, qu'il leur faisoit pendre au cou, et les renvoyoit ainsi au camp du roi.

CHAPITRE XXVI.

Alarme donnée au camp des royalistes par Piedrahita. — François Hernandez prend la résolution de combattre les auditeurs. — Précautions pour lui résister.

François Hernandez commit les cruautés et les barbaries que je viens de rapporter durant tout le temps qu'il fut à Pucara. Cependant, voyant qu'il ne se parloit plus d'escarmouches ni d'abouchements entre les soldats, pour chagriner l'ennemi il s'avisa d'envoyer de nuit Jean de Piedrahita pour donner l'alarme aux royalistes avec quatre-vingts arquebusiers, et remarquer en même temps en quelle posture ils étoient, afin de les fatiguer toutes les nuits par de nouveaux assauts et de semblables alarmes. Piedrahita n'y manqua point, et, à son retour, il entretint François Hernandez et ses gens des grandes prouesses qu'il venoit de faire au camp des ennemis, disant qu'il n'y avoit trouvé ni sentinelle ni gardes, tous les soldats étant endormis; et que, s'il eût eu avec lui deux cent cinquante arquebusiers, il les auroit assurément tous vaincus, et emmené prisonniers les auditeurs et leurs capitaines. Il fit plusieurs autres contes semblables, selon la coutume des fanfarons et grands parleurs, qui enchérissent toujours sur leurs beaux faits : car, après tout, quoique Piedrahita fût capitaine, et qu'il eût eu du bonheur en plusieurs de ses entreprises, il ne fit autre chose, dans cette occasion, que d'alarmer l'ennemi.

Hernandez Giron, ravi des bonnes nouvelles que son mestre de camp Piedrahita lui avoit apportées et les tenant pour certaines, outre qu'il apprit en même temps, de quelques transfuges, qu'il n'y avoit dans le camp de Sa Majesté ni poudre ni mèche, se résolut de donner bataille aux ennemis une des nuits suivantes, puisqu'ils ne daignoient l'attaquer dans ses retranchements. Il assembla ses capitaines pour délibérer sur cette affaire-là, leur proposa son intention, et les pria très instamment qu'ils eussent tous à le suivre, les assurant qu'ils s'en trouveroient fort bien, et que ses pronostics lui promettoient la victoire. Ses capitaines s'opposèrent à son dessein, en lui remontrant qu'il ne devoit nullement hasarder la bataille, mais se tenir ferme dans son retranchement, où il étoit abondamment pourvu de toutes les choses qu'il eût pu désirer; qu'au contraire ses ennemis n'avoient ni vivres ni munitions; que, pour les réduire en de plus grandes extrémités, il n'avoit qu'à poursuivre sa route jusqu'au pays des Charcas pour s'y saisir de tout ce qu'il y trouveroit d'argent pour la paye des gens de guerre, et qu'après cela il pourroit s'en retourner le long de la côte, et entrer dans la ville des Rois, qui n'étoit pas en état de lui résister; que les ennemis manquoient de chevaux, tellement qu'il ne devoit point craindre de les avoir en queue, et que ceux qui se trouveroient en état de le suivre seroient défaits infailliblement s'ils entreprenoient de le charger; que, la fortune l'ayant favorisé jusque alors, il ne devoit point l'irriter, s'il ne vouloit se perdre, comme il n'arrivoit que trop souvent en matière de bataille. Et, pour conclusion, ils lui dirent qu'il se souvînt de celle de Chuquinca, où la trop grande confiance de leurs ennemis fut cause de leur perte. François Hernandez leur répondit qu'il étoit résolu de donner avec toute son armée, qu'il ne vouloit pas que les auditeurs lui reprochassent d'avoir fui, qu'ainsi il les prioit de ne le plus contredire, mais de se tenir prêts pour la nuit suivante.

Les capitaines de Hernandez se retirèrent, après cet ordre, bien affligés de ce qu'on les alloit perdre sans que le général, quoiqu'il les vît tout-à-fait opposés à ses sentimens, se rebutât aucunement de sa première résolution. Il fut donc résolu qu'après la minuit, lorsque la lune ne luiroit plus, ils sortiroient tous, vêtus de blanc, afin de ne se pas méconnoître les uns les autres. Un peu devant que le soleil se couchât, ils firent la revue de leurs soldats, et trouvèrent qu'il leur en manquoit deux de ceux du maréchal. Cela leur fit soupçonner qu'ils pourroient bien s'en être fuis du côté des royalistes. Mais quelques uns, par complaisance pour François Hernandez, l'assurèrent d'avoir appris, de quelques Indiens, qu'ils avoient trouvé le plus considérable des deux sur le chemin des Charcas, et que, pour l'autre, il étoit si peu important, que, quand même il s'en seroit allé vers les auditeurs, ils n'en auroient ni tenu compte ni ajouté foi à ses paroles. Le tyran se contenta de cela, et fit préparer tous les soldats pour l'heure assignée. Cependant les deux transfuges arrivèrent au camp de Sa Majesté, où ils semèrent le bruit que les ennemis viendroient cette nuit-là, divisés en deux corps, et résolus de les combattre, puisque eux n'avoient osé les attaquer dans leur fort. Le conseil se tint à l'heure même entre les auditeurs et les officiers principaux seigneurs de cet empire-là, qui, pour leur expérience dans toutes les guerres passées, étoient grands soldats et fort capables de conseiller en matière de guerre. Ils furent d'avis, à cause de l'embarras des chevaux, du bagage, des tentes, et des Indiens de service qu'ils prévoyoient leur devoir être plutôt incommodes qu'avantageux, de sortir de leurs tranchées, et de ranger dans une plaine assez grande leurs bataillons d'infanterie et de cavalerie; et ils fortifièrent ce bataillon de gens de pied, de quantité de piquiers, de halebardiers et d'arquebusiers, tous rangés en bon ordre et défendus par onze pièces d'artillerie.

CHAPITRE XXVII.

François Hernandez se présente en bataille, et se retire ensuite, après avoir fait une décharge inutile. — Thomas Vasquez se va rendre dans le parti du roi. — Prédiction du tyran à cette occasion.

Après que l'heure marquée au tyran par ses devins fut arrivée, il sortit de ses retranchements avec huit cents fantassins, savoir, selon le Palentin, six cents arquebusiers et deux cents piquiers, car pour les cavaliers ils n'étoient qu'environ trente. Outre ceux-ci, il envoya d'un autre côté plus de deux cent cinquante soldats nègres avec soixante-dix arquebusiers espagnols pour les garder et les instruire en ce qu'ils auroient à faire, ce qu'il fit exprès pour embarrasser l'armée royale et l'empêcher de connoître quel de ces deux bataillons étoit celui de François Hernandez. Ceux-ci eurent ordre d'attaquer les ennemis par devant, tandis que François Hernandez les combattroit par derrière. Ils marchèrent donc droit au camp royal avec tout le silence possible, et leurs mèches cachées pour n'être pas vus. Les royalistes les attendoient sans faire aucun bruit, et cachoient aussi leurs mèches, afin qu'on ne vînt pas à les découvrir. Les nègres arrivèrent au camp des ennemis avant Hernandez, ayant eu moins de chemin à faire que lui. Ils y entrèrent d'abord, et, ne trouvant personne qui leur résistât, ils taillèrent en pièces tout ce qu'ils trouvèrent de chevaux, de mules, et d'Indiens de service, parmi lesquels se rencontrèrent cinq ou six Espagnols qui s'étoient cachés. François Hernandez se rendit un peu après au même lieu, et commanda aux arquebusiers de faire leur décharge, ce qu'ils firent sans que les royalistes en fissent aucune. Après que les gens de Hernandez eurent bien tiré, les arquebusiers du roi en firent de même, et leur artillerie joua tout aussitôt, ce qui surprit fort les ennemis, qui les croyoient tous dans leurs retranchements. Néanmoins, ni les uns ni les autres ne se firent aucun mal, parce qu'ils tiroient sans se voir. Le tyran, voyant sa décharge sans effet, se crut perdu, et vit bien qu'il ne pouvoit mieux faire que de retourner à son retranchement avec le meilleur ordre qu'il lui seroit possible de tenir; mais, quelques soins qu'on apporta, on ne put éviter la rencontre de plus de deux cents soldats du maréchal, qui mirent en déroute tout ce qui se trouva de halebardiers et de piquiers. Cependant les royalistes voulurent charger tous les fuyards; mais ceux qui gouvernoient l'armée (car, outre le général et le mestre de camp, plusieurs seigneurs en avoient pris la conduite) ne leur voulurent jamais permettre de rompre leurs rangs, et leur commandèrent de s'y tenir ferme. Un peu après, une troupe de cavaliers, ayant appris que les royalistes ne branloient point, les alla charger; si bien qu'elle leur tua un enseigne et blessa trois des seigneurs de Cuzco, qui furent Diego de Silva, Antoine Ruyz de Guevare, et Diego Maldonat le riche, dont la plaie fut toujours ouverte durant dix ou douze ans qu'il vécut après la bataille. Cet échec fit bien voir que les officiers du roi eurent très grande raison de ne souffrir pas que leurs gens poursuivissent les ennemis: car, s'ils eussent fait autrement, il est indubitable qu'il y auroit eu un grand massacre de part et d'autre. François Hernandez, étant entré dans son retranchement, fut fort chagrin de se voir déchu des hautes espérances que ses sortiléges lui avoient fait concevoir d'assujettir tous ses ennemis à sa puissance. Néanmoins, pour ne décourager pas ses gens, il leur témoigna de n'être point affligé, quoiqu'il le fût véritablement, et que les marques de son chagrin parussent visiblement sur son visage, quelque effort qu'il fît pour les tenir cachées.

Le lendemain de la bataille, il n'y eut aucun choc de part ni d'autre; mais, la nuit suivante, les royalistes se mirent en bataille comme auparavant, ayant eu avis que le tyran leur devoit donner une seconde attaque pour voir s'il n'auroit point un meilleur succès. Cet avis se trouva faux. On vit par la suite que le malheureux François Hernandez pensoit plutôt aux moyens de s'enfuir pour sauver sa vie qu'à donner bataille.

Le troisième jour après la bataille, pour ne paroître pas si foible comme il étoit, il commanda à ses soldats et à ses capitaines de sortir des retranchements, et d'attirer à l'escarmouche les ennemis, afin qu'ils ne crussent pas qu'ils posoient déjà les armes. Cette escarmouche ne dura guère; mais elle fut d'une très grande conséquence, parce que le capitaine Thomas Vasquez et dix ou douze de ses amis prirent de là sujet de s'aller rendre au parti du roi, où, pour gage de ce que le mestre de camp Jean Piedrahita s'y rendroit aussi bientôt, il apporta un casque d'ar-

gent qui lui appartenoit et qu'il donna, disant
« que, s'il n'alloit pas si vite, c'étoit pour amener plus de gens avec lui. » Les auditeurs et leurs
soldats furent tous extrêmement aises de voir le
tyran à la veille de sa perte et à la fin de ses perfidies, Vasquez étant un de ses appuis principaux,
faute duquel il falloit que tout le reste s'en allât
en ruine. Ceux qui avoient été à l'escarmouche
se retirèrent tous dans leur poste, et François
Hernandez, pour encourager ses gens et leur
rendre moins sensible la perte de Thomas Vasquez, leur fit une harangue, rapportée en ces
termes par le Palentin, chapitre 55 :

« Messieurs, ce n'est pas d'aujourd'hui que je
vous ai dit les raisons qui m'ont obligé à prendre
les armes. Vous avez su les choses qui se sont
passées dans le royaume, où elles ont causé des
maux incurables; vous avez su, dis-je, que, dans
la commune désolation des troubles passés ni les
soldats ni les principaux seigneurs du pays n'ont
rien avancé, et qu'ils ont perdu les uns leurs richesses, et les autres leur fortune. Cependant,
comme j'étois sur le point d'y remédier, les grands
du pays, qui m'avoient toujours témoigné de le
souhaiter, m'ont abandonné lâchement, et entre
autres Thomas Vasquez. Que sa fuite, néanmoins,
ne vous mette point en peine, je vous prie : il est
homme comme un autre, et, par conséquent, le
dommage qui nous en peut revenir n'est pas si
grand. Tous ceux qui nous ont quittés n'en sont

pas où ils pensent. La grâce qu'ils se vantent d'avoir n'empêchera pas qu'on ne les pende avec leurs lettres d'abolition au cou. Prenez bien garde à vous, je vous en prie, et vous trouvrez que nous n'eûmes jamais si beau jeu que nous avons maintenant. Je suis sûr que, aussitôt que je viendrai à manquer, les auditeurs ne manqueront pas de faire mourir Thomas Vasquez et tous les autres transfuges. Ce que je vous en dis n'est pas par l'appréhension que j'aie de la mort; au contraire, je voudrois très volontiers l'avoir soufferte pour vous sauver la vie. Mais, après tout, je suis bien assuré que, de tous nos déserteurs, ceux qui s'échapperont du gibet ne se sauveront pas de la galère. Pensez-y donc plus d'une fois, et vous encouragez les uns les autres à l'exécution de l'entreprise que nous avons faite. Quoique nous ne soyons que cinq cents contre deux cents, il sera difficile qu'ils nous fassent plus de mal que nous leur en ferons. Puisqu'il est donc vrai que nos affaires sont encore en bon état, et qu'elles nous regardent de si près, poussons-les jusqu'au bout, sans différer davantage. Je vous en supplie tous, et vous conjure encore une fois de considérer attentivement à quel point vous seriez réduits si vous m'aviez perdu, etc. »

Il leur dit quantité d'autres choses, afin de leur remettre l'esprit, ce qui n'empêcha pas qu'ils ne fussent extrêmement affligés de la fuite de Thomas Vasquez. François Hernandez ne se trompa pas quand il dit que Vasquez seroit pendu avec sa grâce au cou. Cette prédiction s'accomplit, en effet, beaucoup mieux que celle de ses devins : car, quoique lui ni Piedrahita ne fussent point exécutés en public, on ne laissa pas de les étrangler en prison. Ils eurent beau dire qu'on ne pouvoit, sans injustice, châtier des gens à qui l'on avoit fait grâce s'ils n'étoient tombés depuis dans quelque autre faute : tout cela n'empêcha pas qu'on passât outre. J'ai bien voulu parler de cela ici, bien que hors de son lieu, pour n'être pas obligé de le répéter ci-après.

CHAPITRE XXVIII.

François Hernandez s'enfuit tout seul. — Son mestre de camp prend une autre route avec plus de cent hommes. — Lo général Paul de Menesez les suit, les arrête, et les fait exécuter à mort.

François Hernadez, voyant que son discours ne produisoit aucun bon effet, perdit tout-à-fait courage, et, se croyant perdu, il résolut de s'enfuir aussi cette même nuit, et de se dérober secrètement de ses gens : car la défiance qui s'empara de son âme y produisit les mêmes effets qu'elle fit dans

Arioste, et lui fit appréhender et croire que ses gens le vouloient tuer afin de se délivrer eux-mêmes, et d'obtenir plus aisément leur pardon. En effet, ce soupçon ne fut pas sans fondement. Le Palentin dit que François Hernandez « résolut de s'enfuir cette nuit-là, parce qu'on lui découvrit en secret que ses capitaines conspiroient sa mort. » Il poussa même la défiance si loin, qu'il en vint jusqu'à soupçonner sa propre femme, n'ayant jamais voulu se fier en elle dans cette occasion ni en pas un de ses amis, quelque affidés qu'ils lui fussent. La nuit étant donc venue, il leur fit accroire à tous qu'il s'en alloit pourvoir à quelques nécessités de l'armée, et se déroba d'eux monté sur un bon cheval qu'on appeloit Almaras, du nom de son beau-frère, auquel il appartenoit. Il partit ainsi sans savoir où il alloit, s'imaginant, selon le rapport du Palentin, « qu'il n'y avoit point d'asyle plus assuré pour lui que la solitude. »

Comme il s'enfuyoit, il aperçut que deux ou trois de ses gens le suivoient à la piste, ce qui fut cause que, pour s'échapper d'eux, il prit sa route par une profonde allée, où, suivant divers détours, sans savoir où ils le menoient, après avoir bien marché toute la nuit, il se trouva le lendemain matin près de son retranchement. S'en étant aperçu, et voulant s'en éloigner, il s'engagea dans une montagne toute couverte de neige, où il faillit à s'ensevelir tout en vie, et dont il ne se fût jamais tiré si son cheval n'eût été fort et vigoureux. Voilà tout ce qui se passa quand il sortit de son camp, et le Palentin se fonde sur de mauvais mémoires quand il avance que « Hernandez, avant que de partir, fit un long discours à sa femme, et qu'il y eut de part et d'autre bien des larmes répandues. Son lieutenant-général, qui étoit demeuré dans le camp, rallia ses gens un peu après, et s'avisa de le suivre avec cent hommes qu'il croyoit être de ses plus chers confidents. Jean de Piedrahita, Alphonse Dias, le capitaine Diego Mendez, l'enseigne Mathieu de Saux, et plusieurs autres, sachant que leur général s'en étoit fui, s'allèrent rendre au parti du roi, disant qu'ils abandonnoient le tyran pour servir Sa Majesté. Ils furent tous les bienvenus, et on leur donna des lettres, bien et dûment scellées, portant abolition de tout le passé.

Les auditeurs et leur armée passèrent cette nuit-là sous les armes, rangés en bataille, pour attendre ce qui arriveroit ; mais le lendemain, quand ils furent assurés de la fuite de François Hernandez Giron et de tous les siens, ils changèrent de batterie, donnant ordre au général Paul de Menesez qu'avec cent cinquante hommes, il poursuivît les tyrans pour les prendre et en faire justice. Le général, s'étant pressé, ne put mener plus de cent trente soldats, avec lesquels il suivit les fuyards à la piste, et il se rencontra que c'étoit Diego Alvarado, lieutenant-général de Hernandez, et quelques autres. Il les poursuivit neuf jours durant, à la fin desquels il les attrapa. Quoique l'ennemi fût plus fort que lui, parce que plusieurs des siens l'avoient quitté, n'étant pas assez bien monté pour pouvoir faire tant de chemin, les rebelles ne laissèrent pas de se rendre, sans se mettre aucunement en défense. Le général s'en saisit aussitôt, et fit mourir les principaux, qui furent Diego d'Alvarado, Jean Cobo, Diego de Villaba, Lugonez, Albert Dioduna, Bernardin de Roblez, Pedro de Sotelo, François Rodriguez, et Jean Henriquez d'Orellana, qui auroit été assez honnête homme s'il n'eût exercé la charge d'exécuteur de justice. Le général Paul de Menesez, sachant qu'il savoit fort bien faire cette fonction et s'en voulant servir, lui dit : « Jean Henriquez, étranglez un peu ces cavaliers, mes amis, puisque vous en savez si bien le métier : vous ne perdrez pas votre peine, et ne devez point douter que messieurs les auditeurs ne vous en récompensent. » Le malheureux Henriquez, se tournant vers un soldat de sa connoissance, lui dit tout bas : « J'appréhende fort que je n'en sois en effet bien récompensé, et que, pour tout paiement, après que j'aurai pendu tous mes compagnons, l'on ne me fasse pendre moi-même. Aussi ne se trompa-t-il point : car, après qu'il eut pendu ou tranché la tête à ceux que nous venons de nommer et à onze ou douze soldats, on commanda à deux nègres de l'étrangler lui-même. Cela fait, Paul de Menesez envoya plusieurs prisonniers à Cuzco sous une bonne escorte.

La femme de François Hernandez demeura sous la garde du capitaine Rubibarba, et les auditeurs ordonnèrent à Jean Rodriguez de Villalobos de prendre soin de sa belle-sœur jusqu'à ce qu'on la menât à Cuzco pour la remettre entre les mains de ses plus proches, ce qui fut exécuté ponctuellement.

CHAPITRE XXIX.

Dom Pedro Porto-Carrero va à la poursuite de François Hernandez ; d'autres capitaines y vont aussi par un autre chemin ; et, l'ayant fait prisonnier, ils le mènent à la ville des Rois, où ils entrent en triomphe.

Le général Paul de Menesez, ayant envoyé à Cuzco les prisonniers et quelques têtes de ceux qu'on avoit exécutés à mort, alla trouver les auditeurs pour leur rendre compte du succès de son voyage. Cependant les auditeurs prirent la route de la ville impériale, et, ayant été avertis que François Hernandez s'en alloit à celle des Rois, ils envoyèrent incessamment le mestre de camp dom Pedro Porto-Carrero pour aller après lui par la plaine avec quatre-vingts soldats. Deux autres capitaines, nouvellement arrivés de la ville de Huamanca, où ils avoient servi le roi avec deux compagnies de gens de guerre, eurent ordre, en s'en retournant chez eux, de prendre le chemin de la montagne, afin que le tyran ne se pût sauver ni d'un côté ni d'autre, leur enjoignant de faire justice de tous les rebelles qu'ils trouveroient.

Ces capitaines, qui étoient Jean Tello et Michel de la Serna, exécutèrent ponctuellement l'ordre qui leur fut donné, et emmenèrent avec eux environ quatre-vingts prisonniers. A leur arrivée à Huamanca, ils surent que François Hernandez s'en alloit à Rimac par la plaine, tellement qu'ils l'y furent chercher. A quelques jours de là, ils apprirent qu'il étoit à quinze lieues d'eux avec trois cents hommes de guerre, ce qui fut cause que ces capitaines hâtèrent leur marche, sans appréhender ce grand nombre de gens. Les soldats de François Hernandez, s'étant aperçus qu'il fuyoit, désertèrent en partie, de sorte qu'ils ne se trouvèrent pas plus de cent quand les royalistes les eurent joints.

Les capitaines, étant à trois lieues des ennemis, et voulant s'assurer de leur nombre, envoyèrent un Espagnol très habile, auquel ils donnèrent un Indien pour guide, pour les aller reconnoître et savoir combien ils étoient. L'espion, ayant fait ses diligences, leur écrivit qu'ils ne passoient pas le nombre de quatre-vingts; et ainsi les capitaines doublèrent le pas jusqu'à ce qu'ils fussent à la vue des ennemis. Ils marchèrent à eux enseignes déployées et suivis d'une recrue de quatre-vingts soldats indiens que les Curacas leur avoient donnés pour s'en servir au besoin. Les rebelles, ayant connu, par la contenance des capitaines, qu'ils les venoient combattre, et appréhendant ces cavaliers, qui étoient environ quarante, gagnèrent le haut d'une montagne pour s'y fortifier à la faveur de quelques masures; mais les capitaines ne laissèrent pas de les y poursuivre, dans le dessein de les aller forcer dans leur poste, quelque avantageux qu'il fût. Ils s'étoient approchés des ennemis à la portée d'une arquebuse, quand ils furent joints par quatre ou cinq des leurs, et entre autres par un enseigne de François Hernandez, qui les pria très instamment de ne point passer outre, et que les soldats étoient prêts de poser les armes et de se rendre à discrétion. En effet, ils se rendirent tous, à la réserve de deux, qui demeurèrent près de François Hernandez, dont l'un étoit Almaras son beau-frère, et l'autre un cavalier d'Estramadure, appelé Gomez Suarez de Figueroa.

Le tyran, se voyant abandonné de ses gens, sortit de son poste, et les capitaines, qui l'aperçurent, s'en allèrent droit à lui, suivis de leurs gens, avec dessein de l'arrêter prisonnier. Les premiers qui l'abordèrent furent Etienne Sylvestre, Gomez Artas Davila, et Hernand Pantocsa, tous trois gentilshommes et vaillants soldats. Ce dernier porta une atteinte sur le casque de François Hernandez, qui voulut en même temps mettre la main à l'épée; mais Gomez Arias en saisit la garde, lui disant qu'il la rendît. Il n'en voulut rien faire, et alors Etienne Sylvestre lui présenta la lance contre l'estomac, disant « qu'il le tueroit s'il n'obéissoit à Gomez Arias. »

Hernandez, se voyant tenu de si près, rendit son épée à Gomez Arias, qui le fit monter en croupe sur son cheval, et l'emmena à son logis. Il pria ses compagnons de le vouloir mettre sous sa garde, les assurant qu'il leur en rendroit bon compte. Les capitaines en demeurèrent d'accord, et lui donnèrent des soldats qui ne bougeoient d'auprès de lui. Ils continuèrent leur route jusqu'à ce qu'ils fussent hors de la montagne, d'où ils allèrent à la ville des Rois. Les capitaines Michel de la Cerna et Jean Tello voulurent d'abord, suivant l'ordre qu'ils avoient, faire justice de plusieurs soldats de François Hernandez qu'ils avoient pris. Mais, comme ils reconnurent qu'ils étoient la plupart gens considérables et pauvres, qui avoient volontairement rendu les armes, ils se contentèrent de les bannir en divers lieux du royaume. Néanmoins, pour entremêler à cet effet de miséricorde une action de justice, ils firent exécuter un des plus mauvais d'entre eux, qu'on appeloit Guadramiros, qui avoit été à dom Sébastien, et depuis du nombre des principaux boute-feux de François Hernandez, si bien qu'il paya pour tous ses compagnons.

Cependant le bruit se répandit de toutes parts que François Hernandez étoit pris : ce qui ne vint pas plus tôt aux oreilles de dom Pedro Porto-Carrero et du capitaine Balthazar Vellasquez, qui étoient sortis de Cuzco avec trente soldats et deux enseignes pour s'en aller chercher le tyran, qu'ils hâtèrent leur marche pour jouir de la victoire d'autrui et suivre le prisonnier jusqu'à la ville des Rois. En effet, ils joignirent les capitaines et le prisonnier à quelques lieues de la ville. Ils y entrèrent, comme en triomphe, avec les quatre enseignes déployées. Celles des deux capitaines qui avoient pris François Hernandez marchoient entre celles du mestre de camp et du capitaine Balthazar Vellasquez. Le prisonnier étoit au milieu, ayant devant lui et à ses côtés les trois soldats susnommés qui s'étoient saisis de sa personne. L'infanterie suivoit, rangée par files, et après elle la cavalerie. Le mestre de camp et les trois capitaines marchoient les derniers. L'air retentissoit de toutes parts du bruit des arquebuses et des applaudissements du peuple, qui se réjouissoit de voir terminée une si cruelle tyrannie, qui avoit causé tant de mal aux Indiens et aux Espagnols dans l'étendue de tout ce grand empire, que qui voudroit examiner exactement tous les malheurs qui en arrivèrent trouveroit sans doute que je n'en ai pas écrit la dixième partie.

CHAPITRE XXX.

Les auditeurs pourvoient au gouvernement des places, font exécuter François Giron, la tête duquel est exposée en public, et dérobée par un cavalier avec celle de Gonçale Piçarre et de François de Carvajal. — Mort de Balthazar Vellasquez.

Les auditeurs s'arrêtèrent quelques jours dans la ville de Cuzco pour y donner ordre à certaines choses très importantes au bon gouvernement de tout royaume. Ils établirent le capitaine Jean Ramon pour gouverneur dans la ville de la Paix, où il avoit son département d'Indiens, et voulurent que le capitaine dom Jean de Clandoal le fût de même de celle de la Plata. Garcillasso de la Vega mon père fut fait gouverneur de Cuzco. Ils lui donnèrent pour lieutenant un homme d'étude qu'on appeloit le licencié Monjaras. Ses lettres portoient qu'il ne seroit lieutenant de cette ville-là qu'autant de temps qu'il plairoit aux auditeurs. Mais Garcillasso, les ayant vues, dit tout haut « que c'étoit à lui à disposer de cela, et qu'en cas qu'il ne fît pas exactement sa charge, il sauroit bien l'en destituer et en nommer un autre à sa place. Il fallut que les auditeurs y consentissent, et que cette clause fût corrigée. L'humeur affable du gouverneur fut cause que le lieutenant Monjaras se comporta si bien, qu'après les trois ans expirés on le pourvut d'un autre office qui n'étoit pas moindre que le précédent.

Durant le peu de séjour que les auditeurs firent à Cuzco, ils furent importunés de plusieurs soldats et capitaines qui ne prétendoient pas moins que d'avoir divers départements d'Indiens pour récompense des bons services qu'ils disoient avoir rendus à Sa Majesté dans cette guerre et les précédentes. Les auditeurs s'en excusèrent en leur remontrant que le tyran n'étoit pas encore pris, ni la guerre achevée par conséquent, et qu'il y avoit plusieurs de ses gens répandus qui çà qui là partout dans le royaume; qu'au reste, lorsque la paix seroit entièrement faite, ils prendroient le soin de les gratifier au nom de Sa Majesté; mais qu'ils se gardassent bien cependant de faire entre eux aucunes assemblées pour y traiter de ceci ni d'autres choses semblables; que ces conférences n'étoient pas bien séantes, et qu'elles donnoient sujet aux mauvaises langues de parler d'eux à leur désavantage. Dans ce temps-là, les auditeurs eurent avis que François Hernandez étoit arrêté, ce qui leur fit expédier les affaires pour s'en aller promptement en la ville des Rois, afin d'y faire justice du tyran. Le docteur Xaravia y alla six ou sept jours devant les deux licenciés Santillan et Mercado, ses compagnons. Les capitaines Jean Tello et Michel de la Cerna mirent Hernandez dans la prison de la Chancellerie, et en demandèrent acte du juge, afin qu'il leur servît de décharge. Le docteur Xaravia vint en diligence deux jours après pour se trouver à la condamnation et à la mort du prisonnier, qui fut exécuté huit jours après la venue du docteur, comme l'on peut voir par ces paroles du Palentin (ch. 58):

« Après avoir été confessé, il déclara publiquement « de n'avoir pris les armes que pour la com- » mune défense du pays, et que tous les habi- » tants de l'un et de l'autre sexe, jeunes, vieux, » ecclésiastiques, et hommes de lettres, avoient » été de son opinion. » Il fut exécuté en plein midi, après avoir été mis, suivant la coutume, dans une manière de tombereau traîné par un méchant cheval; un crieur public, marchant devant lui, et s'arrêtant par tous les carrefours, prononçoit la teneur de la sentence, qui étoit conçue en ces termes :

« Voici la justice que Sa Majesté, et le magni- » fique seigneur dom Pedro Porto-Carrero, son » mestre de camp, veulent qui soit faite de cet » homme, pour avoir été traître à l'état et pertur- » bateur du repos de ces royaumes. Il est ordonné » qu'il aura la tête tranchée, et qu'ensuite on l'ex- » posera sur le gibet de cette ville; que sa mai- » son sera démolie, et qu'après y avoir semé du » sel, on y mettra à la place une grande pierre

» de marbre où sera gravé le contenu de son
» arrêt. »

Ce fut là la fin de François Hernandez. On exposa sa tête au gibet public, dans une cage de fer, à la droite de celles de Gonçales Piçarre et de François de Carvajal. Mais, quoi qu'en ait écrit le Palentin, sa maison qu'il avoit à Cuzco, où la rébellion commença, ne fut point rasée. Sa révolte, depuis le premier jour qu'elle commença jusqu'à sa mort, dura treize mois et quelques jours. On disoit qu'il étoit fils d'un cavalier de l'ordre de Saint-Jean. Après sa mort, sa femme quitta le monde, et s'enferma dans un monastère de religieuses dans la ville des Rois, où elle vécut austèrement. Environ dix ans après la mort de son mari, un cavalier appelé Gomez de Chavez, qui avoit beaucoup d'estime pour le mérite de cette dame, qui étoit en effet très distinguée, entreprit, pour lui faire plaisir, d'enlever du gibet la tête de son mari. Mais, comme il y en avoit trois, et qu'il ne la pouvoit pas bien discerner d'avec les autres deux, lui et un de ses amis s'y en allèrent de nuit, et y montèrent avec une échelle. La première de ces têtes qui leur tomba entre les main fut celle de François de Carvajal, la seconde celle de Gonçale Piçarre, et la troisième celle de François Hernandez, de sorte que ce cavalier, ayant ces têtes en sa puissance : « Je suis d'avis, dit-il à son compagnons, que nous les emportions toutes trois, puisqu'il semble que

Dieu l'ait ainsi permis, afin que nous les enterrions ensemble. » En effet, ils s'en allèrent dans un couvent, où ils trouvèrent moyen de les faire ensevelir secrètement. Les officiers de justice firent depuis toute sorte de perquisitions pour savoir qui les avoit enlevées; mais ils ne le purent jamais apprendre, à cause que cette exécution fut d'autant plus agréable à ceux du pays, que, parmi ces têtes il se rencontra celle de Gonçale Piçarre, qu'ils ne voyoient qu'à regret, dans un lieu infâme, exposée à la honte publique.

Cette relation m'a été donnée par un cavalier digne de foi, qui a passé la meilleure partie de sa vie dans les deux empires du Mexique et du Pérou, où il a servi le roi en qualité d'officier. Son nom est dom Louis de Canaveral, et il demeure à présent dans cette ville de Cordoue. Mais, au commencement de l'année 1612, un théologien nommé F.-Louis Jérôme d'Oré, natif du Pérou et religieux de l'ordre de Saint-François, me dit que dans le couvent de son ordre, qui est dans la ville des Rois, on avoit apporté cinq têtes, savoir, celles de Gonçale Piçarre, de François de Carvajal, et de François Hernandez Giron, avec deux autres qu'on ne connoissoit pas, qu'elles n'étoient point encore ensevelies, mais plutôt comme en dépôt; qu'au reste il eût bien voulu pouvoir discerner celle de François de Carvajal, à cause de la réputation qu'un si fameux capitaine s'étoit acquise en tout cet empire-là. Je lui répondis que « l'écriteau qu'on avoit mis à la cage de fer lui pouvoit faire distinguer ces têtes l'une d'avec l'autre. » Mais il me répartit « qu'elles n'étoient point dans des cages de fer, mais séparées, sans aucune marque qui les pût faire connoître. » La différence qu'il y a entre ces deux relations vient apparemment de ce que les religieux ne voulurent point ensevelir ces têtes, quand on les leur apporta, pour ne paroître pas coupables d'une action dont ils étoient innocents, et qu'ainsi elles ont toujours demeuré là sans être enterrées; ce qui n'empêche pas que ces cavaliers ne puissent avoir dit à leurs amis qu'elles l'étoient.

Il nous reste à parler ici de la mort du capitaine Balthazar Vellasquez, qui arriva un peu après celle de François Hernandez Giron. Ce cavalier étant dans la ville des Rois, où il ne pensoit qu'à se donner du bon temps, il lui vint deux abcès aux côtés dont il ne daigna se faire traiter; et, au lieu de les laisser mûrir pour les ouvrir après, comme c'est le plus sûr, il se les fit résoudre au-dedans. La gangrène s'y mit avec une telle inflammation qu'il brûloit tout en vie, et les médecins ne savoient faire autre chose que lui donner du vinaigre pour le rafraîchir; mais, plus ils s'obstinoient à ce remède, plus cette chaleur contre la nature s'augmentoit, et elle étoit si grande qu'il se falloit tenir aussi loin de lui que du feu. La violence de ce feu consuma ce pauvre cavalier, qui, après une mort si cruelle, donna bien à parler à ceux qui avoient connu sa manière de vivre et ses déréglements.

Les capitaines et les soldats prétendants, qui étoient demeurés dans Cuzco, ne surent pas plus tôt la mort de François Hernandez Giron qu'ils coururent après les auditeurs pour les prier de les récompenser de leurs services passés; mais surtout quand ils les virent dans la ville des Rois, ils firent de plus fortes instances, et plusieurs d'entre eux leur remontrèrent que, pour s'être entièrement épuisés en la dernière guerre, ils étoient demeurés si pauvres qu'ils n'avoient pas même de quoi vivre. Ainsi ils concluoient « qu'il leur sembloit raisonnable que les auditeurs leur tinssent la parole qu'ils leur avoient donnée de reconnoître leurs services d'abord que le tyran seroit mort. » Les auditeurs leur répondirent « qu'il ne falloit pas que des sujets qui vouloient passer pour fidèles à leur roi entreprissent d'exiger par force les gratifications qui leur étoient dues; qu'ils savoient assez que, de moment en moment, on attendoit que Sa Majesté leur envoyât un nouveau vice-roi qui ne tarderoit pas à venir, puisque cet empire-là ne s'en pouvoit passer; que ce vice-roi auroit sujet de se plaindre s'il voyoit, à son arrivée, que les officiers de la justice avoient fait quelque nouveau règlement sans lui; que cette précipitation leur seroit nuisible à tous, et qu'ainsi ils attendissent encore trois ou quatre mois, durant lesquels on auroit assurément de ses nouvelles ; qu'au surplus, en cas qu'il ne vînt pas dans ce temps-là, ils leur promettoient de partager les terres ; qu'ils voyoient assez qu'ils avoient besoin de bien, et qu'à leur grand regret, ils ne leur en pouvoient faire à l'heure présente. »

Par ces raisons et autres semblables, les auditeurs arrêtèrent la fougue des prétendants, et Dieu permit que, six mois après, on eut des nouvelles de la venue du vice-roi, ce qui réjouit tous ceux du pays, qui se préparèrent pour recevoir Son Excellence. Ce fut le premier vice-roi du Pérou à qui l'on donna ce titre.

FIN DU TROISIÈME LIVRE.

LIVRE IV.

Solennité faite à Cuzco le jour de la fête du Saint-Sacrement, et miracle qui y arriva. — Élection du marquis de Canete pour vice-roi du Pérou ; nouveaux officiers créés par lui. — Il travaille à pacifier les troubles, et fait justice des complices de François Hernandez Giron. — Mort de Martin de Roblez, et bannissement des prétendants. — Le prince héritier sort des montagnes par un traité de paix, et meurt à quelque temps de là. — Les bannis arrivent en Espagne, où le roi leur fait plusieurs gratifications. — Les héritiers de quelques rebelles exécutés à mort rentrent en possession de leurs départements d'Indiens.—Voyage de Pedro d'Orsua aux Amazones. — Election du comte de Nieva à la dignité de vice-roi. — Mort de son prédécesseur et celle du même comte. — Le licencié Castro est fait gouverneur du Pérou, et dom François de Tolède, vice-roi. — Emprisonnement et mort du prince Tupac Amaru, héritier de cet empire-là.— Arrivée du vice-roi en Espagne et sa mort.

CHAPITRE I.er

Réjouissances faites par les Indiens et les Espagnols le jour de la fête du Saint-Sacrement, et tumulte arrivé ce même jour parmi quelques Indiens.

Puisque l'histoire demande qu'on marque le temps et le lieu quand on décrit les événements passés, en voici deux qu'il me semble à propos de mettre au commencement de ce dernier livre, parce qu'ils arrivèrent à Cuzco après la rébellion de François Hernandez, et avant la venue du vice-roi. La fête du St-Sacrement fut toujours célébrée dans Cuzco avec une grande solennité depuis la fin des troubles que le diable avoit suscités dans le Pérou jusqu'à présent, et le sera encore plus à l'avenir.

Il faut donc savoir qu'il y avoit à Cuzco environ quatre-vingts seigneurs (1), tous gentilshommes qui avoient des départements d'Indiens, c'est-à-dire des terres et des vassaux qui leur étoient tributaires. Ces seigneurs avoient un soin particulier de faire embellir les châsses que leurs vassaux devoient porter dans la procession générale, qu'ils enrichissoient de soie, d'or, d'émeraudes et d'autres pierres précieuses. Ils mettoient dans ces châsses l'image de Notre Seigneur, de la Vierge, ou des saints et saintes pour qui tant eux que leurs vassaux indiens avoient une dévotion particulière.

Les caciques de toute la juridiction de cette grande ville y venoient solenniser la fête accompagnés de leurs parents et de toute la noblesse de leurs provinces. Ils étoient tous richement parés de joyaux et d'habits magnifiques dont ils se servoient autrefois, à l'exemple de leurs rois yncas, dans leurs réjouissances dont nous

---

(1) Les Espagnols les nommoient *vesinos*, comme j'ai dit ailleurs.

avons parlé dans la première partie de notre Histoire des Yncas.

Chaque nation portoit ses armes pour marquer son extraction. Ainsi les uns avoient pour habillement la peau d'un lion, comme on peint Hercule, parce qu'ils se disoient descendus de lui; les autres, les ailes d'un fort grand oiseau appelé *cuntur*, qu'ils portoient attachées sur leurs épaules, ainsi qu'on représente les anges, parce qu'ils s'imaginoient tirer leur origine de ce même oiseau. D'autres portoient peintes pour leurs devises des fontaines, des rivières, des lacs, des montagnes et des vallées, pour marquer par là la naissance de leurs premiers pères. Il y en avoit aussi dont les habits étoient tout couverts de plaques d'or et d'argent; d'autres qui en avoient des guirlandes; d'autres qui paroissoient monstrueux par des masques qui faisoient peur aux gens, et qui portoient en mains diverses peaux de bêtes sauvages, comme s'ils les eussent prises à la chasse, et qui, par leurs postures et leurs grimaces, contrefaisoient les insensés pour donner du plaisir à ceux qui les regardoient. Ils tâchoient ainsi de se rendre différemment agréables, ceux-ci par leurs folies, et ceux-là par leurs actions sérieuses. Avec la même pompe et le même éclat avec lequel les Indiens paroissoient devant leur roi aux fêtes publiques, ils célébroient de mon temps la fête du très Saint-Sacrement.

Le chapitre de l'église et le corps de ville contribuoient de tout ce qu'ils pouvoient pour cette solennité. Ils dressoient une riche chapelle dans le parvis de l'église, où ils exposoient le Saint-Sacrement dans une custode toute d'or. Le chapitre étoit à main droite, et le corps de ville à la gauche, et au-dessus d'eux étoient les Yncas, issus du sang royal, auxquels on déféroit de grands honneurs, et même, par le rang qu'ils tenoient, ils témoignoient bien que cet empire leur appartenoit de droit.

Les Indiens de chaque département suivoient leurs châsses avec tous leurs parents et ceux de leur suite ; et, pour mieux marquer la différence de leurs nations, chacune chantoit en sa langue particulière, et non pas en la langue générale de la cour. Ce chant étoit accompagné de tambours, de flûtes, de cornemuses, et d'autres semblables instruments dont les hommes jouoient, et leurs femmes les secondoient. Ils chantoient des hymnes à la louange de Dieu, qu'ils remercioient de leur avoir donné la vraie connoissance de son saint nom par l'administration des Espagnols, qui leur avoient enseigné la doctrine chrétienne. Il y en avoit de certaines provinces qui ne menoient point avec eux leurs femmes, s'accommodant à la coutume du pays comme elle s'observoit dans le temps de leurs rois.

Du côté du cimetière, qui est plus haut de sept ou huit degrés que le parvis, ils montoient par troupes séparées l'une de l'autre de douze pas de distance, afin qu'on pût discerner chaque nation, et descendoient au parvis par un autre degré, qui étoit à main droite de la chapelle où ils adoroient le Saint-Sacrement. Ils entroient tous selon leur ancienneté et suivant l'ordre du temps que leurs rois yncas les avoient conquis. Les plus modernes étoient les premiers, puis ainsi de suite jusqu'aux derniers, qui étoient les Yncas, qui marchoient devant les prêtres en plus petit nombre, et même leur équipage étoit plus médiocre que celui des seigneurs, parce qu'ils avoient perdu leur empire, et par conséquent tout ce qu'ils avoient de biens, de richesses et de seigneuries.

Après ces différentes nations suivoient les Canarains : car, quoique leur province ne soit pas de la juridiction de Cuzco, ils ne laissoient pas de se trouver en semblable occasion pour accompagner les châsses comme les autres, plusieurs Indiens de ce pays-là faisant leur demeure dans le ressort de cette ville capitale. Leur capitaine étoit dom François Chillchy, dont nous avons parlé ci-devant, en parlant de l'échec que donna le prince Manco ynca tant à Fernand Piçarre qu'à ses gens. Ce dom François monta les degrés du cimetière en homme inconnu, couvert de sa mante, et les mains cachées dessous, sans que sur ses châsses il y eût aucun ornement de soie ni d'or; mais seulement aux quatre côtés un champ de différentes couleurs où se voyoient peintes quatre batailles données entre les Indiens et les Espagnols.

Le Canarin n'eut pas plus tôt mis le pied sur le haut du cimetière, à main droite du corps de la ville, où étoit Garcilasso de la Vega, qui étoit alors gouverneur de Cuzco, qu'il fit une action qui étonna toute l'assemblée : car, ayant posé la mante qu'il portoit en guise de cape, il parut avec une autre mante comme les Indiens la portent d'ordinaire quand ils veulent combattre ou faire quelque autre action d'importance. Il portoit à la main droite une tête d'Indien contrefaite au naturel, et la tenoit par la chevelure. Dès que les Yncas la virent, quatre ou cinq d'entre eux se jetèrent sur lui, et le voulurent frapper et abattre par terre; de sorte qu'en même temps tous les autres Indiens qui étoient au côté de la chapelle, où l'on avoit exposé le Saint-Sacrement, se soulevèrent; ce qui obligea le licencié Monjaras de s'en aller à eux pour y mettre la paix. D'abord il voulut savoir des Yncas le sujet de cette émeute, et le plus ancien lui répondit : « Ce chien d'Auca nous vient troubler ici méchamment; et, au lieu de solenniser ce jour, il présente à nos yeux une tête qui nous remet en mémoire les choses passées. »

Le lieutenant demanda ensuite au Canarin pourquoi il faisoit ce désordre, et il lui répondit : « Monsieur, cette tête que je tiens représente celle que j'ai coupée à un Indien qui osa défier les

Espagnols dans cette ville-ci; et pas un d'eux n'ayant voulu accepter le défi, je demandai la permission aux chrétiens d'en venir aux mains contre leurs ennemis. Ils me la donnèrent, et je combattis celui qui les avoit défiés, et le vainquis dans cette même place où nous sommes. Ces quatre tableaux, dit-il, qui se voient sur mes châsses, représentent les quatre batailles qui se sont données entre les Indiens et les Espagnols, où je me suis trouvé, portant les armes pour eux; tellement qu'il est bien raisonnable qu'en un jour comme celui-ci je me donne de la gloire à moi-même, après une action si mémorable que j'ai faite en servant les chrétiens. » A ces mots, l'Ynca, transporté de colère contre celui qui les proféroit, lui dit : « Traître que tu es, ne sais-tu pas bien que tu ne dois point imputer cette action à ton courage, mais à la valeur du seigneur Pachacamac, que voici, et à la bonne fortune des Espagnols? N'est-il pas vrai que toi et tous ceux de ta race n'étiez alors que nos esclaves, et que ce ne fut point par votre adresse, mais par la vertu de celui dont je viens de parler, que vous gagnâtes cette victoire-là? Si tu en doutes, et si tu le veux éprouver, maintenant que nous sommes tous chrétiens, remets-toi dans cette place, et nous t'enverrons un de nos moindres valets, qui te mettra en pièces et tous ceux de ta suite. Ne sais-tu point qu'en ce même jour et en cette même place nous coupâmes la tête à trente Espagnols? qu'un Ynca gagna deux lances à deux cavaliers, qu'il leur arracha des mains, et qu'il en eût fait autant à Gonçale Piçarre s'il ne se fût trouvé plus adroit et plus vaillant qu'eux? Ne sais-tu pas que nous terminâmes volontairement cette guerre-là contre les Espagnols, et que ce fut volontairement aussi que notre prince, ayant levé le siége, abandonna son empire aux chrétiens, voyant les grandes merveilles que le Pachacamac faisoit à toute heure pour les secourir et les défendre? Ne sais-tu pas que, durant le siége, dans les chemins de Rimac à Cuzco, nous tuâmes quatre-vingts Espagnols? Et toutefois, après tant de marques de notre valeur, nous n'avons garde d'exposer aujourd'hui en peinture toutes leurs têtes et celle de Jean Piçarre, que nous tuâmes en cette forteresse-là. » L'Ynca, s'adressant ensuite au lieutenant, lui dit : « Monsieur, ne laissez point, je vous prie, cette insolence impunie, et ne permettez pas que des gens qui ont été nos esclaves nous viennent braver impudemment. » Le licencié Montjaras commanda au Canarain de poser la tête qu'il avoit en main, d'ôter la ceinture de sa mante, et de ne parler jamais de ces choses-là, ni en public ni en particulier, sur peine d'en être puni rigoureusement. Ainsi les Indiens et les Yncas furent satisfaits, et la procession acheva de passer avec toutes les solennités ordinaires. J'ai appris qu'elle marche aujourd'hui deux fois plus loin qu'elle ne faisoit alors, parce qu'elle va jusqu'à Saint-François, et que de là, par un long détour, elle s'en retourne dans l'église d'où elle est partie, au lieu que de mon temps elle faisoit seulement le tour des deux places Cusipata et Haucapata, que j'ai si souvent nommées.

CHAPITRE II.

Événement merveilleux arrivé dans Cuzco.

Le second événement dont j'ai promis de parler est celui-ci, qui arriva dans Cuzco quelques années après la guerre de François Hernandez Giron. De bons religieux, m'en ayant envoyé la relation, m'ont dit qu'elle méritoit bien une place dans mon Histoire, pour la plus grande gloire de Dieu et de son église, de laquelle étant fils obéissant, j'ai cru qu'il étoit de mon devoir de le rapporter ici.

Huit ou neuf années avant que les choses rapportées ci-devant n'arrivassent, il ne se passoit point d'années qu'on ne célébrât à Cuzco la fête de saint Marc avec une solennité particulière, qui se faisoit de cette sorte. La procession sortoit du couvent de Saint-Dominique, fondé, comme j'ai dit ailleurs, dans le temple où les Indiens adoroient le soleil avant qu'on leur eût prêché l'Evangile. De ce couvent elle alloit à un ermitage proche du logis qui fut autrefois à l'Ynca dom Christophe Paulu. Il faut remarquer qu'un prêtre des plus anciens du pays, qu'on nommoit le père Porras, porté d'une particulière dévotion envers ce bienheureux évangéliste, avoit accoutumé, tous les ans, de mener à la procession un taureau apprivoisé, couronné d'une guirlande de fleurs. Il arriva donc, l'an 1556, que, le chapitre, le corps de ville, et tout le reste du peuple, se trouvant à cette procession, où ce taureau marchoit parmi eux, aussi doux qu'un agneau, quand ils furent tous au couvent, l'église se trouva trop petite pour tant de gens, et il fallut qu'il en demeurât une partie dans le parvis. Les Espagnols entrèrent cependant, et se rangèrent en haie des deux côtés, depuis la porte jusqu'à la principale chapelle. Le taureau marchoit devant les prêtres, et l'on fut tout étonné qu'après avoir fait cinq ou six pas dans l'église, il s'effaroucha tout à coup, et, baissant la tête, saisit entre les jambes un Espagnol nommé Salazar, et le jeta derrière lui hors de la porte de l'église, où il tomba sans se faire aucun mal. Une nouveauté si surprenante fit écarter le peuple de toutes parts; mais cet animal calma à l'instant sa fougue, et, aussi doux qu'auparavant, il continua de suivre la procession jusqu'à la grande chapelle. On rechercha la cause d'un événement si surprenant, et on découvrit que, six ou sept mois auparavant, Salazar, ayant eu querelle contre un ecclésiastique, avoit encouru la peine de l'excommunication, et qu'il ne s'en étoit pas fait absoudre.

CHAPITRE III.

Arrivée du marquis de Canete à Nombre de Dios. — Réduction des nègres qui s'en étoient fuis; incendie d'un Galion, où il y avoit huit cents personnes dedans.

D'abord que l'empereur, qui étoit alors en Allemagne, apprit la mort du vice-roi dom Antoine de Mendoça, il nomma, pour succéder à sa charge, le comte de Palma, qui s'en excusa pour plusieurs raisons, et le comte d'Olivarez en usa de même. Cela fit soupçonner aux Indiens que la route depuis l'Espagne jusqu'au Pérou, leur semblant trop longue, les empêchoit d'accepter une si haute dignité. Néanmoins, un des vice-rois qui y furent depuis avoit accoutumé de dire « qu'il ne trouvoit point de meilleur gouvernement que celui du Pérou, s'il n'eût pas été si proche de Madrid, où l'empereur tenoit sa cour, voulant dire que les nouvelles de ses malversations n'arrivoient que trop promptement en Espagne. Enfin Sa Majesté fit vice-roi dom André Hurtado de Mendoça, marquis de Canete, gouverneur de Cuença. Après avoir eu ses expéditions, il s'embarqua pour le Pérou, si bien qu'à son arrivée à Nombre de Dios il y rétablit les officiers de justice et ceux de la douane royale. De plus, il fit des gratifications particulières à quelques anciens conquérants des îles Barlovento et de Terre-Ferme, à ce que dit le Palentin, parce qu'il les trouva fort incommodés. Ces dons, néanmoins, ne furent que de certaines pensions et de quelques offices assez lucratifs, et non pas des départements d'Indiens, n'y en ayant point alors de vacants en ce pays-là. Le plus considérable de ceux qu'il gratifia dans ce pays-là fut Pedro d'Orsua, cavalier de haute naissance, fort bon soldat, et capitaine renommé, qui, dans le nouveau royaume, avoit fait de fameuses conquêtes et peuplé la ville qu'on appela Pampelone. La rigueur d'un juge qui voulut se prévaloir du travail d'Orsua fut cause que, pour s'éloigner de lui, comme le remarque Jean de Castelanos, il s'en alla demeurer à Nombre de Dios, où il trouva le vice-roi de Mendoça. Il lui donna ordre d'empêcher les dégâts et les cruautés insignes que faisoient les nègres fugitifs, autrement nommés Simarrons, qui demeuroient dans les montagnes, où ils voloient les passants; et, non contents de leur ôter leurs biens, ils leur ôtoient aussi la vie avec une barbarie insupportable, tellement que ceux qui prenoient cette route-là ne pouvoient marcher à moins que d'être une vingtaine de compagnie.

Cependant, le nombre des nègres croissoit de jour en jour, parce que, à la faveur des montagnes qui leur servoient de retraite, ils s'enfuyoient aisément. Pedro d'Orsua leva des gens pour les réduire, et il se trouva, parmi les soldats qu'il leva, plusieurs de ceux de François Hernandez Giron, qui étoient en ce pays-là, tant du nombre des déserteurs que des exilés, auxquels le vice-roi pardonna, à condition qu'ils feroient ce voyage. Les nègres, se voyant tenus de près, demandèrent qu'on leur donnât quartier, et on le leur donna pour le commun bien et parce que les pressantes affaires du pays le requéroient ainsi. On déclara en même temps que ceux qui s'en seroient fuis d'avec leurs maîtres seroient libres désormais; que les autres qui échapperoient à l'avenir seroient contraints par les Simarrons, qui en répondroient, ou de retourner servir leurs maîtres, ou de leur payer ce qu'ils demanderoient; que ces mêmes nègres, tant hommes que femmes, qui seroient mal traités d'eux, pourroient s'affranchir de leur joug moyennant qu'ils restituassent la somme qu'ils auroient coûté; que les nègres vivroient par peuplades et en communauté, comme natifs et habitants du pays, et non pas épars par les montagnes, et qu'ils feroient avec les Espagnols tel commerce qu'on aviseroit pour le mieux. Les nègres donnèrent des otages suffisants pour la sûreté des articles de la capitulation. Leur roi, qui se nommoit Ballano, s'offrit lui-même pour otage; mais sa générosité lui coûta cher : car, dès que les Espagnols le tinrent, ils ne le voulurent point relâcher, et l'envoyèrent en Espagne, où il mourut depuis.

Il arriva sur l'Océan, un peu avant le départ du vice-roi, une chose si surprenante, que, quoiqu'elle n'appartienne pas à notre sujet, je ne laisserai pas de la rapporter ici. Jérôme d'Alderete, étant venu du Chili en Espagne pour les affaires du gouverneur Pedro de Valdivia, prétendit, après sa mort, de succéder à sa place. En effet, Sa Majesté la lui accorda. Il s'embarqua sur un galion, et mena avec lui sa belle-sœur, femme extrêmement dévote, et de celles qu'on appeloit béates. Il y avoit dans ce galion huit cents personnes, et six autres navires qui alloient de compagnie et auxquels il commandoit; ils sortirent d'Espagne deux mois avant le vice-roi. La béate, pour être plus retirée, demanda congé au maître du galion d'avoir la nuit de la lumière dans sa petite chambre pour y dire ses heures, et le maître la lui donna en considération du gouverneur, son beau-frère. Ils avoient le vent en poupe et voguoient à pleines voiles, quand un médecin qui étoit dans un autre vaisseau, entra dans le galion pour y visiter un de ses amis. Son ami le pria de passer la nuit avec lui, puisque le beau temps le leur permettoit; et le médecin demeura, laissant la chaloupe qu'il avoit attachée au galion, pour s'en servir le lendemain. Cette même nuit il arriva que la béate, ayant dit ses heures, laissa la chandelle allumée, et s'endormit là-dessus, sans prévoir le mal qui pouvoit arriver; de sorte que le feu, s'étant mis insensiblement au galion, parut tout d'un coup si violent, que le maître, qui vit qu'il n'y avoit pas moyen de l'éteindre, commanda aux mariniers qu'ils amenassent plus près la chaloupe qui le jour précédent avoit amené le médecin. Après cela, sans faire aucun bruit, il dit au gouverneur Alderete ce qui se passoit au galion; ensuite ayant pris entre ses bras un de ses fils, il le mit dans la chaloupe avec lui, où le gouverneur étoit entré avec trois ou quatre autres, et ils s'éloignèrent du galion sans bruit, de peur que ceux qui étoient dedans, s'en apercevant, ne s'embarquassent en foule, et ne se noyassent tous. Il laissa dans le galion un autre fils qu'il avoit, qui porta la peine que son père méritoit pour n'avoir pas observé la loi qui porte qu'il ne doit y avoir dans tout le vaisseau que la chandelle de la lanterne. Les autres vaisseaux s'approchèrent de la capitane, pour tâcher de sauver de l'embrasement les personnes, mais malheureusement le feu s'étant mis à l'artillerie, elle se déchargea toute, et les navires s'enfuirent bien vite. Il se perdit dans cette occasion huit cents personnes. Jérôme d'Alderete, étant entré dans un de ces vaisseaux, fit arborer l'étendard pour donner à connoître par là qu'il s'étoit échappé du danger, et ordonna que les autres vaisseaux continuassent leur route à Nombre de Dios. Pour lui, il reprit celle d'Espagne, afin de s'y pourvoir de nouvelles expéditions et de toutes les autres choses nécessaires, le feu ayant consommé tout son équipage.

CHAPITRE IV.

Arrivée du vice-roi au Pérou. — Il y nomme les principaux officiers, et écrit aux goûverneurs.

Le vice-roi don André Hurtado de Mendoça arriva avec un bon vent à Payta, sur les confins du Pérou, d'où il envoya plusieurs lettres de provision, tant pour le gouvernement du pays de Quito que pour les autres lieux de ce parage, et il écrivit particulièrement à tous les gouverneurs du pays. Outre cela, il envoya pour ambassadeur à la chancellerie de la ville des Rois un cavalier allié de sa maison, qui en peu de temps arriva à Saint-Michel, où il s'arrêta quelque temps avec d'autres jeunes gens de même âge que lui, s'y adonnant avec eux à des exercices qui n'étoient pas trop honnêtes. Le vice-roi, l'ayant appris, lui envoya dire de n'aller pas plus avant, et à son retour il le fit ramener en Espagne pour lui apprendre qu'il ne vouloit point que ses domestiques et ses ministres sortissent des bornes et des commissions qu'il leur donnoit. Il voulut aussi que dom Pedro Louis de Cabrera, et quelques autres, qui étoient mariés en Espagne, s'y en allassent, à cause de certaines choses qui se passèrent, dont les femmes pourtant étoient plus à blâmer que leurs maris, parce que, quoiqu'ils les eussent demandées, elles n'avoient pas voulu venir, pour ne pas quitter Séville, ville délicieuse et charmante.

Le vice-roi continua son chemin, contentant de paroles et de promesses tous ceux qui lui parloient et qui lui demandoient récompense de leurs services, et tâchant ainsi par son adresse et sa civilité de calmer les esprits de ceux que l'appréhension des fautes qu'ils avoient commises pouvoit tenir en inquiétude. Dans ce temps-là on publia que le vice-roi avoit résolu d'établir un conseil composé de quatre particuliers, des principaux, et même des plus anciens du royaume, qui fussent sans passion, et qui, connoissant le mérite d'un chacun, lui dissent, sans flatterie, de quelle manière il se devoit comporter avec les prétendants, afin qu'ils ne lui en fissent pas accroire. On sut aussi que ceux de ce conseil devoient être François de Garay, Laurens d'Aldana, Garcilasso de la Vega, et Antoine de Quiniones; les deux premiers étoient des principaux seigneurs de Huamanca et d'Arequepa, et les autres de la ville de Cuzco. Ceux du pays, tant Indiens qu'Espagnols, furent si réjouis de cette nouvelle, qu'ils disoient à tout moment « qu'il falloit que ce prince leur fût envoyé du Ciel, puisqu'il se vouloit servir, pour le gouvernement de cet empire, de ces conseillers, qui étoient si gens de bien. »

Le vice-roi ne se reposa point jusqu'à son arrivée en la ville de Rois, et alla toujours publiant qu'il ne venoit au Pérou que pour traiter obligeamment tout le monde, comme le Palentin le remarque (ch. 21) quand il dit : « Rien ne le mettoit en si haute estime que les gratifications qu'il faisoit, sans jamais parler des choses passées : ce qui fut cause que plusieurs le vinrent trouver à Truxillo, et entre autres quelques uns qui n'avoient guère bien servi le roi. Le vice-roi ne laissoit pas de leur faire fort bon visage, jusqu'à dire en ses discours ordinaires « que ceux qui
» du parti de François Hernandez étoient passés
» dans celui du roi lui avoient conquis de nou-
» veau cet empire-là. » Ces discours remirent si bien l'esprit à tous, que les seigneurs qui vivoient dans Cuzco ou ailleurs, et ceux qui s'étoient retirés dans leurs départements d'Indiens, où les

révoltes passées leur donnoient de l'appréhension, ne faisoient plus difficulté de s'en venir à la ville avec leur compagnie. »

Ce n'étoit pas une petite satisfaction aux principaux de Cuzco d'être rassurés de leurs craintes par le vice-roi, et d'apprendre les agréables nouvelles que la renommée publioit de ses bonnes actions. Piedrahita et Thomas Vasquez étoient les seuls qui ne résidoient point à la ville, et qui se tenoient dans leurs départements d'Indiens : non pas qu'ils craignissent des châtiments, car ils se reposoient sur ce que la chancellerie royale leur avoit donné des lettres d'abolition, au nom de Sa Majesté, pour avoir abandonné le tyran ; mais parce qu'ils étoient honteux de l'avoir suivi dès le commencement de sa révolte. En effet, durant les trois ans que Garcilasso de la Vega fut gouverneur de Cuzco, je n'y vis jamais qu'une fois Piedrahita; encore y vint-il de nuit, pour quelque affaire qui l'y contraignoit, et fut à la maison de mon père, où il l'entretint, sans jamais se faire voir de jour en public. Pour Alphonse de Dias, qui suivit aussi François Hernandez Giron, il ne s'absenta point de la ville. Voilà ce qui se passa pour lors à Cuzco, où le scandale ne fut pas si grand, comme le Palentin l'a voulu persuader par sa relation.

Le vice-roi entra dans la ville des Rois l'an 1557, au mois de juillet. Il fut reçu comme il le méritoit, tant pour la dignité de sa charge que pour la qualité de sa personne : car il avoit ensemble et le titre de seigneur de vassaux, et celui de marquis. Les vice-rois ses prédécesseurs avoient bien eu la même charge que lui, mais non pas la prééminence sur des vassaux qui relevassent d'eux. Ayant pris séance à son arrivée, il prit aussi, huit jours après, possession de l'empire du Pérou, au nom du roi dom Philippe II, Charles-Quint ayant renoncé à sa majesté, ses états et ses royaumes. Il entra dans cette possession avec toutes les solennités et les cérémonies en tel cas accoutumées. Les principaux qui se trouvèrent à l'assemblée furent les officiers de l'audience royale dans les deux communautés, à savoir la séculière et l'ecclésiastique; l'archevêque des Rois, dom Jérôme de Loatsa, et les plus considérables religieux des quatre couvents de la ville, qui étoient celui de Notre-Dame-de-la-Merci, de Saint-François, de Saint-Dominique et de Saint-Augustin. La cérémonie étant faite, ils furent tous en corps à l'église cathédrale, où l'archevêque célébra la messe pontificalement. La même cérémonie se fit dans toutes les autres villes, dont les habitants témoignèrent à l'envi l'extrême contentement que cette action leur apportoit. Pour solenniser cette fête, il y eut quantité de combats à la barrière, et de jeux de cannes, à la manière du pays.

Ensuite, le vice-roi envoya des gouverneurs et des officiers de justice dans toutes les villes du Pérou. L'on choisit entre autres pour la ville de

Cuzco un homme de lettres, natif de Cuença, qu'on appeloit Baptiste Munos, que le vice-roi avoit amené avec lui. Le licencié Altamirano, auditeur de Sa Majesté, qui dans la guerre passée n'avoit point voulu accompagner l'étendard royal, fut fait gouverneur de la ville de Plata ; un autre le fut de celle de Huamanca, où se passèrent de grandes choses. Nous en rapporterons quelques unes dans le chapitre suivant.

CHAPITRE V.

Précautions du vice-roi pour couper chemin à la rébellion. — Thomas Vasquez, Piedrahita et Alphonse Dias sont exécutés à mort, pour avoir suivi François Hernandez Giron.

« Le vice-roi, comme dit le Palentin dans sa troisième partie (ch. 21), ne fut pas plus tôt entré dans la ville des Rois, qu'il donna ordre qu'on se saisît de toutes les avenues des grands chemins par où l'on alloit aux autres villes de cet empire-là. Il ne donna cette commission qu'à des gens auxquels il se fioit, leur recommandant surtout de prendre bien garde si les Espagnols et les Indiens n'étoient point chargés de quelques lettres, voulant découvrir par ce moyen si les uns et les autres ne tramoient point quelques nouveautés. » Il défendit encore qu'aucun Espagnol ne se mît en chemin sans en avoir une permission particulière des officiers de la ville d'où il sortiroit, et sans alléguer des raisons valables pour la lui faire obtenir. Il ordonna ensuite que pas un d'eux n'allât à la ville des Rois, sous prétexte de voir les fêtes et les réjouissances qu'on y faisoit : ce qui n'eut pas néanmoins un grand effet, parce qu'avant l'arrivée du vice-roi dans cette ville elle étoit déjà toute pleine de prétendants et de gens d'affaires qui attendoient sa venue. D'abord il fit porter dans son palais tout ce qu'il trouva dans la ville tant de grosse artillerie que d'arquebuses et d'autres armes. Son dessein fut en cela d'empêcher quelque nouveau soulèvement, les rébellions passées faisant appréhender celles de l'avenir, bien que toutefois il n'y eût rien à craindre du côté des habitants, qui ne pensoient à rien moins, tant ils étoient lassés des guerres civiles. Mais laissons le vice-roi, pour voir ce que firent ceux qu'il envoya gouverneurs dans la juridiction de Cuzco et au pays des Charcas.

Le licencié Munos arriva à Cuzco avec ses lettres de provision. La ville le fut recevoir en corps, et, dès qu'il y fut entré, Garcilasso, mon père, lui remit en main le bâton de justice. Le gouverneur l'eut à peine reçu, qu'il lui demanda « ce que pouvoient valoir à peu près les droits de

sa charge. » Mon père ayant répondu « qu'il n'en
savoit rien, parce qu'il n'en avoit jamais pris aucuns, » le licencié lui repartit « qu'il ne falloit
pas pourtant que les gouverneurs ni les juges
les laissassent perdre, quelque petits qu'ils fussent. » Ce raisonnement surprit ceux qui l'ouïrent, et leur fit dire « qu'on ne devoit pas s'étonner si le nouveau gouverneur étoit si soigneux de
s'informer à quoi se montoient les droits de sa
charge, puisque les Espagnols qui venoient aux
Indes pour y exercer quelque office n'avoient
pour but que d'en prendre à toutes mains. »

Dès que le gouverneur fut reçu, il nomma des
archers de sa garde, et en envoya deux hors de
la ville, l'un pour arrêter Thomas Vasquez, et
l'autre pour se saisir de Jean de Piedrahita, qu'ils
amenèrent à cinq ou six jours de là, et les mirent
dans la prison publique. Les parents de l'un et
de l'autre cherchèrent incontinent des cautions
qui répondissent pour eux qu'ils ne sortiroient
point désormais de la ville, s'imaginant qu'on
ne les avoit arrêtés prisonniers que pour les y
faire tenir et les éloigner de leurs départements
d'Indiens. Mon père fut un de ceux à qui l'on
s'adressa pour être caution; mais il répondit
« que la commission donnée par le gouverneur
étoit apparemment fort différente de ce qu'ils pensoient; que, s'il n'eût été question que de les attirer à la ville pour y résider, il n'eût fallu seulement que les envoyer quérir, et leur imposer la

moindre peine, sans les amener prisonniers, et qu'il soupçonnoit qu'on leur pourroit bien trancher la tête. » Cela arriva en effet, ainsi que l'avoit prédit François Hernandez Giron : car le lendemain matin on les trouva morts dans la prison, où ils furent étranglés, sans que les lettres de grâce que la chancellerie leur avoit données au nom du roi leur servissent d'aucune chose. On leur confisqua de plus tous leurs départements d'Indiens; et celui de Thomas Vasquez, qui étoit un des meilleurs de Cuzco, fut donné à un seigneur natif de Séville, appelé Rodrigo d'Esquivel. L'on en fit de même des biens de Piedrahita et d'Alphonse Dias, qui furent aussi confisqués.

Le licencié Munos, voulant exceller par-dessus la manière de vivre des gouverneurs ou intendants de justice qui l'avoient précédé, forma quatre griefs contre le dernier. Le premier fut « qu'étant principal juge de la ville, il s'exerçoit, comme les autres seigneurs, aux jeux de cannes qui se faisoient en public; » le second, « qu'il sortoit quelquefois de sa maison pour rendre visite à ses amis sans avoir à la main le bâton de justice, ce qui pouvoit faire perdre le respect qu'on lui devoit à cause de sa charge; » le troisième, « que, pendant les fêtes de Noël, il permettoit aux seigneurs et aux autres principaux de jouer dans son logis, et qu'il jouoit lui-même avec eux; » le quatrième, « qu'il avoit donné un greffier à la ville, sans prendre garde à certaines choses que la loi vouloit qu'on observât en tel cas. » Mon père répondit « qu'il étoit vrai qu'il se divertissoit au jeu des cannes, qui lui avoit plu toute sa vie, et que, quand même il auroit eu une charge plus éminente que celle de gouverneur ou de juge, il n'eût pas laissé de s'y exercer; qu'il sortoit quelquefois sans bâton, parce qu'il n'alloit pas loin de son logis, quand il faisoit quelque visite, et que, soit qu'il portât cette marque d'honneur ou qu'il ne l'eût pas, on ne laissoit pas de lui porter du respect, étant assez connu dans le pays; qu'il n'y avoit pas grand mal à permettre que l'on jouât pendant les fêtes de Noël, non plus qu'à être lui-même de la partie, puisque sa présence pouvoit empêcher les querelles qui arrivent ordinairement au jeu; » qu'au reste, dans l'élection faite d'un greffier, « il s'étoit arrêté plutôt au besoin qu'en avoit la ville qu'à l'intention de la loi, qu'il ne pouvoit pas entendre aussi bien que lui, pour n'être pas homme de lettres; qu'il avoit cru faire son devoir en mettant un officier fidèle qui en fût capable, comme étoit celui qui l'exerçoit, dont tout le corps de la ville étoit content. » On forma aussi plusieurs griefs contre le licencié Monjaras, lieutenant du gouverneur; mais ces accusations, étant mal fondées, s'en allèrent en fumée.

CHAPITRE VI.

Exécution de Martin Roblez sur quoi fondée.

Le licencié Altamirano, auditeur de la chancellerie royale dans la ville des Rois, fut envoyé, comme nous avons dit, intendant de justice dans la ville de la Plata. La première chose qu'il fit d'abord qu'on l'eut reçu fut de faire arrêter Martin de Roblez, et, sans qu'il y eût aucunes informations contre lui, il le fit pendre publiquement. Tout le pays en fut alarmé, parce qu'il étoit un des plus considérables, et si chargé d'années, que, ne pouvant souffrir son épée à son côté, il la faisoit porter à un Indien qui le suivoit ordinairement. Mais sa mort aigrit encore bien plus le peuple quand il en sut la cause, que le Palentin a rapportée en ces termes dans la troisième partie de son Histoire :

« Le vice-roi écrivit un lettre au licencié Altamirano, par laquelle il lui ordonnoit d'arrêter Martin de Roblez, et de le faire exécuter à mort. Le bruit courut qu'il avoit donné cet ordre parce qu'il apprit que Roblez avoit dit dans la conversation : « Allons-nous en à Lima pour y appren-

» dre le compliment au vice-roi, qui est si peu ci-
» vil dans ses lettres. » Il y eut bien des gens qui
ne pouvoient croire que ces paroles lui fussent
jamais échappées. Il y en eut aussi qui assurèrent
que ce ne fut pas pour un si petit sujet qu'on le
fit mourir, mais pour avoir été cause de l'emprisonnement et de la mort de Blasco Nunez
Vela, etc. »

Il y a apparence que, si Martin de Roblez tint
ce langage, il en faut attribuer la cause aux lettres
que le vice-roi écrivit de Payta à tous les gouverneurs des villes de l'empire du Pérou, lorsqu'il leur
fit savoir sa venue : car toutes les inscriptions de
ses lettres portoient : *A noble seigneur le gouverneur de tel lieu*; et dans le contenu de la
lettre il usoit indifféremment du terme de *vous*,
à quelque personne qu'il écrivît. Ce style surprit
tous les seigneurs du Pérou, à cause qu'alors les
gentilshommes n'écrivoient jamais à leurs officiers
qu'ils ne leur donnassent du titre de noblesse, et
qu'au dehors de leurs lettres ils ne missent pour
inscription : *A très noble seigneur tel*, outre
qu'au dedans ils honoroient les uns du mot de
vous, et les autres de *il* ou de *lui*, selon le rang que
leur donnoit la charge qu'ils exerçoient.

Il est certain que Martin de Roblez aimoit à
dire de bons mots; et s'il arrivoit quelquefois à
ses plus chers confidents de blâmer la liberté de
ses paroles, en lui remontrant qu'elles ne lui pouvoient être que dommageables et le mettre mal

avec eux, il leur répondoit « qu'il aimoit mieux perdre un bon ami qu'un bon mot qui fût dit subtilement en temps et lieu. » Mais ce bon mot fut cause qu'il lui en coûta la vie : car je ne vois point d'apparence de dire, avec le Palentin, que la prison du vice-roi Blasco Nunez Vela en fut la cause, y ayant plus de treize ans qu'il ne s'en parloit plus.

CHAPITRE VII.

De quelle manière le vice-roi en agit avec ceux qui prétendoient des gratifications pour leurs services.

Le Palentin, parlant du vice-roi dom André Hurtado de Mendoça, en dit ce qui suit (ch. 2) : « Sous prétexte de fêtes et de réjouissances publiques, il fit apporter dans sa maison l'artillerie, les arquebuses et les autres armes qui se trouvèrent dans la ville. Après cela il révoqua les commissions et les grâces que les auditeurs avoient données, et sonda plusieurs tant capitaines que soldats, tâchant de les attirer par quelques gratifications assez légères, et qui leur devoient tenir lieu de récompense pour les services passés. Mais comme il apprit que cela ne les touchoit guère, et qu'ils faisoient même de nouveaux contes de lui, il en fit prendre plusieurs avec adresse, et leur donna pour prison son propre logis; ensuite il s'avisa de les envoyer aux ports de Collao ou de Lima, et de là en Espagne, disant qu'il le faisoit afin que le roi récompensât les uns de leurs services, puisque cela ne se pouvoit dans le Pérou, et que les autres fussent bannis pour châtiment de leurs fautes. Il y eut des gens qui lui conseillèrent d'envoyer avec eux les informations qui se trouveroient contre eux touchant leurs médisances et leurs mauvaises actions; mais il leur répondit « qu'il ne vouloit point faire cela, ni se » porter pour accusateur contre eux, mais plutôt » pour intercesseur envers le roi, afin qu'il leur » fît du bien, etc. »

Ces endroits de l'histoire rapportés par cet auteur sont un peu trop ambigus pour n'être pas expliqués. Le mandement que fit le vice-roi qu'on eût à apporter dans sa maison les arquebuses et les autres armes ne fut pas nouveau, puisque, avant son arrivée au Pérou, les auditeurs avoient donné le même ordre à tous les gouverneurs. Mon père, étant de ce nombre, l'observa ponctuellement, et, par une proclamation publique qui fut faite dans sa juridiction, il fut cause que plusieurs cavaliers et soldats, tous serviteurs de Sa Majesté, donnèrent leurs arquebuses et les armes qu'ils avoient; mais le peuple n'en fit pas de même : ce qui obligea mon père d'écrire à la chancellerie que ce procédé ne servoit de rien, puisque les bons serviteurs du roi étoient désarmés, et qu'au contraire on avoit laissé les armes à ceux qu'on pouvoit soupçonner de n'être pas fidèles. Cela obligea les auditeurs d'ordonner qu'on rendît les armes à ceux qui les avoient volontairement données. Voilà tout ce qui se passa sur ce désarmement dont le Palentin fait mention. Quant au pardon que les auditeurs donnèrent aux partisans de François Hernandez, ils ne le firent que pour les amuser, en attendant qu'on les exécutât à mort, comme il arriva depuis. Il est vrai que le vice-roi offrit à plusieurs des prétendants dont nous avons parlé une gratification médiocre et bien au-dessous de ce qu'ils méritoient, à condition qu'ils se marieroient en ce pays-là, où il y avoit plusieurs femmes espagnoles, qui furent nommées pour cette fin. Mais comme le vice-roi ne les connoissoit point, et qu'il les croyoit toutes très honnêtes, bien qu'elles ne le fussent pas, il fut fâché de ce que ceux que l'on voulut obliger à les épouser les refusèrent, les connoissant dès long-temps. Cela donna sujet aux ennemis des prétendants et à ceux qui portoient envie à leur mérite et à leurs services de faire de faux rapports au vice-roi; ce qui fut cause, comme dit le même auteur, « que, sur le rapport qu'on fit au vice-roi que certains prétendants parloient mal de lui, il les fit prendre pour les envoyer aux ports de Collao et de Lima, et de là en Espagne; d'autres furent envoyés en exil, etc. »

Ceux qui furent embarqués pour l'Espagne se trouvèrent trente-sept des plus qualifiés et des plus signalés serviteurs du roi. Gonçale Silvestre fut de ce nombre, des travaux et des services duquel nous avons parlé amplement dans notre Histoire de la Floride et en celle-ci. Il y en eut plusieurs autres de la même condition de Silvestre. Le Palentin a grand tort aussi de dire « qu'il y en eut d'autres qu'on envoya comme exilés, afin de les châtier, » étant véritable qu'ils ne furent point bannis pour aucune malversation. Il ajoute, pour conclusion, « que, sur ce que certaines personnes lui conseillèrent d'envoyer avec les exilés les informations qu'on auroit faites contre eux, il n'en voulut rien faire, etc. » Je veux croire que cela est arrivé ainsi, et même qu'il y eut des personnes qui avertirent le vice-roi de plusieurs violences et dégâts que ces soldats prétendoient faire le long de la côte, pour se venger d'avoir été si mal payés de tant de services signalés qu'ils avoient rendus, contre les grandes promesses qu'on leur avoit faites; mais il y en eut d'autres aussi qui le supplièrent de ne point permettre qu'au lieu de gratifications, ils reçussent un si cruel traitement; « de vouloir considérer que leur exil du Pérou en Espagne leur étoit une punition plus rude que la mort, quand même ils l'auroient méritée; qu'après avoir employé leurs biens et hasardé leurs vies, ils s'en retournoient pauvres et dépourvus de toutes les commodités; qu'il n'étoit aucunement de la bienséance ni de sa personne ni de sa dignité d'envoyer en Espagne ces hommes-là en l'état où ils s'y en alloient ; qu'assurément le roi leur donneroit audience, et qu'il les croiroit, puisqu'il ne paroissoit pas qu'ils eussent jamais desservi Sa Majesté, mais, au contraire, exposé pour elle leurs biens et leurs vies ; que plusieurs d'entre eux pouvoient montrer les blessures qu'ils avoient reçues en combattant pour le roi, et que ces marques d'honneur seroient des preuves certaines de leurs services et de leur fidélité. »

Le vice-roi, bien fâché de ces remontrances, qui le confirmoient dans le soupçon des mutineries et des révoltes dont on lui avoit parlé, répondit, tout en colère, « qu'on ne devoit point s'étonner de ce qu'il les envoyoit en cet état, puisqu'il le devoit faire ainsi pour le service du roi et pour la tranquillité du royaume ; qu'au reste, il ne se mettoit aucunement en peine de tout ce qu'ils pourroient dire en Espagne, ou même rapporter à son préjudice, quand ils en seroient de retour. Voyons un peu, dit-il, quel si grand mal ils me peuvent faire. Ils seront une année en leur voyage, une autre à négocier, et une autre à retourner. Mais, après tout, quand ils auront eu toutes les expéditions qu'ils pourront désirer, qu'est-ce qu'il en arrivera ? N'en serai-je pas quitte en disant que j'obéis ? »

Il renvoya ainsi ces bons conseillers, et bannit les prétendants en Espagne, où, pour des gens de leur condition, ils s'en allèrent si pauvres et si dénués de tout, que le plus riche d'entre eux ne se trouva point mille ducats; encore fallut-il que, pour les avoir, ils vendissent jusqu'à leurs chevaux et à leurs habits. Il y en avoit quelques uns d'entre eux qui avoient des terres où ils nourrissoient du bétail du pays, qu'ils laissèrent en dépôt à leurs amis; mais la grande distance qu'il y a d'Espagne au Pérou fait qu'on y perd d'ordinaire ce qu'on y laisse. J'en puis parler par expérience.

Il en arriva de même à ces pauvres cavaliers, quelques uns desquels, quand je m'en allai, me demandèrent des nouvelles de ceux auxquels ils avoient donné leurs biens en garde; mais je ne sus que répondre, n'étant pas encore en un âge qui me donnât la curiosité de m'enquérir des affaires d'autrui. Nous les laisserons continuer leur voyage, pour passer à d'autres choses qui arrivèrent en même temps dans le Pérou.

CHAPITRE VIII.

Résolution du vice-roi de tirer des montagnes le prince héritier du Pérou, pour le réduire à l'obéissance du roi.

Le vice-roi, ayant envoyé ces cavaliers en Espagne, tourna ses pensées à d'autres choses qui regardoient la commune tranquillité du royaume. La première fut d'écrire au licencié Munos, gouverner de Cuzco, et à madame Béatrix Coya, d'aviser ensemble aux moyens qu'on pourroit tenir pour attirer et réduire le prince Sairi Tupac à sortir des montagnes, pour vivre en paix et en bonne intelligence parmi les Espagnols, en lui proposant que, s'il vouloit s'y résoudre, on lui donneroit de quoi vivre honorablement avec toute sa famille. Toutes ces choses furent amplement traitées avec la Coya, sœur du père de ce prince, légitime héritier du Pérou, et fils de Manço Ynca, que les Espagnols firent mourir après qu'il les eut délivrés de leurs ennemis, comme il a déjà été dit. L'infante avoit si grande envie de voir son neveu dans la ville, quoiqu'elle n'espérât pas qu'on le dût rétablir dans son empire, qu'elle prêta l'oreille à la proposition du vice-roi; et en même temps elle envoya un homme de condition, accompagné de quelques Indiens, aux montagnes de Vilca Pampa, où l'Ynca se tenoit alors. Celui qu'elle choisit pour cette négociation étoit allié de ceux du sang royal, et elle le choisit exprès pour donner plus de lustre à cette ambassade. Etant arrivé, il dit aux gardes qu'il avoit une chose importante à communiquer à l'Ynca. Les capitaines, l'ayant appris, s'assemblèrent incontinent avec les gouverneurs du prince, dont ils étoient comme tuteurs.

Ces capitaines craignirent que cette ambassade

ne cachât quelque mauvais dessein, et, quoique l'envoyé fût allié de leur prince, ils ne voulurent pas s'y fier pourtant, et dépêchèrent à Cuzco, de la part de l'Ynca et de ses gouverneurs, un autre messager, avec ordre de s'assurer de quelle part venoit l'ambassade, appréhendant quelque fourberie du côté des Espagnols, se souvenant de la mort d'Atahuallpa, et des autres événements passés. En attendant le retour de leur envoyé, ils retinrent pour otages celui de l'infante Béatrix et les Indiens qui l'accompagnoient. Il eut ordre d'eux de savoir premièrement de l'infante s'il n'y avoit point de tromperie en cette affaire-là; puis de parler au gouverneur de Cuzco, et à tous les autres qu'il appartiendroit, pour s'éclaircir de toutes les choses qu'il falloit savoir pour s'assurer que l'ambassade n'étoit point fausse. Il eut encore commission de solliciter le gouverneur et madame Béatrix de leur envoyer Jean Siera de Leguiçamo son fils, et de Mancio Siera de Leguiçamo, un des premiers conquérants, afin de les garantir par là du soupçon et de la crainte qu'ils pouvoient avoir; ce qu'ils lui recommandèrent surtout, ajoutant que, s'il ne l'ammenoit pas, ils tiendroient pour fausseté tout ce qu'on leur pourroit dire sur cette affaire-là.

Le gouverneur et l'infante furent fort aises de voir arriver le messager de l'Ynca, qu'ils renvoyèrent avec Jean Siera, pour assurer qu'il n'y avoit aucune fraude en cette négociation, et que tous les siens auroient une joie incroyable de le voir hors des montagnes où il vivoit en homme exilé. Pendant que cette affaire se traitoit à Cuzco, le vice-roi, qui étoit dans l'impatience d'en voir la fin, et qui s'ennuyoit de la voir traiter par des gens qui n'étoient pas de son intelligence, députa un religieux de l'ordre des dominicains, que le Palentin appelle frère Melchior des Rois, et avec lui un des principaux de Cuzco, qu'on nommoit Jean de Betanços, marié avec Angeline, fille de l'Ynca Atahuallpa dont nous avons parlé ci-devant. Jean de Betanços étoit savant en la langue générale de ce pays-là; et ainsi, tant pour ce sujet que pour l'alliance de sa femme avec le prince Sairi Tupac, le vice-roi trouva bon qu'il tînt compagnie au religieux, afin de servir de truchement.

Ces deux ambassadeurs partirent donc le plus tôt qu'ils purent. Ils prirent leur route par la frontière de Huamanca, parce qu'il n'est point d'endroit plus proche que celui-là de l'avenue de la montagne. Aussi est-ce pour cette raison que les Espagnols nommèrent cette ville-là Saint-Jean-de-la-Frontière, pour être en effet frontière de l'Ynca, outre que ce fut au jour de la Saint-Jean que les premiers conquérants du Pérou s'ouvrirent une entrée de ce côté-là. Quelque peine que prissent les deux messagers pour y entrer par là, ils n'en purent venir à bout, parce que les Indiens, capitaines et gouverneurs de l'Ynca, appréhendant que les Espagnols ne surprissent leur prince, s'avisèrent de fermer si bien les chemins, qu'il n'y avoit pas moyen d'y arriver s'ils ne le vouloient. Cela fit résoudre le religieux et Jean de Betanços de s'en aller par le grand chemin à quelque vingt lieues de là, pour voir s'ils ne pourroient point trouver un passage du côté d'Antahuaylla; mais ils ne le purent non plus, et le gouverneur de Cuzco, en ayant eu avis, écrivit aux ambassadeurs qu'ils ne se missent pas davantage en peine, mais qu'ils revinssent à Cuzco, où l'on pourvoiroit à ce qu'il faudroit faire. Nous verrons dans le chapitre suivant ce qu'écrit le Palentin sur ce sujet, les précautions, les finesses, l'adresse, dont usèrent les Indiens pour découvrir si cette ambassade ne cachoit point quelque mauvais dessein.

CHAPITRE IX.

Ambassade des Espagnols suspecte aux gouverneurs du prince Sairi Tupac, et précautions dont ils usent pour se rassurer de leur crainte.

Le Palentin, parlant de cette ambassade, en dit ce qui suit dans son Histoire (liv. 5, ch. 4) : « Le licencié Munos, ayant traité de cette affaire dans Cuzco avec la princesse Béatrix, fut d'avis, par son consentement, que les ambassadeurs partissent au premier jour avec l'Ynca Jean Siera son fils, et que le religieux et Betanços se tinssent toujours derrière en lieu de sûreté. Cependant ces derniers partirent de Cuzco trois jours devant les autres, disant qu'ils les attendroient en chemin; mais, pour avoir la gloire d'être les premiers ambassadeurs, ils marchèrent en diligence jusqu'au pont de Chuquichaca, où commençoit la juridiction de l'Ynca Tupac. Après qu'ils eurent gagné avec beaucoup de peine l'autre côté du pont, les soldats indiens qu'on y avoit mis en garde les arrêtèrent, sans leur faire autre mal que de les empêcher d'aller plus avant, et même de rebrousser chemin : ainsi ils ne bougèrent de là jusqu'au lendemain, que Jean Siera et les ambassadeurs arrivèrent avec dix autres Indiens que l'Ynca Tupac envoyoit au-devant d'eux. Il commanda qu'on ne laissât entrer que Jean Siera, et ces derniers pour l'accompagner. Le religieux et Betanços furent retenus. Toutefois Jean Siera et ceux de sa suite n'eurent pas fait beaucoup de chemin qu'on s'avisa de les arrêter eux-mêmes, en attendant un plus ample mandement de l'Ynca. Ce prince, ayant su au vrai qu'il venoit et que les ambassadeurs du vice-roi approchoient aussi, envoya devant son général, capitaine de deux cents soldats indiens, de ceux qu'on appelle Caribes, qui mangent leurs prisonniers de guerre, avec ordre exprès de recevoir les ambassadeurs, et de s'enquérir du sujet qui les amenoit. Le général s'acquitta ponctuellement de sa charge, et, après leur avoir dit qu'ils étoient les bien-venus, les remit au lendemain pour leur donner audience. Il censura d'abord Jean Siera pour être venu en la compagnie des Espagnols; mais lui s'en excusa, disant qu'il l'avoit fait par le conseil de Béatrix sa mère et par l'ordre du gouverneur de Cuzco. Il lui déclara ensuite le sujet de son ambassade, et se mit à lire les lettres tant de sa mère que du gouverneur; puis il montra celle que le vice-roi avoit écrite à madame Beatrix. Après avoir ouï cette déclaration, le général fit venir le religieux et Jean Betançosa, auxquels il fit les mêmes questions qu'à Jean Siera, pour voir s'ils ne se contrediroient point l'un l'autre.

« Ils lui montrèrent les lettres qu'ils avoient apportées, et un présent que le vice-roi envoyoit à l'Ynca de quelques pièces de velours et de damas, de deux coupes de vermeil doré et d'autres raretés assez curieuses. Cela fait, le général et ses officiers commandèrent à deux Indiens qui avoient vu comment la chose s'étoit passée d'en aller avertir l'Ynca. Il ouït le récit avec attention; et, après avoir bien considéré le tout, il fit dire qu'on les renvoyât sans autre délai avec leurs lettres et leurs présents, ajoutant qu'il ne demandoit autre chose du vice-roi, sinon qu'il vécût à sa mode, et qu'il le laissât vivre à la sienne, comme il avoit fait jusque alors. Jean Siera étoit déjà sur le point de partir, quand on dépêcha deux autres Indiens pour lui dire et à ceux de sa suite qu'il étoit question d'exposer à l'Ynca et à ses capitaines la cause et les raisons de leur ambassade; mais quand ils furent à quatre lieues de la demeure de l'Ynca, il les contremanda tous, à la réserve de Jean Siera, qu'il voulut qu'on fît venir avec le présent qu'il apportoit, et que les autres se tinssent prêts pour s'en retourner. Le lendemain, Jean Siera se mit en chemin pour aller trouver l'Ynca, qui lui fit dire, quand il fut à deux lieues de lui, qu'il demeurât là deux jours, et il envoya de nouveaux messagers pour avertir le religieux et Betanços qu'ils eussent à se retirer. Les deux jours étant expirés, le prince reçut Jean Siera avec de grandes démonstrations d'amitié, comme son proche parent. L'ambassadeur lui déclara la cause de son voyage, lui présentant ce qu'il avoit à lui donner, de quoi le prince témoigna d'être satisfait par la favorable audience qu'il lui donna. Néanmoins il lui dit qu'il ne pouvoit pas, lui seul, résoudre de cette affaire, étant encore en minorité, ce qui empêchoit qu'on ne l'eût couronné, à la façon du pays, de la bordure rouge, et qu'ainsi, avant que passer outre, il falloit, de nécessité, qu'il communiquât de cette ambassade avec ses capitaines; qu'ils se donnassent la patience d'attendre qu'ils eussent délibéré là-dessus, pour leur rendre réponse. Après avoir bien conféré de cette affaire, ils dirent qu'ils ne la pouvoient résoudre entièrement sans avoir auparavant consulté leurs devins, et que cependant Jean Siera et F. Melchior des Rois s'en pouvoient aller à Lima, avec deux capitaines que le prince envoyoit exprès au vice-roi pour traiter d'accommodement, suivant le mérite et la condition de l'Ynca leur maître, à qui le grand empire du Pérou appartenoit par droit de naissance. Après ces ordres donnés, ils se mirent en chemin, et, par celui d'Andaguayllas, ils arrivèrent à la ville des Rois, au mois de juin, le jour de la fête de Saint-Pierre. Les capitaines indiens exposèrent leur ambassade au vice-roi, qui les reçut civilement, et les fit fort bien loger. Ils séjournèrent huit jours à Lima, durant lesquels ils conférèrent souvent avec le vice-roi sur le parti qu'on feroit à leur prince pour le réduire à l'obéissance de Sa Majesté. Le vice-roi prit l'avis de l'archevêque et des auditeurs, qui trouvèrent bon, pour le faire subsister selon sa qualité, de lui donner dix sept mille ducats de pension pour son entretien, sur la commanderie qu'avoit autrefois eue François Hernandez, et sur la vallée d'Youçay, ancien département de dom François Piçarre, fils du marquis, et de plus, un fort beau lieu, situé vers le haut de la citadelle de Cuzco, pour y demeurer avec les Indiens ses domestiques. Quand ils eurent fait cet accord ensemble, ils en passèrent un acte en bonne et due forme, qu'ils donnèrent à Jean Siera, afin que lui seul, accompagné des capitaines, l'allât mettre entre les mains de l'Ynca. Par cet acte, il étoit expressément porté que les choses susdites n'auroient lieu qu'en cas que l'Ynca sortît de sa résidence dans six mois, à compter du cinquième juillet, jour de la date des lettres de provision qui lui étoient adressées. L'Ynca reçut cet acte avec beaucoup de plaisir; et à quelque temps de là, Jean de Siera le lui porta, qui trouva qu'il avoit déjà pris la bordure royale.

Je n'ai rien ajouté à tout ceci, que j'ai tiré mot à mot de Diego Hernandez. Maintenant il me semble à propos d'expliquer quelques endroits que cet auteur a avancés. Le premier est celui des Caribes, qui se mangeoient l'un l'autre, à ce qu'il rapporte, quand ils se faisoient la guerre. C'étoit dans l'empire du Mexique que cette inhumanité se pratiquoit, avant que ces peuples fussent chrétiens, et non pas dans celui du Pérou, étant certain, comme nous l'avons remarqué dans la première partie de notre Histoire des Yncas, qu'il y eut de grandes punitions ordonnées contre tous ceux généralement qui se repaîtroient de chair humaine. Quant à la rente qu'ils donnèrent à l'Ynca, elle ne pouvoit pas se monter à dix-sept mille ducats, puisque le département de François Hernandez n'en valut jamais dix mille. Celui de la vallée d'Youçay, dont ils le pourvurent encore, n'étoit nullement considérable par son revenu: car, comme cette vallée avoit des agréments par-

ticuliers et pour sa belle situation et pour sa
fertilité merveilleuse, elle étoit partagée entre les
principaux seigneurs de Cuzco, qui étoient tous
Espagnols, et qui avoient là des vignes et des
maisons de plaisance, comme ils en ont encore
aujourd'hui. Il faut donc conjecturer qu'ils ne
donnèrent à l'Ynca que le titre de seigneur d'Youçay, et qu'ils le firent exprès, cette vallée étant,
comme j'ai dit, le lieu le plus agréable et le plus
délicieux qu'eussent les Yncas en tout l'empire,
ce qui fut cause aussi que ce prince eut un extrême
contentement d'en être seigneur. Le Palentin se
trompe encore quand il dit que le brevet que Jean
Siera porta à l'Ynca contenoit toutes ces gratifications, puisqu'il est certain qu'il ne fut donné
à l'Ynca Tupac qu'au temps qu'il vint à la ville
des Rois pour y voir le vice-roi et rendre l'hommage qu'on lui demandoit au nom de Sa Majesté:
car, pour les lettres que lui apporta Jean Siera,
elles n'étoient pas de gratifications, mais d'amnistie, c'est-à-dire que l'on pardonnoit au prince
les fautes passées, sans les dire néanmoins, et qu'on
lui promettoit de lui fournir de quoi subsister
honorablement avec toute sa famille, sans spéci-
fier ni le département ni la pension qu'ils se proposoient de lui donner. Nous verrons dans le
chapitre suivant comment le tout se passa : car
ceci n'est qu'un crayon que nous avons tracé par
avance pour ajouter, à celui qu'un autre en a fait,
une nouvelle peinture des artifices, des ruses, des

précautions, des défiances et des craintes que ces capitaines témoignèrent avoir de l'ambassade du vice-roi, croyant qu'elle ne tendoit qu'à livrer leur prince entre les mains des Espagnols.

CHAPITRE X.

Les gouverneurs du prince consultent leurs devins touchant leur sortie hors des montagnes. — Avis divers là-dessus. — L'Ynca se résout d'en sortir, et arrive à la ville des Rois, où le vice-roi le reçoit fort bien. — Sa réponse ingénieuse sur les gratifications qui lui sont faites.

Les capitaines tuteurs de l'Ynca consultèrent entre eux assez long-temps s'ils devoient sortir de la montagne et livrer leur prince aux Espagnols. Ils tirèrent divers pronostics des montagnes et du vol des oiseaux, tant de ceux qu'on ne voit qu'en plein jour que des autres qui ne paroissent que de nuit, aussi bien que de la différente disposition de l'air ; regardant attentivement si le soleil étoit obscur ou clair, et le ciel serein ou couvert de nuages. Ils ne demandèrent rien au diable, parce, comme nous avons dit ailleurs, qu'il ne parla plus à eux depuis que, par une grâce particulière de Dieu, les sacrements de l'église furent introduits en cet empire-là. Quoique leurs devins et leurs prédictions ne leur présageassent que rien de bon, il ne laissa pas néanmoins d'y avoir plusieurs opinions différentes entre les capitaines. Les uns disoient « qu'il n'y avoit point de mal que le prince sortît de sa demeure ordinaire pour la revue de ses états et prendre part aux délices qu'il y pouvoit goûter, et qu'il leur sembloit même à propos qu'ils se fît voir à tous ses sujets, puisqu'ils le désiroient avec impatience. Les autres, tout au contraire, disoient qu'ils ne voyoient pas que cette nouveauté pût de rien servir, puisqu'on avoit démis l'Ynca de son empire, que les Espagnols avoient partagé entre eux en diverses provinces; que ses vassaux pleureroient plutôt qu'ils ne se réjouiroient de le voir pauvre et déshérité; que toutes les belles promesses que faisoit le vice-roi de lui donner et à sa famille de quoi s'entretenir noblement n'étoient que paroles en l'air, puisqu'il ne daignoit nommer les provinces qu'il lui vouloit assigner, ni le partage qu'il prétendoit lui faire de son empire ; qu'ainsi toutes ces conditions se trouveroient au-dessous de l'Ynca, à qui il siéroit bien mieux de mourir banni dans les montagnes que d'en sortir pour vivre misérablement à la face de son peuple; qu'au reste, ce qu'il falloit appréhender le plus étoit que les Espagnols ne le traitassent comme ils avoient autrefois traité son père; qu'en un mot ils se représentassent l'extrême cruauté dont ils avoient usé en la personne d'Atahuallpa, et qu'après toutes ces perfidies il ne falloit jamais se fier à telle sorte de gens, mais appréhender toujours qu'ils n'en fissent autant à leur prince. »

Ces capitaines, s'étant remis en mémoire toutes les choses que je viens de dire, et plusieurs cruautés que les Espagnols avoient exercées contre les caciques et les autres Indiens, de la plupart desquelles je n'ai point parlé, parce qu'elles sont assez connues, furent aussitôt trouver leur Ynca, et lui déclarèrent les différents sentiments des uns et des autres touchant sa sortie. Cette relation l'alarma, et fut cause qu'après avoir bien examiné la mort de son père et de son oncle Atahuallpa, il résolut de se tenir dans son fort, sans s'aller mettre volontairement à la merci des Espagnols. Ce fut alors qu'il usa de ces termes, rapportés en un autre endroit par le Palentin, « que les ambassadeurs eussent à s'en retourner bien vite, et qu'il n'avoit que faire de leurs lettres ni de leurs présents, n'étant pas d'humeur à vouloir autre chose sinon que le vice-roi se gouvernât à sa mode; que pour lui il se gouverneroit à la sienne, comme il avoit fait jusque alors, etc. »

Mais, comme Dieu, par sa miséricorde infinie, vouloit que ce prince, sa femme, ses enfants et tous ceux de sa famille, entrassent dans le giron de l'église, il changea son cœur, de sorte que peu de temps après il ne se défia plus des Espagnols et résolut de s'aller rendre à eux. Ce qui est plus particulièrement rapporté par le Palentin, lorsqu'en suite de ce que nous avons dit ci-dessus, il ajoute « que, Jean Siera et ses compagnons étant sur le point de partir, ils furent contremandés, et qu'on leur envoya deux Indiens qui leur dirent qu'ils entrassent tous pour faire leur ambassade à l'Ynca et à ses capitaines, etc. »

En effet, la chose se passa comme cet auteur la rapporte, quoiqu'il n'y observe point l'ordre requis; pour moi, je ne crois pas de me tromper, puisque j'en parle selon que je l'ai ouï raconter souvent aux mêmes Indiens qui accompagnèrent ce prince en ce voyage. Le prince, s'étant donc rassuré de ses défiances, dit « qu'il vouloit absolument aller trouver le vice-roi, quoi qu'il en dût arriver, et voir ce qu'il prétendoit faire pour lui et pour ceux de sa maison. » Ses capitaines le prièrent de rechef de n'exposer point sa vie à un danger si apparent. A quoi il repartit « que la résolution en étoit prise, parce que le Pachacamac et le soleil son père le lui commandoient absolument. » Les capitaines recoururent de nouveau à leurs augures, et, ne les trouvant pas contraires, ils obéirent à leur prince, avec lequel ils allèrent jusqu'à la ville des Rois. Le long du chemin, les caciques et les Indiens des provinces par où ils passoient alloient au-devant d'eux et les recevoient le mieux qu'ils pouvaient, bien qu'après tout ils fussent touchés de voir combien il étoit éloigé de la prospérité des rois ses prédécesseurs. La litière où il voyageoit n'étoit pas d'or, comme la leur, mais d'un prix beaucoup moindre, et ses capitaines ne voulurent pas qu'elle fût portée par d'autres Indiens que ses propre domestiques, ceux qui vivoient parmi les Espagnols leur semblant étrangers. Dès que le prince fut hors des terres de sa juridiction, il posa la bordure royale, ses ministres lui ayant fait entendre qu'étant démis de son empire, les Espagnols ne trouveroient pas bon qu'il portât les marques d'empereur sur la tête. Il continua sa route, et arriva finalement dans la ville des Rois, où d'abord il fut visiter le vice-roi, qui, selon le Palentin, « l'attendoit avec impatience dans son palais. Il le reçut avec de grandes démonstrations d'amitié et le pria de se vouloir asseoir près de lui. Leur conversation fut assez longue, après quoi l'Ynca se retira. Le vice-roi et les auditeurs conçurent une très grande opinion de sa capacité et de son esprit, qui prouvoient bien qu'il étoit descendu de ces grands Yncas qu'on avoit toujours estimés si sages et si vaillants. »

Deux jours après son arrivée, l'archevêque dom Jérôme de Loaisa le traita magnifiquement en sa maison, ce qu'il fit par le conseil des plus grands du pays, qui concertèrent entre eux qu'après le festin, l'archevêque lui mettroit en main les lettres de provision, afin qu'elles en fussent plus estimées et mieux reçues. Après qu'on eut ôté le couvert, et que le maître d'hôtel eut apporté dans un grand bassin d'argent doré le brevet de provision des gratifications qu'on faisoit au prince pour son entretien et celui de sa famille, ce prince, voulant leur faire connoître qu'il regardoit ce présent fort au-dessous de lui, s'y prit d'une manière très adroite. Il arracha un petit flocon d'une frange de soie qui étoit à un tapis de velours, et, le tenant à la main, il dit à l'archevêque : « Tout ce tapis et cette garniture étoient à moi, et maintenant il ne me reste que ce petit brin de soie, qu'on me laisse pour ma subsistance et pour celle de toute ma maison. » Ce banquet finit par ce bon mot, qui fit que l'archevêque et les autres s'étonnèrent d'une comparaison si bien appliquée.

CHAPITRE XI.

Le prince Sairi Tupac va droit à Cuzco, où il est traité splendidement par ceux de son sang. — Il se fait baptiser avec sa femme, et prend le nom de Diego.

Le prince, ayant passé quelques jours dans la ville des Rois, demanda permission au vice-roi de s'en aller à celle de Cuzco, ce qui lui fut d'abord accordé. Dans tous les lieux par où il passoit, les Indiens alloient au-devant de lui, avec de grandes acclamations et des applaudissements; mais, entre autres, ceux de la ville de Huamanca lui témoignèrent par leurs soumissions et par leurs fêtes publiques l'extrême joie qu'ils avoient de le voir sorti de la montagne, et l'accompagnèrent jusqu'au logis qu'ils lui avoient préparé.

Le lendemain il fut visité par un seigneur de la même ville, qu'on appeloit Michel Astete, qui lui apporta la même bordure ou le même bourlet rouge qui servoit de couronne aux rois yncas, et en la lui présentant il lui dit « que c'étoit la même que les Espagnols avoient ôtée au roi Atahuallpa, quand ils le prirent à Cassamarca, et qu'il la lui rendoit, comme à l'héritier légitime de l'empire. » Le prince, l'ayant reçue, fit semblant d'en être bien aise; mais tant s'en faut que cela fût, qu'au contraire, il y a de l'apparence que cette couronne lui fut plutôt odieuse qu'agréable, pour avoir été à Atahuallpa, dont la mémoire étoit en exécration à lui et aux siens. En effet, ses plus proches dirent souvent à ce prince « que la perte de son empire étoit avenue de ce qu'il avoit traité tyranniquement Huascar Ynca, vrai roi du Pérou, et que ce seroit bien fait à lui de brûler cette couronne-là, comme une marque d'infamie plutôt que d'honneur, pour avoir été un tyran, qu'on pouvoit nommer la source des troubles qui s'étoient mis parmi eux. »

Le prince, étant sorti de Huamanca et entré dans sa ville impériale, s'en alla loger dans la maison de l'infante Béatrix, sa tante, qui étoit derrière le logis de mon père. Tous ceux du sang royal, tant hommes que femmes, lui furent baiser les mains, et j'y allai aussi, pour la même fin, au nom de ma mère. Je trouvai qu'il se divertissoit avec ses plus proches à certains jeux qui étoient fort en usage parmi les Indiens, et dont j'ai parlé dans la première partie de mon *Histoire des Yncas*. Je le saluai d'abord, et lui fis mon compliment; après quoi il se fit apporter deux gobelets d'argent doré, pleins d'un breuvage fait de maïs. Les ayant pris tous deux, il m'en présenta un et but l'autre, m'invitant à faire de même, ce que je fis. Il me demanda pourquoi je ne l'avois pas été trouver à Vilcapampa. Je répondis « que les gouverneurs ne m'avaient pas fait cet honneur de m'envoyer vers lui, parce qu'ils m'avoient trouvé trop jeune pour une si haute commission. — Si est-ce, repartit-il, que j'aurois bien mieux aimé que vous y fussiez venu que non pas les pères, voulant parler des religieux, » qu'il entendoit nommer ainsi d'ordinaire. Il ajouta ensuite : « Dites à ma tante que je lui baise les mains, et qu'elle ne se donne pas la peine de me visiter, parce que je la veux prévenir. »

Après ces paroles il me tint encore quelque temps, me demandant à quels exercices je m'employois; puis il me permit de m'en aller, et me recommanda surtout que je ne manquasse pas de le voir souvent. Je pris congé de lui, avec les soumissions que ses parents avoient accoutumé de lui faire, et il m'embrassa avec un visage riant. Cependant, comme pour honorer sa venue, tous les caciques, depuis Cuzco jusqu'aux Charcas, d'où il y a deux cents lieues de largeur et plus de six-vingts de longueur, s'étoient rendus dans cette ville; on y fit bien des réjouissances à son occasion, car on ne sauroit croire combien ils furent joyeux et contents de voir leur prince, quoique d'ailleurs ils fussent fort tristes de le voir dans un état tout-à-fait indigne de sa naissance.

Le prince ne voulut plus différer de recevoir le saint baptême. Il avoit dès long-temps choisi pour parrain Garcilasso mon père; mais il ne put l'être à cause qu'il se trouva malade : si bien qu'on mit à sa place un seigneur des principaux et des plus anciens de Cuzco, qu'on nommoit Alphonse de Hinoyosa, natif de Truxillo. En même temps on baptisa l'infante sa femme, appelée Cusi Huarçay, que le Palentin a dit être fille de l'infortuné Huascar Ynca, au lieu de dire qu'elle étoit sa petite-fille : car, pour être sa fille, il eût fallu qu'elle eût eu du moins trente-deux ans, au lieu qu'elle n'en avoit que dix-sept quand on la baptisa, ce qui fut presque sur la fin de l'an 1558. Cette princesse étoit une des plus belles de son temps, et l'eût encore été davantage si elle n'eût pas été trop pâle. C'est un défaut commun à la plupart des femmes de ce pays-là, qui ont d'ailleurs les traits du visage beaux, et avec cela fort bonne mine. L'Ynca Saïri Tupac voulut être nommé à son baptême Diego ou Jacques, pour avoir ouï raconter à son père et à ses capitaines les grandes merveilles que ce glorieux apôtre fit quand Cuzco fut assiégée ; et, pour honorer la solennité de ce baptême, les seigneurs de la ville firent plusieurs réjouissances publiques, comme courses de taureaux, jeux de cannes et autres exercices, où les livrées furent toutes magnifiques.

Après que ces fêtes se furent passées, tant du côté des Indiens que des Espagnols, et que l'Ynca eut reçu les visites des caciques, il employa quelques jours à se divertir parmi ses parents. Il fut voir avec eux cette fameuse forteresse que les rois ses prédécesseurs avoient fait bâtir avec tant de dépense, et il s'étonna fort de ce que ceux qui devoient être soigneux de l'entretenir l'avoient eux-mêmes démolie. Il fut aussi à l'église cathédrale, à Notre-Dame-de-la-Merci, au couvent de Saint-François et à celui de Saint-Dominique, où il adora en grande dévotion le Saint-Sacrement sous le nom de Pachacamac, qu'il répéta plusieurs fois, et en fit de même au pied de l'autel de la Vierge, la nommant en sa langue *mère de Dieu*. Plusieurs méchants esprits prirent occasion de dire que, sous ces feintes dévotions, il adoroit le soleil son père et les rois ses ancêtres, dont les corps étoient en ce lieu-là. Il visita aussi l'ancienne maison des vierges élues, autrefois dédiée au soleil, puis il alla voir les logements de ses prédécesseurs, qu'il trouva tous ruinés, les Espagnols en ayant bâti d'autres à leur place. En suite de tout cela il se fut promener à la vallée de Youçay, plutôt pour jouir de la vue d'un lieu si délicieux, que ses ancêtres nommoient le Jardin, que pour y séjourner. Il s'y plut néanmoins si fort qu'il y demeura trois ans tout entiers, au bout desquels il mourut, et laissa une fille, qui fut depuis mariée à un Espagnol appelé Martin Garcia de Loyola, duquel nous parlerons en son lieu.

CHAPITRE XII.

Le vice-roi met des garnisons pour la sûreté des province du Pérou. — Mort de quatre conquérants.

Le vice-roi, ayant exilé les prétendants, fait trancher la tête à ceux du parti de François Hernandez Giron, et réduit le prince, héritier de cet empire-là, sous l'obéissance du roi catholique, établit des gardes pour la sûreté de l'état, de la chancellerie royale et de sa personne. Ces gardes étoient composées de gens-d'armes et d'arquebusiers, dont les cavaliers, au nombre de soixante, avoient environ mille écus de paye pour s'entretenir de chevaux et d'armes, et les fantassins, au nombre de deux cents, en avoient la moitié moins. Ces gens furent choisis entre ceux en qui on se confioit le plus, et devoient servir le roi en toutes les occasions qui s'en offriroient. Ensuite le vice-roi, voyant qu'il ne se parloit plus de troubles dans le royaume, et que toutes craintes de nouvelles révoltes étoient dissipées par le bannissement des plus factieux, commença de goûter le repos et de jouir des douceurs de la paix. Il prit le soin d'embellir les villes de bâtiments, de bien gouverner les peuples, et d'employer les heures de loisir à s'entreteuir de plaisirs innocents. Un petit Indien d'environ quotorze ans, qui en ce bas âge ne s'acquittoit pas trop mal du métier de bouffon, y contribuoit beaucoup par les contes facétieux qu'il lui faisoit, tantôt en langage indien, tantôt en espagnol, quelquefois faisant un agréable mélange de l'un et de l'autre. Mais, entre autres termes dont il usoit en lui parlant, au lieu de dire *votre excellence*, il lui disoit ordinairement *votre pestillence*, ce qui ne lui déplaisoit pas; mais les médisants tiroient de là un sujet de raillerie dans leurs conversations particulières, disant que ce nom-là lui appartenoit plus proprement que l'autre, à cause des cruautés inouïes qu'il avoit faites tant à l'égard de ceux qu'il avoit fait mourir qu'à l'égard de leurs enfants, dont il avoit confisqué les départements, outre que l'exil de ces pauvres malheureux, envoyés en Espagne par son ordre, leur étoit un mal plus dangereux que la peste.

Dans ce temps-là le maréchal Alphonse d'Alvarado mourut d'une longue maladie qui le saisit après qu'il eut perdu la bataille de Chuquinca. Son aîné le suivit à quelque temps de là, et, par sa mort, le département d'Indiens que l'empereur lui avoit donné vint à vaquer. Sa Majesté en pourvut son second fils, pour reconnoissance des bons services que son père lui avoit rendus, ce qui fut une grâce très particulière, et que peu de gens se trouvent avoir reçue. A la mort du maréchal dom Alphonse d'Alvarado succéda celle de Jean Jules de Hojeda, qui étoit un des principaux seigneurs de Cuzco et des premiers conquérants du Pérou. Il avoit épousé Eléonore de Tordoya, nièce de Garcillasso de la Vega, et laissa dom Gomez de Tordoya pour héritier de son département d'Indiens. Quelques mois après, Garcillasso de la Vega mon père mourut aussi d'une maladie qui lui dura deux ans et demi; à la vérité il eut de bons intervalles, pendant lesquels il ne laissoit pas de se promener par la ville et de monter à cheval, comme s'il eût été en pleine santé. Il voulut être enseveli au couvent de Saint-François sans aucune pompe extraordinaire : car en ce temps-là c'étoit la coutume, dans Cuzco, de faire des enterrements solennels, et d'élever dans la grande rue par où le corps du défunt devoit passer trois tombeaux qui étoient comme des reposoirs où l'on mettoit le corps, à l'entour duquel on faisoit les prières accoutumées. Ensuite on le portoit à l'église, où étoit aussi érigée une chapelle ardente, tandis que les prêtres faisoient le service. Ces cérémonies lui paroissant hors de saison, il ordonna qu'on ne fît autre chose qu'étendre un tapis sur terre, avec un drap noir par dessus pour y mettre son corps, ce qui fut exécuté ponctuellement. Presque tout le monde suivit ensuite cette méthode. Après la mort de mon père je m'en allai en Espagne, où j'obtins une bulle du pape pour faire transporter ses os du lieu où ils étoient, et les mettre dans l'église de Saint-Isidore, à Séville, où ils furent ensevelis.

Un an après, Laurens d'Aldana finit ses jours dans Arequepa. Il ordonna, par son testament, que celui qui hériteroit de son département d'Indiens eût à céder une partie des rentes à venir en faveur de ceux qui en devoient faire le paiement. Ce cavalier étoit d'une naissance très distinguée, et fut un des seconds conquérants qui entrèrent au Pérou avec Pedro d'Alvarado.

Les quatre seigneurs dont je viens de parler, qui étoient du nombre des conquérants du Pérou, moururent tous de mort naturelle, ce qui n'arriva pas aux autres dont il est fait mention dans l'histoire, comme on peut le remarquer en divers endroits. Leur mort affligea généralement tous les habitants du Pérou, parce que non seulement ils l'avoient conquis et peuplé, mais qu'ils s'étoient rendus recommandables par leurs belles actions et leurs bonnes qualités.

Comme non seulement la loi de Dieu, mais aussi la loi naturelle, nous obligent à avoir de la reconnoissance pour ceux qui nous ont donné la vie, je crois qu'il est bien juste que je retrace ici les vertus et les belles qualités que mon père a possédées. Je donnerai pour cet effet le panégyrique qu'un religieux fit de lui, et je ne m'arrêterai pas tant à l'ordre, ni aux digressions, qui sont de l'art oratoire, qu'à suivre sans m'égarer le fil de la narration historique.

ORAISON FUNÈBRE

FAITE PAR UN RELIGIEUX

SUR

LA MORT DE MON PÈRE.

Garcillasso de la Vega, l'un des principaux cavaliers qui aidèrent à conquérir le nouveau monde, étoit né à Badajoz, ville assez connue dans toute l'Espagne tant pour sa grandeur que pour avoir été fondée par les Romains sous l'empire de Jules-César, et qui est située sur la frontière du Portugal, vers l'Estramadure. Sa naissance n'étoit pas moins illustre du côté de son père que de celui de sa mère, car il descendoit en droite ligne du vaillant chevalier Garci Perez de Vargas. Il se pouvoit glorifier à bon droit des actions mémorables tant de cet homme célèbre que de ses successeurs légitimes, comme aussi de celles du fameux Gomez Suarez de Figueroa, premier comte de Feria, son bisaïeul, et de Ynigo Lopez de Mendoça, frère de sa bisaïeule maternelle, duquel sont sortis les ducs de l'Infantado. Il pouvoit même se vanter d'être de la race d'Alphonse de Vargas, seigneur de Sierra Brava son aïeul, et d'Alphonse de Hinostrasa de Vargas, seigneur de Valdesevilla, son père ; mais ses propres vertus et ses actions héroïques suffisent pour rendre sa mémoire précieuse à la postérité.

» Dans le dessein que j'ai de vous entretenir de Garcillasso, je ne m'arrêterai pas à vous faire un détail des exploits de ses prédécesseurs, quoiqu'ils lui aient servi d'un puissant aiguillon pour le porter à la vertu. Ce qu'il a fait lui-même est si extraordinaire, que, quand même ses ancêtres n'auroient pas été nobles, il auroit pu les anoblir, et donner de l'éclat à sa maison, quelque obscure qu'elle pût être. Mon but n'est pas de vous tracer ici par le menu toutes les belles qualités dont la nature l'avoit richement partagé, ni de vous décrire les agréments de son visage, la disposition de son corps, la vivacité de son esprit, et sa facilité merveilleuse à retenir tout ce que ses maîtres lui enseignoient. Je ne vous dirai point qu'un rejeton sorti d'une si noble tige porta de si belles fleurs et de si bons fruits qu'il faisoit l'admiration de tous ceux qui avoient l'honneur de le connoître; que le courage, la prudence, la modération, la justice, et mille autres vertus, l'accompagnoient partout, et qu'enfin il étoit également estimé de ses égaux et de ses supérieurs. En un mot, je ne vous parlerai que de ses actions depuis qu'il entra dans le Pérou, en l'année 1535, avec dom Pedro d'Alvarado, et plusieurs autres cavaliers de son pays, jusqu'en 1559, qui fut l'année en laquelle il plut à Dieu de le retirer de cette vie.

» Garcilasso de la Vega étoit déjà fort bon homme de cheval à l'âge de vingt-cinq ans, et des plus adroits aux armes, où il s'étoit exercé en temps de paix, jusqu'à ce que la guerre lui fournit l'occasion d'employer ses talents. Il s'offrit de lui-même à l'aller chercher dans les nouvelles conquêtes du Pérou, et il obtint en Espagne, où il étoit alors, le titre de capitaine d'infanterie. Il fut le premier qui passa dans ces terres éloignées avec une pareille commission, et il s'en acquitta si bien, qu'on le peut comparer aux plus grands capitaines que l'Espagne ait jamais eus. Qu'elle vante tant qu'elle voudra le fameux Garci Perez Vergas; qu'elle loue sa constance, ses travaux pour la défense de sa religion et de son roi, la grandeur de son courage au milieu des périls, sa hardiesse dans les entreprises les plus difficiles, et sa promptitude dans l'exécution; que sa valeur ait engagé le saint roi dom Fernandez à lui donner les armes de Castille pour servir de bordure et d'ornement aux siennes; que ce monarque lui ait attribué la prise de Séville, et qu'en mémoire de ses beaux exploits, cette illustre ville ait fait graver sur le marbre d'une de ses portes cette belle inscription, que le temps a depuis effacée : *Hercule m'a bâtie, Jules César m'a fortifiée d'une enceinte de murailles, et le saint roi dom Jean Fernandez m'a conquise par la valeur de Garci Perez de Vargas* : tout cela n'approche point de la gloire que Garcillasso de la Vega s'est acquise, au rapport même de Piura. En effet, qui pourroit déduire les grands travaux qu'il souffrit, les dangers, la faim et la soif, le chaud et le froid, où il se vit exposé dans les vastes pays qu'il parcourut, et les obstacles qu'il y surmonta? Sa navigation depuis Niçaraga jusqu'à Puerto-Vejo, sous la zone torride, et son voyage à travers les plaines désertes et les montagnes inaccessibles de Quito, ne fournissent que trop d'exemples de ses fatigues. Ce fut dans ce pays où lui et ses compagnons seroient morts de soif, si Dieu, qui tire, quand il lui plaît, de l'eau des rochers, ne lui en avait fait trouver dans des cannes creuses, pour en rafraîchir son armée. Dans quelle rude extrémité ne fut-il pas réduit encore avec ses gens, lorsque, après avoir consommé toutes leurs provisions et mangé leurs chevaux, dont chacun valoit alors quatre ou cinq mille ducats, ils furent contraints de se nourrir d'herbes et de racines.

» Mais les travaux de cet homme infatigable ne se bornèrent pas là. Tantôt on le vit grimper sur des montagnes couvertes de neige, et où le froid étoit si rigoureux que soixante de ses compagnons y perdirent la vie; tantôt on le voyoit traverser des forêts si épaisses, qu'il falloit couper les branches des arbres pour s'y faire un chemin; tantôt il passoit à la vue de plusieurs volcans, dont les flammes qu'ils vomissoient, les cendres qu'ils répandoient de toutes parts, le bruit qui faisoit retentir tout le voisinage, les éclats des pierres ardentes qu'ils poussoient en l'air et la fumée qui en sortoit à gros bouillons, étoient capables d'intimider les plus hardis. Malgré tout cela, Garcilasso, appuyé sur la protection de Dieu, qui le réservoit pour de plus grandes choses, ne voulut jamais quitter sa route.

» Il donna de nouvelles preuves de son courage dans la conquête qu'il fit du pays que ses gens appelèrent *la Bonne-Aventure*. L'on ne sut pas plutôt qu'il alloit à la découverte de nouvelles terres, que deux cent cinquante soldats espagnols, des meilleurs qu'il y eût dans tout le Pérou, se joignirent à lui, tant ils avoient bonne opinion de sa fortune et de sa vertu. Mais qui pourra exprimer tout ce qu'il endura dans ce pénible voyage pour planter la foi de Jésus-Christ, étendre les bornes de la monarchie d'Espagne et s'acquérir une réputation immortelle? Si les montagnes et les plaines qui sembloient se réjouir de sa présence, si les bêtes sauvages qui fuyoient à la vue de ses armes, si les rivières qui n'avoient pu arrêter sa course, si les arbres qui avoient éprouvé la force de ses bras, si les crocodiles qui se relançoient dans l'eau à l'approche de ses troupes, si, dis-je, toutes ces créatures animées et inanimées pouvoient parler, que ne diroient-elles pas à l'honneur de ce grand capitaine ?

» D'ailleurs, le nombre de ses aventures est si considérable, que, si je voulois en faire le détail, un gros volume ne suffiroit pas pour les contenir. Je ne rapporterai donc que ce qui lui arriva de plus particulier dans le cours de ce voyage.

» Le pays qu'il alloit découvrir est presque partout inhabitable, et traversé de montagnes d'une étendue prodigieuse, et couvertes de gros arbres sauvages dont quelques uns ont plus de cinq aunes de diamètres et dix-sept de circonférence, si bien que huit hommes ne sauroient les embrasser. L'espace qu'il y a des uns aux autres y est si plein de buissons que les hommes ni les bêtes ne peuvent y mettre le pied, et la terre y est si dure en certains endroits qu'elle est capable de résister à l'acier le plus fort, pendant qu'elle est humide et si froide en d'autres lieux, que cette intempérie y fait naître d'effroyables couleuvres, des crapauds d'une grosseur monstrueuse, des lézards terribles, des moucherons remplis de venin, et mille autres insectes qui font horreur à la vue. Les débordements des rivières causés par les pluies continuelles qu'il y fait rendent la terre si marécageuse et si puante, que les oiseaux même en sont infectés. Garcilasso et ses gens, animés par l'espérance de trouver la Bonne-Aventure, employèrent plus d'une année pour faire cent lieues dans ce mauvais pays, jusqu'à ce qu'enfin réduits à ne vivre que d'herbes et de racines sauvages, de crapauds et de couleuvres, ils furent contraints d'abandonner leur entreprise.

» Mais leurs misères ne finirent pas là : quelques mois après leur entrée dans ce pays ils se trouvèrent tout nuds. Exposés à coucher par terre, à la merci des pluies et du débordement des rivières, et à traverser les broussailles dont les forêts sont pleines, d'un côté leurs habits se pourirent, et de l'autre ils se déchirèrent en mille pièces. S'ils montoient quelquefois sur le haut des arbres pour voir s'ils découvriroient quelque habitation d'Indiens, ils y trouvoient souvent de grosses couleuvres qui les en faisoient descendre si vite que non seulement leurs habits, mais leurs membres, en étoient déchirés. Cependant, à mesure que leurs travaux s'augmentoient, les forces diminuoient aux plus robustes. Ils étoient si pâles, si languissants et si difformes, qu'ils ressembloient plutôt à des squelettes qu'à des corps animés, et qu'ils avoient presque perdu l'usage de la parole. Au milieu de toutes ces épreuves Garcilasso leur servoit de père, et il n'oublioit rien pour les soulager. Il fit même tuer quelques uns de ses chevaux pour en nourrir les malades, et, après avoir imploré le secours de Dieu, il continua sa route, aimant mieux mourir que de rebrousser sans avoir fait quelque chose qui fût digne de lui. Représentez-vous qu'il n'avoit plus de soldats, puisque les siens n'étoient plus que des ombres et des images de la mort. Malgré tout cela, soutenu par son grand courage, il ne désespéroit pas conquérir de nouvelles provinces. Mais lorsqu'il vit qu'il mouroit tous les jours quelques uns de ses hommes, tant des Indiens que des Espagnols, et que ceux qui restoient n'étoient plus que des spectres épouvantables, il résolut de retourner sur ses pas, à la requête des officiers du roi. Incertain de la route qu'il devoit tenir, et environné de montagnes de tous côtés, il ne s'adressoit qu'à Dieu, ce bon père plein de miséricorde, et il lui demandoit sa protection par Jésus-Christ son fils, notre rédempteur.

» Sa prière ne fut pas vaine. Au bruit que firent plusieurs perroquets, il remarqua de quel côté ils prenoient l'essor, et, après avoir observé de loin l'endroit où ils s'arrêtèrent, il conjectura qu'il devoit y avoir quelques peuplades, ou du moins quelques terres semées de maïs, que ses oiseaux aiment beaucoup. Sur le rapport qu'il en fit à ses gens, ils marchèrent tous, ou pour mieux dire ils se traînèrent jusqu'à ce parage, et ils mirent trente jours entiers à faire huit lieues, tant à cause de leur extrême foiblesse que pour les obstacles des halliers, des broussailles et des arbres qui embarrassoient le chemin. Au bout d'une si rude fatigue, ils arrivèrent à une plantation, où les naturels du pays n'eurent pas plus tôt jeté la vue sur le capitaine, qu'ils furent touchés de pitié de voir un homme de sa mine réduit dans un si déplorable état. Le cacique le pria de rester avec lui, et il le régala de son mieux pendant trente jours. Les gens de Garcilasso ne manquèrent non plus de rien; ces inconnus les servoient avec le même zèle que s'ils avoient été leurs seigneurs ou leurs frères. Après ce terme expiré, le cacique et plusieurs autres Indiens les accompagnèrent jusqu'aux premières vallées de Puerto Viejo, où la séparation se fit les larmes aux yeux. Garcilasso se rendit au port avec environ cent soixante soldats. La faim et les autres misères lui avoient enlevé plus de quatre-vingts Espagnols, sans parler des Indiens. En un mot, ce voyage fut si périlleux et si plein d'étranges aventures, que ses soldats en parlèrent long-temps après avec des éloges extraordinaires de sa valeur et de sa prudence, dont ils avoient été les témoins oculaires.

» Quoique les travaux de Garcilasso, que je viens de toucher en peu de mots, fussent très rudes, on peut dire que ce n'étoit rien en comparaison de ce qu'il souffrit et qu'il exécuta dans la suite. Il n'eut pas plus tôt appris que les Indiens tenoient le marquis dom François Piçarre assiégé dans Cuzco, que la grandeur de son courage lui fit oublier le soin de ses affaires et de sa propre vie pour lui donner du secours. Il partit de Lima avec Alphonse d'Alvarado, et, dans sa marche, il eut diverses rencontres avec les Indiens, surtout à Pachacamac; au pont de Rumichaca et en quelques autres défilés: car c'étoient les seuls endroits où ils pouvoient attaquer, parce qu'ils ne se hasardoient guère en pleine campagne, de peur des gens de cheval, dont ils ne pouvoient soutenir l'effort, et de Garcilasso lui-même, qu'ils redoutoient beaucoup, et qu'ils savoient être toujours à l'avant-garde. Mais, au lieu de la récompense qu'il attendoit à Cuzco, après avoir essuyé tant de fatigues et reçu tant de blessures, il y trouva une longue prison, où Diego d'Almagre le retint, pour s'être jeté dans le parti du marquis, et où il ne témoigna pas moins de courage que s'il eût été dans le champ de bataille.

» Il ne fut pas plus tôt mis en liberté qu'il entreprit une expédition aussi périlleuse que le voyage de la Bonne-Aventure. Il accompagna Gonçale Piçarre à la conquête du Collao et des Charcas, qui sont à deux cents lieues de Cuzco vers le sud. Outre que ces peuples étoient fort aguerris, ils avoient d'ailleurs tant de courage que sept d'entre eux, avec l'arc à la main et le carquois sur le dos, osèrent bien attaquer Gonçale Piçarre, Garcilasso et deux autres cavaliers, tous bien montés et bien armés. Ils s'y prirent avec tant de bravoure, qu'ils donnèrent de l'exercice à nos gens; et, s'il y en eut quatre des leurs qui restèrent morts sur la place, il y en eut aussi trois des nôtres qui furent blessés, avec le cheval du quatrième. Dans une autre occasion, ils chargèrent si vertement les Espagnols, qu'il n'en seroit pas échappé un seul de la main de ces barbares sans le secours du marquis, ou plutôt de l'apôtre saint Jacques, qui leur apparut armé et à cheval, et qui, par sa présence, fortifia si bien le petit bataillon des chrétiens, qu'ils remportèrent une glorieuse victoire, après avoir tué grand nombre d'ennemis. Notre Garcilasso, qui s'y distingua par-dessus tous les autres, eut pour récompense le premier département d'Indiens, à Chuquisaca, qu'on nommoit Tapacri, et qui lui valut depuis plus de quarante-huit mille ducats de rente.

» Quelque temps après, il quitta les armes, qu'il avoit portées sept années de suite pour la plus grande gloire de Dieu et la propagation de la foi catholique. Ainsi, d'un vaillant Pompée, il devint un sage Caton pour le gouvernement du pays. Mais, ô espérances trompeuse du monde! ô roue inconstante de la fortune! lorsqu'il se croyoit au bout de tous ses travaux et sur le point d'en recueillir le fruit, à peine avoit-il goûté deux ans la douceur du repos, que la mort violente du marquis dom François Piçarre et la révolte de dom Diego d'Almagre le jeune le contraignirent de reprendre les armes, et d'aller incessamment à Cuzco, où les troupes s'assembloient de toutes parts, et où il fut nommé capitaine de cavalerie. Il fit une des plus lestes compagnies qu'il y eût alors, et Gomez de Tordoya, son cousin germain, chevalier de l'ordre de Saint-Jacques et mestre-de-camp de l'armée impériale, se rendit avec lui auprès du licencié Vaca de Castro, gouverneur du pays, pour lui rendre obéissance au nom de la ville. Les plus sages et les principaux seigneurs de Cuzco suivirent cet exemple. Le gouverneur les confirma dans leurs charges, approuva tout ce qui s'étoit fait, et les envoya contre dom Diego d'Almagre. Dans cette occasion, Garcillasso donna de nouvelles preuves de son zèle pour le service du roi et de sa bravoure. Il fut blessé dangereusement à la bataille de Chupas, et, pour reconnoître ses grands services, le gouverneur le pourvut d'un bon département d'Indiens au nom de Sa Majesté. Dieu lui fit même la grâce de guérir bientôt de sa blessure.

» Sa fidélité et son zèle pour le service de l'empereur éclatèrent de nouveau lorsque le vice-roi Blasco Nunez Vela fut arrivé d'Espagne, et que Gonçale Piçarre prit les armes contre lui pour un sujet qui lui sembloit juste. Garcilasso engagea plusieurs seigneurs de Cuzco à prendre le parti du vice-roi, et à marcher contre les rebelles, au péril de leur vie et de leur fortune. Mais, quand ils arrivèrent à Lima, ils trouvèrent que Piçarre s'étoit saisi du vice-roi et de tous les officiers de l'audience. Bon Dieu! quel revers ne fut-ce pas pour un si grand homme! Sa maison fut pillée et réduite en cendres à coups de canon; tous ses domestiques indiens et indiennes en furent chassés, et peu s'en fallut que sa femme et ses enfants ne tombassent entre les mains de leurs ennemis. Ils couroient même risque de mourir de faim si les Yncas et les Pallas ne leur eussent donné secrètement de quoi vivre, et si un cacique de leurs sujets, qu'on appeloit Garcia Pauqui, ne leur eût fourni cinquante charges de maïs, dont ils subsistèrent pendant le cours de cette persécution, qui dura huit mois entiers. D'un autre côté, les plus grands amis de Garcillasso se plaignoient de lui, et l'accusoient d'être l'auteur de leur ruine Ils se voyoient disgraciés de Piçarre, dépouillés de leurs biens et en danger de perdre la vie. Mais, au milieu de toutes ces traverses, le courage de notre héros sembloit acquérir de nouvelles forces. Il étoit moins sensible à son propre intérêt qu'à la perte de ses amis, dont quelques uns même furent pendus. Lorsqu'il apprit que Carvajal le cherchoit partout pour lui ôter la vie, il se retira dans le couvent de Saint-Dominique, où il fut caché quatre mois sous une tombe, jusqu'à ce que Gonçale Piçarre lui eût accordé son pardon. Mais cela n'empêcha pas qu'il ne confisquât tous ses biens, et qu'il ne le retînt même prisonnier trois années de suite sans le perdre jamais de vue, tant il craignoit l'esprit et le courage de cet habile homme. D'ailleurs, s'il avoit voulu profiter du conseil qu'il lui donnoit de se rendre au président Gasca et au licencié Sepoda, il n'auroit pas eu sujet de s'en repentir. Mais lorsque Garcillasso vit qu'il ne daignoit pas lui tenir parole, il chercha l'occasion de l'abandonner.

» Cet heureux moment ne se présenta qu'à la bataille de Sacsahuana, où il fut le premier qui passa dans l'armée impériale, et qui entraîna les autres par son exemple; de sorte que Gonçale Piçarre fut obligé de se rendre lui-même à ses ennemis, et que l'Espagne ne fut redevable qu'à Garcilasso de tout le Pérou, qu'elle auroit infailliblement perdu si Piçarre eût gagné la victoire. Aussi le président Gasca le pourvut-il d'un bon département d'Indiens qui lui valut plus de trente mille ducats de rente. Je ne finirois jamais si je voulois parcourir toutes les occasions où il signala sa bravoure. Quelles marques n'en donna-t-il pas durant les rébellions de dom Sébastien de Castille et de dom François Hernandez Giron! Il y servit le roi en qualité de capitaine de cavalerie, et il ne quitta point les armes qu'il n'eût entièrement pacifié les troubles et soumis les rebelles. Il parut toujours égal à lui-même et digne imitateur de Garci Perez de Vargas, dont il descendoit. Car, si cet illustre cavalier servit son roi à la conquête d'une province, Garcilasso servit le sien à la conquête du monde entier; si celui-là exposa sa vie dans son pays pour chasser les Mores de l'Andalousie, celui-ci sortit du sien, traversa des mers, rompit des montagnes, découvrit de nouvelles terres, et dompta des nations barbares pour les soumettre à son Dieu et à son roi, et les affranchir de la tyrannie du diable. Quoi davantage? si celui-là gagna Séville, qui est la plus riche ville d'Espagne, celui-ci aida par sa valeur à conquérir et à peupler non seulement le plus riche pays du monde, mais un empire qui se peut vanter d'avoir enrichi tout l'univers; si celui-là rendit ses armes illustres par celles de Castille, celui-ci releva l'éclat des siennes en les joignant à celles des Yncas; si celui-là fit une ligue avec la maison royale d'Espagne, celui-ci en fit de même avec la maison impériale; en un mot, si celui-là eut le bonheur d'être assisté de Dieu pour vaincre les Mores, celui-ci en obtint la même grâce, avec la protection de son glorieux apôtre saint Jacques, pour remporter plusieurs victoires contre les Indiens, établir parmi eux l'Evangile, réduire les peuples barbares et pacifier les troubles des Espagnols. Dans toutes les occasions il parut toujours infatigable, doux, honnête et compatissant; jamais la crainte ni la bassesse de cœur n'eurent d'empire sur lui; jamais il n'eut de penchant à l'avarice ni aux sanglantes exécutions; jamais la sensualité ne le porta dans les plaisirs déshonnêtes; jamais le luxe ni la délicatesse ne l'empêchèrent d'exécuter ses desseins; jamais la fatigue ne lui permit de se reposer, qu'il ne voulût que ses compagnons en fissent de même. Aussi la révolte de François Hernandez Giron n'eut pas été plus tôt supprimée, que les auditeurs le nommèrent gouverneur et intendant de justice dans Cuzco, persuadés que, dans un temps si plein de divisions et de révoltes publiques, personne ne pouvoit mieux s'acquitter que lui de cette charge éminente. Il faut avouer qu'on avoit grand besoin d'un homme de ce caractère dans l'état où l'on se trouvoit réduit. La plupart des jeunes gens, estropiés et couverts de blessures, étoient devenus inutiles à porter les armes; les maisons étoient désolées, les troupeaux ruinés, les métairies détruites, les temples saccagés, les vieillards sans enfants, les enfants sans pères, les femmes sans maris, les filles abandonnées, les lois foulées aux pieds, la religion bannie; en un mot tout étoit plein de confusion, de gémissements, de larmes et de désespoir, et il n'y avoit qu'un Garcillasso de la Vega qui pût remédier à tous ces maux.

» Ce sage ministre eut d'abord recours au souverain juge du monde, et le pria de lui vouloir départir une double mesure de son esprit pour l'aider à conduire ce grand peuple. Sa prière ne fut pas inutile, et il s'acquitta de son devoir avec tant de justice et de prudence, qu'il servit d'exemple à tous les autres gouverneurs chrétiens. Alors, fortifié par la crainte de Dieu, auquel il devoit rendre compte de sa charge, il se mit à étudier les lois communes et municipales, et il nomma pour son lieutenant un très habile homme, qui avoit beaucoup d'expérience et qui étoit fort désintéressé. Non content de prendre son avis sur toutes les affaires importantes, il y employoit plusieurs autres personnes de mérite et de distinction. D'ailleurs, on peut dire qu'il entra dans son gouvernement comme un médecin qui est appelé dans une infirmerie où il y a quantité de malades, et où il faut qu'il distribue à chacun des remèdes proportionnés à son état. Il donnoit aux uns des avis honnêtes et obligeants qui leur servoient de lénitifs; il adressoit aux autres des censures vives et fortes, qui les purgeoient de leurs mauvaises humeurs; il rétablissoit ceux-ci par la saignée, et ceux-là par quelque douce évacuation; mais il n'en venoit aux remèdes violents et aux caustiques qu'à l'extrémité. Enfin, il les gouvernoit plutôt en père qu'en juge et en supérieur. Aussi les soldats et les bourgeois craignoient-ils tant de lui déplaire, qu'il n'y avoit presque jamais aucun démêlé entre eux. Il arriva même une fois qu'un des principaux soldats, qui avoit eu sujet de se battre en duel avec un autre qui l'avoit offensé, ne voulut pas en venir aux mains pour ne pas chagriner un si bon gouverneur, qui aimoit mieux prévenir les fautes que de châtier les coupables. Il ne se précipitoit jamais dans les affaires, et il ne se laissoit pas emporter à sa passion. Maître de lui-même, il rendit justice à tout le monde avec beaucoup d'équité, et il ne fit jamais rien qui pût choquer personne. Bien loin de là, il soulageoit le peuple des impôts qui l'incommodoient; il lui ôtoit les occasions de contrevenir aux lois, d'offenser leur prochain et de donner un mauvais exemple, et il n'employoit à cela que les remèdes qui lui paroissoient les plus doux et les plus faciles.

» L'un des principaux fut le soin qu'il prit d'établir dans Cuzco les religieux de Saint-François. Il s'y appliqua avec tant de zèle, que, par son moyen, ils eurent en deux jours plus de 22,000 ducats d'aumônes, dont ils achetèrent les maisons et la place où ils ont bâti. Il les en mit en pleine possession, et fonda la principale chapelle, où il voulut être inhumé, et où ils affichèrent ses armes, en reconnoissance de ce bienfait. L'hôpital qu'il fonda pour les Indiens n'est pas une moindre preuve de sa charité. Pour élever ce bâtiment, il fit une collecte lui-même, avec le père Saint-Michel, gardien de Saint-François, et il reçut, le premier jour, des principaux seigneurs indiens, qui étoient de ses amis, jusqu'à 34,200 ducats, ce qui étonna tout le monde, et fit voir en même temps la considération qu'on avoit pour lui. Mais n'en étoit-il pas digne, puisque toutes ses pensées n'alloient qu'au bien public? En effet, n'est-ce pas Garcilasso qui avoit pacifié les troubles et rendu la ville de Cuzco florissante par les bonnes lois qu'il y avoit introduites? N'est-ce pas lui qui avoit dissipé les factions et les factieux, qui avoit mis un frein à l'insolence du soldat, et fait régner partout la tranquillité et l'abondance.

» Je pourrois donner ici plusieurs exemples de cet esprit débonnaire et pacifique de Garcilasso, mais un seul nous suffira. Il y avoit dans Cuzco un jeune cavalier, du nombre des principaux, et de ceux qui se plaignoient sans raison du président Gasca : on l'appeloit François Donasco ; il étoit fort courageux, adroit, rusé, entreprenant, et il aimoit les nouveautés. Résolu de hasarder sa vie et celle de ses amis, dont il avoit bon nombre, il cherchoit à se rendre maître du pays, à l'exemple de François Hernandez Giron. Il avoit déjà fait de grands préparatifs d'armes, enrôlé des gens et nommé des capitaines auxquels il promettoit des montagnes d'or. Mais il y avoit trop de complices qui entroient dans son dessein pour le pouvoir tenir long-temps caché. Le gouverneur n'en eut pas plus tôt eu connoissance, qu'il envoya quérir ce cavalier, l'invita dans sa maison, le reçut à sa table, et lui donna même un appartement chez lui, afin de l'éclairer de plus près. Il ordonna d'ailleurs que, de huit gentilshommes, ses amis et ses parents, qui étoient toujours auprès de sa personne, il y en eût deux qui, sans rien témoigner, ne le perdissent jamais de vue, quand il ne seroit pas lui-même en sa compagnie. Par ce trait de prudence, et à force de bienfaits il obligea les autres chefs de la conspiration à se déclarer insensiblement, et il découvrit leurs intrigues les plus secrètes. Cependant ceux qui n'étoient pas informés de sa conduite appréhendoient une nouvelle révolte, et ils commençoient à murmurer, dans la crainte que les séditieux n'en vinssent à un massacre, à piller leurs maisons, à déshonorer leurs filles et leurs femmes, et à mettre le feu par toute la ville. Remplis de cette épouvante, ils alloient tous les jours en foule chez le gouverneur pour le prier de ne souffrir point que par sa trop grande bonté ils retombassent dans le malheur des guerres civiles, dont son bras les avoit délivrés, et de faire châtier exemplairement ces boute-feux, qui cherchoient à les y plonger de nouveau. Il les remercioit de leurs bons avis en termes civils, et les prioit de ne se mettre en peine de rien, et il les assuroit qu'ils verroient bientôt les espérances des mutins confondues, et la tranquillité rétablie. En effet, il ne tarda pas à leur tenir parole; il fit changer de résolution aux soldats les plus considérables; il dispersa les plus turbulents dans les provinces éloignées; et, après avoir tenu quarante jours dans sa maison le cavalier qui tramoit ce complot, et l'avoir traité comme son propre fils, il lui remontra la noirceur de son dessein avec tant de force, et y ajouta des menaces si rigoureuses, en cas qu'il y persistât, qu'il n'eut pas de peine à le ramener. Il lui fournit ensuite un cheval de son écurie et trois cent soixante ducats, pour se retirer dans une espèce d'exil à Quito, qui étoit à cinq cents lieues de là. Donasco, touché d'un sérieux repentir, et sensible à la générosité du gouverneur, qui lui donnoit la vie, le remercia très humblement de sa bienveillance, et obéit à ses ordres. Le président et les auditeurs n'eurent pas plus tôt avis de ce qui se passoit, qu'ils louèrent hautement Garcilasso d'avoir su détourner par un trait de politique tout extraordinaire l'orage dont le pays étoit menacé.

« Ce coup de maître mit fin à toutes les appréhensions du peuple, et l'on commença dès lors à goûter le douceurs du repos, qui dura tout le temps de son ministère. On le respectoit aussi comme un homme venu du ciel, et qui n'avoit autre chose à cœur que le bien du public. Si je m'engageois à parler de l'intégrité de sa vie, de sa charité merveilleuse et de sa grandeur d'âme, je ne pourrois tarir là-dessus. Y eut-il jamais quelqu'un qui lui demandât quelque chose de juste qu'il ne l'obtînt aussitôt? Y avoit-il quelque gentilhomme qui fût à l'étroit du côté des biens de la fortune qu'il ne secourût, même dans sa maison? Souffroit-il jamais que les pauvres qui lui demandoient l'aumône s'en retournassent les mains vides? que les veuves et les malheureux fussent privés de l'espérance que leur bon droit leur donnoit? Et ceux qui avoient besoin de lui ne le trouvoient-ils pas toujours favorable à leurs nécessités. Il n'en falloit pas de meilleurs témoins que les cavaliers qu'il avoit ordinairement à sa table, qu'il logeoit chez lui, qu'il habilloit, et à qui même il fournissoit des chevaux. Oh! que les veuves, les religieuses et les pauvres honteux, ont grand sujet de le regretter. Il leur faisoit quantité d'aumônes secrètes, outre celles qu'on distribuoit chaque jour à sa porte. Les orphelins n'ont ils pas sujet de le plaindre, puisqu'il étoit leur tuteur et leur père? Témoin les enfants de Pedro de Barco, un des principaux seigneurs de Cuzco, qui s'étoit retiré avec lui et que Carvajal fit pendre pour cette raison, qu'il nourrit cinq années de suite; et lorsque la justice le déchargea de la tutelle, on lui offrit cinq mille cinq cents ducats pour cette dépense, mais il ne voulut jamais les recevoir, parce, disoit-il, qu'il n'étoit pas homme à faire payer ceux qui mangeoient à sa table.

» Sa charité n'étoit pas moins grande envers les parties et les prisonniers qu'il expédioit, avec toute sorte de douceur, sans rien prendre des droits qui lui appartenoient. Si les causes étoient civiles, il s'offroit pour arbitre entre les parties, et les accommodoit ensemble; s'il s'agissoit de quelques amendes, il en quittoit volontiers sa part; si les soldats avoient commis quelque crime, il modéroit la sentence, et donnoit ordre à son lieutenant de ne pousser pas les choses à la rigueur, de crainte qu'ils ne se mutinassent. Mais, autant qu'il étoit indulgent en matière de procès civils et criminels, autant se montroit-il rigoureux à châtier les irrévérences qui se commettoient envers Dieu. Un seigneur de Cuzco, plus considérable par sa naissance que par sa modération, nous en fournit un bel exemple. Il eut un jour querelle avec un député de quelque province, et, après l'avoir maltraité en paroles, il mit l'épée à la main contre lui; l'autre, qui n'en

avoit point, chercha son asyle dans une église, où il courut jusqu'au pied du grand autel, et où son ennemi n'auroit pas manqué de le percer, si quelques personnes, qui accoururent au bruit, ne l'eussent prévenu. Il s'y trouva par hasard un des juges ordinaires de la ville, qui fit d'abord des informations, et condamna le seigneur à payer cent livres d'huile et autant de cire pour le service de l'autel, et à deux cents écus d'amende. Mais le criminel ne voulut point s'en tenir à cette sentence, et il en appela par-devant le gouverneur, qui s'exprima en ces termes : « Si
» j'avois prononcé le premier, dit-il, j'aurois
» condamné le coupable à douze mille ducats :
» car peut-on souffrir qu'entre nous, qui prê-
» chons aux Indiens que l'Être suprême qui ha-
» bite dans l'église est le vrai Dieu créateur de
» l'univers, qui a racheté le monde ; peut-on,
» dis-je, souffrir qu'entre nous on voie une per-
» sonne qui ait si peu de respect pour cette di-
» vinité que d'oser entrer dans sa sainte mai-
» son l'épée à la main, et y poursuivre son pro-
» chain jusqu'au grand autel ? Ces infidèles pour-
» ront-ils bien croire que nous leur enseignons
» la vérité, quand ils verront que notre prati-
» que y est si opposée, et que nous avons beau-
» coup moins de vénération pour notre église
» qu'ils n'en avoient eux-mêmes pour le temple
» du Soleil, où ils n'entroient jamais qu'avec
» beaucoup de respect et sans avoir posé leurs

20.

» souliers. » Pour conclusion, Garcilasso enchérit sur la sentence du juge, et condamna le criminel à payer le double.

» Ce n'est donc pas sans sujet que tous ceux du pays pleurent ce grand homme, et qu'ils s'affligent de l'avoir perdu. Mais les Indiens y paroissent plus sensibles que tous les autres, parce qu'il leur servoit en tout temps d'appui, de défenseur et de père. En effet, si quelques uns de ceux qui le servoient dans Cuzco tomboient malades, il les faisoit traiter chez lui comme s'ils avoient été ses enfants. D'ailleurs, il ne prenoit que le quint de tous les droits qu'on lui devoit payer sur le bétail et les autres denrées du pays qui se vendoient au marché de la ville. Quels égards n'eut-il point pour les Huamanpallpas, qui sont à quarante lieues de Cuzco? Ils étoient obligés toutes les années d'apporter dans ses greniers une grande quantité de maïs, qu'ils portoient sur leurs épaules; de sorte que, pour leur épargner cette fatigue, il leur permit de le laisser dans une de ses maisons de campagne qui étoit sur leur chemin, à seize lieues de Cuzco; il leur rabattit, outre cela, une bonne partie des grains qu'ils devoient lui fournir. Il n'exigeoit pas non plus toute la laine que ces mêmes Indiens et ceux qu'on appelle Cotaneras lui devoient donner pour habiller ses domestiques; mais il leur en laissoit toujours au-delà de ce qui leur étoit nécessaire pour leur propre usage. Il falloit aussi que de quatre en quatre mois il lui apportassent, à leurs frais, un certain nombre de paniers remplis d'une herbe qu'on appelle *cuca*; mais, afin qu'il leur en coûtât moins, il donnoit un muid de maïs à chacun, et leur prêtoit de plus ses moutons de charge, ce qu'aucun autre seigneur n'a jamais fait, que je sache. Aussi tous les sujets le servoient-ils de si bon cœur, que l'herbe cuca et la laine qu'ils lui fournissoient étoient des meilleures du royaume.

» J'ai lu et ouï dire bien de choses sur la bonne volonté des seigneurs envers leurs sujets; mais je n'en ai jamais remarqué de semblable à celle de Garcilasso, ni trouvé de reconnoissance des services reçus, qui approchât de la sienne. Il fut si sensible au bon office qu'un cacique de ses sujets, dom Garcia Pauqui, rendit à sa famille, lorsqu'elle étoit réduite à de grandes extrémités, comme nous l'avons déjà rapporté, qu'il l'affranchit de tous les tributs qu'il étoit obligé de lui payer, et qu'il se contenta, pour marque d'hommage, de quelques fruits appelés *guayavas*, d'un nombre médiocre de limons et de quelques quantité de poivre vert, dont le cacique lui faisoit présent dans la saison.

» Après tant de témoignages de la vertu d'un si grand homme, ses fidèles sujets n'ont-ils pas eu raison de l'aimer et de le servir durant sa vie? Qu'ils le pleurent donc, puisqu'ils ont perdu en sa personne un des plus fermes appuis de la société, et que les gens les plus distingués leur en montrent l'exemple; que les politiques le regrettent, puisque sa mort les a privés de leur grand oracle; que les gouverneurs et les juges, auxquels il servoit de guide, en portent le deuil; en un mot, que tous les gens de bien ne cessent de le pleurer, puisqu'il leur fournissoit à tous un exemple de tempérance, de libéralité, de douceur, de modération et de piété. Quelle modestie ne marqua-t-il pas lorsqu'il ordonna, par son testament, qu'on mît son corps dans un simple drap noir, et qu'on y fît autour les prières accoutumées, sans avoir égard aux cérémonies qu'on faisoit à Cuzco pour les hommes de qualité, à qui on élevoit des reposoirs en trois différents endroits des rues par où le corps du défunt devoit passer.

» Cette conduite de Garcilasso a servi d'exemple à tous ceux qui sont venus après lui jusqu'à ce jour, et il ne faut pas douter qu'elle n'éclaire la postérité la plus éloignée. Mais que dirons-nous des vertus chrétiennes qu'il pratiquoit avec tant d'exactitude, et qui lui étoient si naturelles? Nous avons déjà vu à combien de périls et de hasards il avoit exposé sa vie pour répandre la foi de Jésus-Christ; quels soins il se donnoit pour employer à cet ouvrage des prêtres habiles, et comment il prêchoit lui-même cette sainte doctrine par sa vie et ses bonnes mœurs. Il ne se passoit point de jour qu'il n'entendît la messe, et il en faisoit dire plusieurs pour les âmes du purgatoire, jusque là même qu'en une seule fête qu'il célébroit dans cette vue, il employoit tous les ans plus de six cents ducats. Qui pourroit à cette occasion exprimer assez dignement la grandeur de sa foi, de son espérance et de sa charité? Il n'y a que l'auteur de ces dons qui pût nous le dire. Quoi qu'il en soit, Garcilasso nous en donna des preuves tout le temps de sa vie, et surtout pendant les deux années et demie qu'il fut malade, avant que Dieu l'appelât à sa gloire. Attaché presque toujours au lit, mais détaché des biens périssables de ce monde, il ne pensa plus qu'à l'éternité. Ainsi le frère Antoine de Saint-Michel, père gardien de Saint-François et le seul confesseur qu'il y eût à Cuzco, disoit, en parlant de lui : « O que je souhaiterois que Dieu me fît la grâce » d'avoir les mêmes sentiments pour le monde » que Garcilasso en témoignoit dans son lit lors-» que je l'y visitois! » En effet, cet illustre guerrier, entièrement soumis à la volonté de Dieu, ne s'exerçoit qu'à des actes de charité, de patience et d'humilité chrétienne, et ne se reposoit que sur les mérites de Notre Seigneur Jésus-Christ, de la bonté duquel il attendoit la couronne de vie.

» Après avoir reçu tous ses sacrements, il sortit de ce monde à la fin de la cinquante-neuvième année de son âge, avec un regret universel des habitants de Cuzco, et même de tout le Pérou. C'est ainsi que finit ses jours le grand Garcilasso, un des plus forts boulevarts de la religion chrétienne, l'honneur de la guerre, l'ornement de la paix, la gloire de la noblesse, le modèle des juges, le père de la patrie, le support des pauvres, l'ami des gens de bien et le protecteur de tous les naturels du pays. Mais pendant qu'on pleure ici-bas sa mort, il jouit dans le ciel d'une vie éternelle; pendant que tous ses amis étonnés se disent les uns aux autres : « Est-il possible que ce héros, toujours » victorieux, soit à présent vaincu? que cette » lumière de la maison des Vargas soit éteinte, » et que le plus honnête de tous les cavaliers de » cet empire ne vive plus? » pendant, dis-je, que ses amis forment ces plaintes inutiles, il triomphe dans le séjour des bienheureux de toutes les vanités de la terre; il reconnoît que la force des plus vaillants n'est que pure foiblesse, que leur plus grand éclat n'est qu'obscurité, que leur savoir le plus étendu est mêlé d'une profonde ignorance, que leur état le plus ferme dans ce monde est sujet aux révolutions, et qu'il n'y a rien qui approche de la gloire immortelle dont il est couronné. »

CHAPITRE XIV.

Arrivée des prétendants exilés en Espagne, où le roi leur fait plusieurs gratifications. — Dom Garcia de Mendoça est envoyé gouverneur au Chili.

Les prétendants, qui, pour avoir brigué trop passionnément des départements d'Indiens, furent bannis en Espagne, s'y rendirent enfin, après une longue navigation, où ils faillirent à mourir de faim. A leur arrivée, ils se présentèrent au roi dom Philippe II, qu'ils touchèrent d'abord de pitié par le récit qu'ils lui firent de la cause de leur bannissement. Sa Majesté les consola, donnant une pension à ceux qui voulurent retourner aux Indes, à prendre sur les deniers de son épargne, afin qu'ils n'eussent plus rien à démêler avec le vice-roi du Pérou. Ceux qui voulurent demeurer en Espagne reçurent des récompenses conformes à leur condition et à leurs services, les uns plus, les autres moins. Les pensions qu'ils eurent leur furent assignées sur les deniers de la douane de Séville : la moindre fut de quatre cents ducats ou environ, mais on les augmenta peu à peu, si bien qu'elles se montèrent enfin jusqu'à douze cents.

Le roi, ayant appris, quelque temps après, les intrigues qui s'étoient passées dans la ville des Rois sur le sujet des prétendants exilés, y voulut donner ordre; et, pour empêcher les révoltes que la sévérité du vice-roi pouvoit causer au Pérou, il nomma pour gouverneur de ce pays-là dom Diego d'Asevedo, cavalier non moins signalé par sa vertu que par sa naissance, de qui sont descendus les comtes de Fuentes; mais, comme il étoit sur le point de partir, il tomba malade et mourut. Les nouvelles en étant venues au Pérou, tous les habitants en furent affligés. Il me souvient d'avoir ouï dire à quelques uns des principaux « que Dieu ne leur avoit point voulu donner un si bon vice-roi, parce qu'ils en étoient indignes. » On ne le met point au nombre des autres vice-rois, parce qu'il ne put aller dans ce royaume-là pour y exercer cette haute dignité.

Tandis que les choses dont je viens de parler se passoient à la cour d'Espagne, le vice-roi du Pérou fit capitaine et gouverneur général du royaume du Chili dom Garcia de Mendoça, ce gouvernement se trouvant vacant par la mort de Jérôme d'Alderete, qui arriva un peu avant son arrivée au Chili, étant tombé malade de chagrin de voir que, par l'imprudence de sa belle-sœur, huit cents personnes avoient été brûlées. Tous ceux du Pérou furent extrêmement aises de la promotion de dom Garçia de Mendoca à cette charge éminente, et plusieurs principaux seigneurs et soldats s'offrirent à faire le voyage avec lui, parce qu'outre le service qu'ils crurent rendre à Sa Majesté, ils se persuadèrent encore que le vice-roi leur sauroit très bon gré de la peine qu'ils prendroient d'accompagner son fils. Il lui donna pour lieutenant et pour gouverneur le licencié Santillan, l'un des auditeurs de la chancellerie royale, qu'il pria de vouloir accepter cette charge-là. On fit de grands préparatifs, par tout le royaume, d'armes, de chevaux, d'habits et d'autres équipages, qui coûtèrent beaucoup, les marchandises qui venoient d'Espagne étant alors extrêmement chères. Le vice-roi nomma encore capitaines trois cavaliers principaux, qui furent Gomez Arias, Jean de Salinas et Antoine d'Asnajo, chacun desquels fit tout ce qu'il put pour s'acquitter dignement de sa charge.

Ainsi dom Garcia de Mendoça s'en alla en son gouvernement, où il mena plusieurs bons soldats fort bien équipés. En ayant pris possession, il résolut d'aller subjuguer les Arauques indiens, qui étoient devenus insolents par les victoires qu'ils avoient gagnées sur les Espagnols, la première desquelles fut la défaite de Pédro de Valdiva, que les poètes de ce temps-là décrivirent en vers.

Le gouverneur entra dans les provinces rebelles avec un bon nombre de soldats et un grand équipage de guerre, qui consistoit en munitions et en armes, sans parler des provisions de bouche, dont il eut un soin particulier de se pourvoir, à cause qu'on n'en pouvoit avoir dans le pays ennemi, tant elles y étoient chères. Les Indiens lui jouèrent une dangereuse pièce, qui fut d'envoyer au-devant de lui un gros de cinq mille soldats indiens, avec ordre exprès de n'en venir point aux mains, mais de tâcher seulement à engager les Espagnols à les poursuivre. Le gouverneur avoit bien été averti par ceux de la nation qui demeuroient dans le pays des tours de souplesse et des stratagèmes de guerre que ces Indiens avoient accoutumé de jouer aux Espagnols; mais cet avis ne lui servit de rien, s'étant laissé aller au désir de les poursuivre, dans l'espérance qu'il les tailleroit en pièces, et qu'ainsi les autres, épouvantés, se rendroient à lui tout aussitôt. Il fit avancer son armée, qui fut un jour et une nuit à la queue de celle des ennemis, qui, le voyant assez loin de son camp, où il avoit laissé tout son équipage, tournèrent de ce côté-là. Comme ils ne trouvèrent point de résistance, ils firent un dégât et s'en retournèrent avec un riche butin. Le gouverneur, en étant averti, rebroussa vers son camp pour aller poursuivre ceux qui l'avoient pillé; mais les ennemis s'étoient déjà mis en lieu de sûreté avec le butin qu'ils venoient de faire.

L'on apprit au Pérou ce mauvais succès presque en même temps qu'on sut l'arrivée de dom

Garcia en son nouveau gouvernement, de sorte qu'on fut fort surpris de cet événement, qui fut fort préjudiciable aux Espagnols, qui se virent sans armes et sans autres habits que ceux qu'ils se trouvèrent sur le dos. Le vice-roi tâcha d'y remédier le plus tôt qu'il put. Pour cet effet il tira quantité d'or et d'argent des coffres du roi, dont il y eut plusieurs plaintes depuis. Le Palentin le remarque ainsi, quoiqu'il ne veuille point parler en cet endroit de ce second dégât ni du pillage fait par les Indiens, mais du premier qui se fit en dépenses superflues pour le voyage du gouverneur au Chili. Néanmoins on dit que le vice-roi avoit pris dans l'épargne trois fois plus d'argent qu'il n'en falloit pour envoyer du secours à son fils. Je ne parlerai pas des autres événements du royaume du Chili, parce qu'ils ne sont pas de mon sujet, me contentant de les borner tous par la mort du gouverneur dom Martin Garcia de Loyola, qui fera la conclusion de ce livre. Ce que j'ai dit ci-dessus n'a été que sur ce que le gouverneur sortit du Pérou par l'ordre du vice-roi son père. Si quelqu'un a envie de traiter au long de tout ce qui se passa en ce royaume-là, il est bien certain qu'il ne manquera pas de matière : les guerres des Indiens et des Espagnols en fourniront de reste, ayant duré cinquante huit ans depuis que les Indiens Arauques commencèrent à se révolter, ce qui fut en l'année 1553. Ils pourront raconter la mort déplorable du gouverneur François de Villagra et de deux cents Espagnols, qui arriva au lieu qu'ils appellent, de son nom, la Colline de Villagra; la fin tragique du mestre-de-camp dom Jean Rodolphe et celle de deux cents soldats de sa suite qui furent tués misérablement dans les marais de Puré, et plusieurs autres choses fort mémorables qui se passèrent en ce royaume.

CHAPITRE XV.

Restitution faite de plusieurs départements aux héritiers de ceux qui furent tués dans le parti de François Hernandez Giron. — Voyage de Pedro d'Orsua aux Amazones. — Sa mort et celle de plusieurs autres.

Le vice-roi dom André Hurtado de Mendoça, voyant que les prétendants qu'il avoit bannis du Pérou y revenoient avec des gratifications que Sa Majesté leur avoit assignées sur son épargne, au lieu qu'il s'attendoit que pas un d'eux n'en reviendroit, en fut fort surpris; mais il le fut encore plus quand il apprit que le roi avoit déjà nommé un homme pour lui succéder à sa charge. Cela fut cause que, se repentant du passé, il résolut de n'être plus si fâcheux à l'avenir et de changer sa manière d'agir. En effet il changea si fort, que cela fit dire « que, s'il eût aussi bien commencé comme il achevoit, il ne se fût jamais trouvé de meilleur gouverneur que lui dans le monde. »

Ceux du royaume, voyant l'humeur obligeante du vice-roi, les troubles pacifiés, et la rigueur des juges tout-à-fait changée, résolurent d'en profiter et de demander justice des torts que les officiers leur avoient faits, de manière que les fils et les héritiers des seigneurs qu'on avoit fait mourir comme complices de la rébellion de François Hernandez Giron s'adressèrent aux auditeurs, auxquels ils présentèrent leurs requêtes et les lettres d'abolition qu'on avoit données à leurs défunts pères. Ils sollicitèrent si bien qu'ils obtinrent la plus favorable sentence qu'ils eussent pu désirer, par laquelle il étoit porté « que les départements dont on les avoit frustrés leur seroient rendus, et pareillement tous les autres biens qu'on leur avoit confisqués. » En vertu de cette sentence ils en furent mis en possession, quoique le vice-roi en eût lui-même pourvu, par forme d'amélioration, quelques Espagnols qui en avoient de moindres, et qu'il en eût donné d'autres à ceux qui n'en avoient point. Il fut tout confus de ce jugement, tant parce qu'on révoquoit par là tout ce qu'il avoit fait que pour la peine où il se trouvoit de faire de nouvelles gratifications à ceux qui seroient dépossédés d'un bien dont ils jouissoient par sa faveur. Ceci eut lieu non seulement à Cuzco, mais dans les autres villes où on avoit fait des exécutions, comme à Huamança, à Arequepa, aux Charcas et à la Ville Neuve. Les Espagnols prirent sujet de là de dire que ces châtiments ne s'étoient point faits par l'ordre de Sa Majesté ni de son conseil des Indes.

Le vice-roi pensa à envoyer quelqu'un à la conquête des Amazones sur la rivière de Maragnan, que François d'Orellana, ainsi qu'il a été dit ailleurs, alla demander au roi, et qu'il obtint même sans la pouvoir faire, parce qu'il mourut en ce voyage-là. Il en donna donc la commission à Pedro d'Orsua, gentilhomme de mérite, et qui se faisoit aimer de tous ceux qui le voyoient. Orsua alla depuis Cuzco jusqu'à Quito, levant tout ce qu'il pouvoit trouver de soldats pour faire ce voyage. Il en trouvoit plusieurs qui étoient bien aises de le faire, n'y ayant plus rien à profiter au Pérou, où tous les départements avoient été partagés aux vieux officiers qui avoient le mieux servi. Orsua fit aussi le plus de provisions qu'il put faire tant de munitions de guerre que de provisions de bouche; à quoi tous les seigneurs et les habitants des villes contribuèrent avec beaucoup de liberalité, étant assurés que Pedro d'Orsua avoit des qualités qui méritoient bien qu'on l'obligeât. Plusieurs soldats sortirent avec lui de Cuzco, et entre autres dom François de

Guzman, qui étoit nouvellement arrivé d'Espagne, et un autre plus âgé que lui, qu'on appeloit Lope d'Aguirre, homme de petite taille et de mauvaises mœurs, comme le rapporte, en ses *Poésies des hommes illustres des Indes*, le licencié Jean de Castellano, prêtre de la ville de Tunia, au nouveau royaume de Grenade. Dans cet ouvrage il fait six chants tout entiers des aventures de Pedro d'Orsua, qui mena en son voyage plus de cinq cents hommes bien armés et quantité de fort bons chevaux. Il décrit aussi la mort déplorable que ses compagnons et ses plus chers confidents lui donnèrent pour jouir d'une fort belle dame qu'il menoit avec lui, embrasé d'une passion, la plus cruelle de toutes, qu'on appelle amour, qui a perdu le brave Annibal et les plus grands capitaines du monde. Les principaux auteurs de la mort d'Orsua furent dom Fernand de Guzman, Lope d'Aguirre, et Saldueno, qui étoit le plus passionné de tous. L'auteur dit qu'après cet acte tragique, les traîtres qui le commirent nommèrent pour leur roi dom Fernand, qui eut assez d'ambition pour accepter ce titre sans qu'il eût pour toute royauté qu'une très mauvaise fortune, comme il l'éprouva bientôt après, quand les mêmes qui lui avoient donné le nom de roi lui donnèrent le coup de la mort. Aguirre se fit lui-même capitaine des autres, et fut si cruel qu'il tua plus de deux cents hommes à diverses fois. Ce fut lui qui saccagea l'île Marguerite, où il fit des inhumanités inouïes; et ce fut lui encore qui pilla les autres îles frontières, où finalement il fut vaincu par ceux du pays; mais, avant que de se rendre, il fut assez barbare pour tuer sa propre fille, qu'il menoit avec lui, afin d'empêcher qu'après sa mort on ne la nommât fille d'un traître. Voilà quelle fut l'expédition qui avoit commencé par de si beaux et si grands préparatifs dont je vis moi-même une partie.

CHAPITRE XVI.

Election du comte de Nieva pour [vice-roi du Pérou. — Il dépêche un courrier à celui dont il va prendre la place. — Mort du marquis de Canete et du comte de Nieva. — Arrivée de dom Garcia de Mendoça en Espagne. — Gouvernement du Pérou donné au licencié Castro.

Tandis que les gens d'Orsua s'entretenoient dans leur voyage des Amazones, le roi dom Philippe II pensoit à donner un gouverneur à son grand empire du Pérou. Après la mort de dom Diego d'Asevedo, il fit vice-roi de ce pays-là le bon cavalier dom Diego de Cuniga, comte de Nieva, qui sortit d'Espagne au mois de janvier de l'an mil cinq cent soixante, et entra dans le

Pérou au mois d'avril de la même année. Dès qu'il fut à Payta, où commençoit sa juridiction, il envoya, par un de ses domestiques, une lettre fort succincte au vice-roi dom André Hurtado de Mendoça, pour lui donner avis de son arrivée en cet empire-là, et lui dire qu'il eût à se désister du gouvernement et de tout ce qui en dépendoit.

Le vice-roi Hurtado de Mendoça, sachant la venue du messager, ordonna qu'on le pourvût abondamment par les chemins de toutes les choses qui lui étoient nécessaires, et qu'on le logeât honorablement dans la ville des Rois, où il avoit dessein qu'on lui fît un présent de sa part qui valoit à peu près huit ou neuf mille ducats. Mais le courrier, ayant eu ordre exprès de ne le traiter que de seigneurie, et non pas d'excellence, en fut frustré. La lettre du comte de Nieva ne lui donnoit aussi que ce titre, ce qui affligea si fort le vice-roi Mendoça, que, ne pouvant souffrir qu'à regret que son successeur voulût triompher de lui si ouvertement et avec si peu de justice, il en tomba malade de mélancolie, et, étant déjà vieux et indisposé, il n'eut pas la force de résister à son mal, dont il mourut avant que le nouveau gouverneur fût arrivé à la ville des Rois. Celui-ci ayant pris possession de sa charge avec les solennités accoutumées, il lui arriva peu après un accident si étrange, qu'il lui causa la mort, dont il avança l'heure volontairement, afin de ne languir pas si long-temps. Mais comme cette matière ne sauroit être qu'odieuse, je n'en parlerai pas, et poursuivrai mon sujet.

Dom Garcia de Mendoça, gouverneur du Chili, ayant su la mort du vice-roi son père, se hâta de sortir de ce royaume-là, pour retourner au Pérou, et y donner ordre à son voyage d'Espagne, ce qu'il fit avec tant de précipitation, que les médisants dirent qu'il étoit sorti en hâte du royaume du Chili plutôt pour fuir les Arauques, qui lui avoient donné l'alarme, que pour mettre ordre à ses affaires, et qu'avec la même promptitude il étoit sorti du Pérou, pour n'être pas soumis à la juridiction d'autrui. Il fit donc voile en Espagne, où il demeura jusqu'à ce qu'il revint en cet empire, pour en être gouverneur. Ce fut lui qui mit les impôts que les Indiens et les Espagnols paient aujourd'hui, que l'on prend d'ordinaire sur les récoltes des uns et sur le commerce des autres. Cet endroit est mis hors de son lieu, et même hors de son temps; mais, mon intention n'étant pas d'étendre cet ouvrage plus loin que jusqu'à la mort du prince héritier de cet empire, second frère de dom Diego Sayri Tupac, dont nous avons parlé assez au long ci-devant, j'abrége ici l'histoire, pour venir plus tôt à la fin.

Sitôt que le roi dom Philippe II eut appris la mort du vice-roi dom Diego de Cuniga, il nomma pour lui succéder le licencié Lope Garcia de Castro, un des premiers officiers dans le grand conseil des Indes. Sa Majesté le pourvut donc de la charge de président et gouverneur de cet empire, pour en réformer l'état, et pacifier les troubles que les morts soudaines de ces deux vice-rois avoient causés. Il s'en alla en diligence dans ces royaumes, d'où il s'en retourna en Espagne reprendre sa charge, après avoir, par sa douceur par sa civilité, et par son adresse, établi un bon ordre parmi tous les peuples du Pérou.

CHAPITRE XVII.

Election de François de Tolède pour vice-roi du Pérou. — Causes pour lesquelles il persécute et fait arrêter prisonnier le prince Ynca Tupac Amaru.

Au licencié Lope Garcia de Castro, président et gouverneur général du Pérou, succéda dom François de Tolède, second fils de la maison du comte d'Oropesa. Ce cavalier fut élu à cette charge pour sa haute vertu, et son zèle, qui étoit si grand, qu'il recevoit tous les huit jours le Saint-Sacrement. Il alla au Pérou en qualité de vice-roi, et fut reçu dans la ville des Rois avec les solennités ordinaires. A son arrivée, il ne trouva ni troubles à pacifier ni rébellions à châtier en ce pays-là, où ses commandements furent toujours doux et son humeur affable. Environ deux ans après sa promotion au gouvernement, il se mit dans l'esprit de tirer des montagnes de Villeapampa le prince Tubac Amaru. L'hérédité lui appartenoit par droit de naissance, son frère aîné, dom Diego Sayri Tupac, n'ayant pas eu d'enfants mâles, mais seulement une fille dont nous parlerons ci-après. Le vice-roi se proposa de le gagner par douceur, à l'imitation du vice-roi dom André Hurtado de Mendoça, ce qu'il fit pour augmenter sa réputation en s'acquérant la gloire d'avoir fait une action si grande et si louable que de réduire au service du roi catholique ce pauvre prince, qui, ne sachant plus où s'enfuir, s'étoit retiré sur une montagne presque inaccessible et naturellement fortifiée. Il suivit donc le même plan que ses prédécesseurs lui avoient tracé, et il envoya des hommes exprès pour dire à ce prince « qu'il ne fît aucune difficulté de quitter sa solitude, de venir vivre parmi les Espagnols, comme s'il eût été de leur nation, puisque les uns et les autres ne faisoient plus qu'un même peuple, et que Sa Majesté lui feroit les mêmes gratifications qu'elle avoit faites à son frère, pour l'entretien de sa personne et de sa maison. » Mais toutes ces diligences ne servirent de rien au viceroi, soit que le prince ne fût pas d'humeur à quitter son asyle, soit que le vice-roi manquât de ministres, tant indiens qu'espagnols, qui fussent capables de le servir en cette occasion, et tels que ceux que son prédécesseur avoit envoyés. Il y eut encore du côté du prince de grandes difficultés, qui l'obligèrent d'abord à ne suivre aucun parti : car ses parents les plus proches, et ses sujets qu'il avoit près de lui, tous épouvantés de la sortie de son frere, de la mauvaise manière des Espagnols envers lui, et du peu de temps qu'il avoit vécu parmi eux, comme s'ils l'eussent ôté du monde, conseillèrent à leur Ynca de ne bouger de son désert, où il valoit bien mieux qu'il vécût parmi les lions que d'aller mourir entre les mains de ses ennemis. Le vice-roi sut la résolution de ce prince par l'entremise des Indiens qui entroient dans ses montagnes et qui en sortoient; et, s'en étant bien éclairci, il prit conseil de ses amis, qui lui dirent « que, puisque ce prince n'avoit pas voulu venir de son bon gré, il le falloit avoir par la force et le faire mourir ensuite; que ce seroit un signalé service qu'on rendroit au roi catholique, et un grand bien pour tout le royaume; que cet Ynca, pour n'être pas loin du grand chemin qui mène de Cuzco à Huamanca et à Rimac, se servoit de l'avantage du lieu pour désoler le pays; que ses Indiens et ses vassaux voloient les marchands espagnols qui passoient par-là, et qu'ils commettoient plusieurs autres méchancetés contre eux. » Ils lui dirent de plus « que ce seroit le moyen de mettre cet empire à couvert des soulèvements et des troubles que ce prince pourroit causer quand il lui plairoit, avec le secours des Yncas indiens ses parents, des caciques ses sujets, et des mestifs fils d'Espagnols et d'Indiennes ; que tous ceux-ci, tant ses vassaux que ses plus proches, seroient bien aises qu'il y eût de nouvelles factions, parce qu'elles leur ouvriroient un chemin à rétablir l'Ynca sur le trône ; et que, d'ailleurs, les mestifs en seroient bien aises, pour jouir de la dépouille et du butin qu'ils pourroient faire par une révolte, se plaignant tous généralement d'être pauvres, et tout-à-fait dépourvus des choses nécessaires à la vie. »

Outre cela, ils lui remontrèrent « que, par l'emprisonnement de cet Ynca, ils se rendroient maîtres de tous les trésors des rois ses prédécesseurs, que la voix publique disoit avoir été cachés par les Indiens, dont la principale pièce étoit cette merveilleuse chaîne d'or que le prince Huayna Capac avoit fait faire pour la solemnité du jour auquel on devoit donner un nom à son aîné, Huascar Ynca, comme il a été dit ailleurs ; qu'au reste, cette même chaîne, et tout le reste du trésor, appartenoient au roi catholique, vu que les richesses des Yncas étoient aussi bien à lui que leur empire, que les Espagnols ses sujets avoient gagné par leurs armes et par leur courage. » Ils ajoutèrent encore plusieurs choses pour inciter le vice-roi à faire arrêter ce pauvre innocent prince.

Pour répondre à ces accusations intentées contre le prince, je dirai qu'il est vrai que, quelques années avant la mort de Manco Ynca, son père, ses vassaux volèrent quelques passants; mais c'étoient des Indiens naturels, qui faisoient trafic de troquer et de vendre du bétail du pays, et non pas des Espagnols; qu'ils se portèrent à cela par l'extrême nécessité où se trouvoit leur Ynca, qui n'avoit aucune sorte de viande à manger, parce qu'en ces affreuses montagnes il ne se trouvoit point d'autre bétail que des tigres, des lions, des serpents et des insectes. Ce fut là la raison pourquoi ce prince autorisa quelques vols, qu'on fit à diverses fois, d'une quantité de bétail, alléguant pour sa raison « que tout cet empire-là et toutes les choses qu'il produisoit lui appartenoient de droit, et qu'en quelque façon que ce fût, il vouloit chercher à vivre, et ne se voir pas réduit à mourir de faim. » Après la mort de cet Ynca il ne se parla plus de ces violences ni de semblables vols.

Le vice-roi résolut donc de faire la guerre à ce prince et de s'en saisir, quoi qu'il en dût arriver, parce, disoit-il, que, tant que ce prince seroit sur ces montagnes, le royaume ne seroit jamais en sûreté, les Indiens étant toujours en inquiétude et fâchés au dernier point de savoir leur prince si proche d'eux sans qu'ils eussent moyen de le voir et de le servir comme ils désiroient. Il choisit pour chef de cette expédition un cavalier appelé dom Garcia Loyola, qui avoit rendu de signalés services à Sa Majesté. Loyola eut ordre de lever des gens, sous prétexte de les vouloir mener au royaume du Chili, pour secourir les Espagnols, que les Arauques traitoient fort mal en ce pays-là. L'on mit sur pied plus de deux cent cinquante hommes, qui partirent aussitôt pour Villeapampa, bien fournis d'armes tant offensives que défensives.

Le prince Tupac Amaru, sachant le nombre des gens de guerre qui étoient entrés dans sa juridiction, ne se crut pas assuré dans son fort, et se retira vingt lieues plus loin, au bas d'une assez grande rivière. Cette fuite obligea les Espagnols à le suivre, et à faire promptement de grands bacs pour passer l'eau s'il en étoit besoin. Ainsi le prince, se voyant hors d'état de pouvoir se défendre, n'ayant pas assez de monde pour cela, et d'ailleurs ne se sentant coupable ni de rébellion ni d'aucune autre faute, aima mieux se rendre à discrétion que de périr misérablement dans ces montagnes et dans ces vastes rivières qui aboutissent à celle qu'ils appellent rivière de la Plata. Il se rendit donc au capitaine Martin Garcia Loyola et à ses compagnons, s'imaginant qu'ils auroient pitié de lui, et qu'ils lui donneroient de quoi s'entretenir, comme à son frère dom Diego Sayri Tupac. Les Espagnols arrêtèrent avec lui tous les Indiens et les Indiennes, tant de lui que de l'infante sa femme, une de ses filles et deux fils qu'il avoit. Ils les emmenèrent tous à Cuzco, où ils entrèrent comme en triomphe, et y trouvèrent le vice-roi : car, dès qu'il apprit que le prince et ses gens étoient arrêtés, il alla droit à cette ville pour les y recevoir, et donner ordre à ce qu'il auroit à faire.

CHAPITRE XVIII.

Procès fait au prince, aux Yncas ses parents, et aux mestifs, fils d'Indiennes et des conquérants de cet empire.

Dès qu'ils eurent arrêté le prince, ils députèrent un commissaire pour lui faire son procès. Il l'interrogea sur les articles dont nous avons parlé ci-devant, et on lui dit entre autres choses « qu'il avoit pris jour avec les Yncas, ses parents, qui vivoient parmi les Espagnols, d'en tuer autant qu'ils en rencontreroient, et fait entrer dans leur conjuration les caciques, seigneurs de vassaux, qui avoient autrefois servi leurs pères et leurs aïeux. » Dans cette accusation furent encore compris les mestifs, fils des conquérants de l'empire et des Indiennes. On accusoit ceux-ci « d'avoir conspiré contre le royaume avec le prince Tupac Amaru et les autres Yncas; qu'en cette conjuration ils avoient formé leurs plaintes devant le prince Ynca, disant qu'ils étoient fils des conquérants de cet empire-là, et de mères indiennes, les unes de sang royal, et les autres filles, petites-filles ou nièces des Curacas, seigneurs de vassaux; et que néanmoins, sans égard ni au mérite de leurs plus proches, ni au droit que leur donnoit leur naissance sur les biens de leurs pères et de leurs aïeux, on ne leur avoit laissé quoi que ce fût, se trouvant destitués de toutes les commodités et réduits à demander l'aumône; qu'ainsi ils le prioient, parlant toujours à leur prince, très instamment d'avoir pitié d'eux, puisqu'ils étoient ses sujets, et de les vouloir recevoir dans ses troupes, où ils répandroient, pour le servir, jusqu'à la dernière goutte de leur sang. » Voilà les griefs dont ils chargèrent les pauvres mestifs, prenant tous ceux qu'ils trouvèrent au-dessus de vingt ans, et qu'ils jugèrent capables de porter les armes. Ils en condamnèrent quelques uns à la question, afin de tirer d'eux la vérité d'une chose qu'ils appréhendoient bien qui ne fût qu'en leur imagination.

Une Indienne, ayant appris que son fils, qui étoit dans la prison, étoit du nombre de ceux qui étoient condamnés à la torture, fit un effort pour y entrer, et elle lui dit tout haut : « J'ai appris que l'on te doit mettre à la question : souffre-la donc constamment, en homme de bien, et sans accuser personne; ne doute point que Dieu ne te récompense des soins que ton père et ses compagnons ont pris de gagner ce pays, afin que la possession en demeurât aux chrétiens, et que ceux qui en sont natifs fussent enfants de son Eglise. O la belle chose! ajouta t-elle, de voir qu'il faille que vous autres, qui êtes fils de conquérants, mouriez à un gibet pour récompense de ce que vos pères ont conquis toutes ces vastes provinces. » Elle dit plusieurs autres choses, appelant Dieu et le monde à témoin du tort que l'on faisoit aux vrais enfants du pays et de ses valeureux conquérants; « que, puisque leurs ennemis avoient tant de raison, comme ils disoient en avoir, de les faire mourir, qu'ils fissent aussi mourir leurs mères, qui n'étoient pas moins criminelle qu'eux de les avoir engendrés, ni eux aussi moins coupables de s'être employés avec les Espagnols leurs pères à la conquête de cet empire-là, renonçant aux légitimes devoirs qui les obligeoient envers leur patrie; que le Pachacamac leur envoyoit tous ces fléaux pour punition des péchés de leurs mères, qui, pour l'amour des Espagnols, avoient trahi misérablement leur Ynca, leurs caciques et leurs seigneurs; que, puisqu'elle-même se condamnoit au nom de toutes les autres, elle prioit instamment les Espagnols et leurs capitaines d'exécuter au plus tôt leur mauvais dessein, pour la tirer de peine, et que Dieu les payeroit comme ils méritoient, tant en ce monde qu'en l'autre. » Elle sortit ensuite de la prison, toute transportée et hors d'elle-même, et s'en alla renouvelant ses plaintes par les rues avec des cris si effroyables, qu'elle y mit tout le monde en alarme. Cela servit pourtant beaucoup aux mestifs, et fut cause que le vice-roi, ne voyant que trop la grande raison qu'elle avoit de se plaindre, changea de résolution pour couper chemin à un plus grand scandale. Mais, quoiqu'il ne condamnât pas les mestifs à mourir, il leur donna néanmoins une autre mort beaucoup plus longue et plus sensible, qui fut de les bannir en divers endroits du nouveau monde, hors des provinces que leurs pères avoient conquises. Plusieurs furent exilés au royaume du Chili, du nombre desquels fut un fils de Pedro de Barco, qui fut autrefois mon compagnon d'école et qui eut mon père pour tuteur; les autres au royaume de Grenade, et en diverses îles, comme à Barlovento, à Panama, à Niçaraga, et quelques uns en Espagne. Parmi ces derniers se trouva Jean Arias Maldonato, fils de Diego Maldonato le riche. De tous ces exilés, pas un ne retourna en son pays, étant tous morts dans le lieu de leur exil.

CHAPITRE XIX.

Bannissement des mestifs et des Indiens du sang royal, et leur fin déplorable. — Sentence donnée contre le prince.

Les Indiens du sang royal, qui se trouvèrent trente-six, furent exilés dans la ville des Rois, avec ordre de n'en point sortir sans la permission des magistrats. On y envoya aussi les deux fils de ce pauvre prince avec sa fille, qui étoient tous trois si petits, que le plus âgé n'avoit pas plus de dix ans. A leur arrivée dans la ville des Rois, autrement nommée Rimac, l'archevêque de Loaïsa retint la fille dans sa maison pour l'y faire élever. Tous les autres bannis, se voyant hors de leur ville, de leurs maisons et de leur pays natal, s'en affligèrent de telle sorte, qu'il en mourut trente-cinq dans deux ans, et entre autres les deux fils du prince. Le changement de climat contribua aussi beaucoup à leur mort, celui où ils se trouvoient étant extrêmement chaud, tout le long de la côte de la mer qu'ils nomment le plat pays, en cela bien différent de l'air des montagnes, où ceux qui ont accoutumé de demeurer, comme nous avons remarqué dans la première partie de cette Histoire, tombent malades aussitôt qu'ils viennent dans les plaines. La chancellerie, touchée de compassion envers les trois qui restèrent, l'un desquels fut dom Charles, mon compagnon d'école, fils de dom Christophe Paulu, dont j'ai parlé plusieurs fois, leur permit de s'en retourner dans leur logis; mais la fortune les avoit si maltraités, qu'à un an et demi de là tous trois finirent leurs jours. Néanmoins la race royale ne s'éteignit point par là, car il resta un fils de ce même dom Charles, dont j'ai parlé dans la première partie de mon *Histoire des Yncas*, qui, vers la fin de l'an 1610, mourut dans Alcara de Henarez, de regret qu'il eut de se voir enfermé dans un monastère à cause d'une querelle qu'il avoit eue avec un gentilhomme qui étoit, comme lui, chevalier de l'ordre de Saint-Jacques. Il laissa un fils qui n'avoit que trois ou quatre mois, qu'il fit déclarer légitime, afin qu'il pût hériter de la rente que Sa Majesté lui avoit donnée sur la douane de Séville; mais il mourut la même année, et par lui fut accomplie la prédiction que le grand Huayna Capac avoit faite sur ceux de son sang et sur la décadence de son empire.

Dans le royaume du Mexique, où les rois étoient fort puissants, comme le remarque François Lopez de Gomare dans son *Histoire générale des Indes*, il n'arrivoit jamais aucuns troubles touchant la succession du royaume, parce que les rois se faisoient par élection : car, aussitôt que le prince étoit mort, les grands du royaume élevoient à la couronne celui qu'ils jugeoient plus capable de bien gouverner. Aussi a-t-on vu par expérience que, depuis le temps que les Espagnols ont conquis cet empire, il n'y a jamais eu ni prétentions ni partialités de ce côté-là. Il n'en est pas arrivé de même dans mon pays, où l'on a vu de grands désordres causés plutôt par la crainte qu'on a eue des héritiers légitimes que par aucune faute qu'ils eussent commise. Le prince dont nous parlons maintenant est un témoin de ce que je dis. Il fut dit, par la sentence que l'on donna contre lui, qu'il auroit la tête tranchée, et que, par la voix d'un crieur public, seroient déclarées les trahisons et les tyrannies que lui, ceux de son sang et les Indiens mestifs, avoient tramées pour faire soulever cet empire-là, contre la majesté catholique de dom Philippe II, roi d'Espagne et empereur du nouveau monde. Cette sentence lui fut prononcée en peu de paroles, sans qu'on lui dît autre chose, sinon « qu'il étoit condamné à perdre la tête. » A quoi le pauvre Ynca répondit « qu'il n'avoit commis aucun crime qui méritât la mort; que le vice-roi lui feroit plaisir de l'envoyer prisonnier en Espagne sous une bonne garde; qu'il désiroit passionnément d'y aller pour baiser les mains au roi dom Philippe son seigneur; que, par cette précaution, le vice-roi et tous les siens se mettroient à couvert de toutes les défiances qu'ils avoient eues ou qu'ils pouvoient avoir qu'il ne voulût faire soulever le royaume ; qu'il ne falloit qu'un peu de sens commun pour connoître que cela ne se pouvoit pas faire ; que, puisque son père, avec deux cents mille hommes, n'avoit jamais pu vaincre deux cents Espagnols, il n'y avoit aucune apparence que lui, qui n'avoit aucunes forces, eût moyen de les faire révolter contre eux dans des villes peuplées de toutes parts de chrétiens ; que, s'il se fût senti coupable de quelque entreprise tramée contre les Espagnols, il se fût bien empêché de se laisser prendre, et se seroit sauvé en un lieu où l'on n'eût jamais su l'attraper ; que son innocence l'avoit obligé à se rendre, se persuadant qu'on ne le vouloit tirer des montagnes que pour lui faire la même gratification qu'on avoit faite à son frère Sayri Tupac ; qu'il appeloit de la sentence par-devant le roi de Castille son seigneur ; qu'il espéroit que le Pachacamac lui rendroit justice de ce que le vice-roi, ne se contentant pas de jouir de son empire, qu'on lui avoit ôté, lui vouloit encore ôter la vie, sans qu'il fût coupable en aucune sorte ; » et pour conclusion il dit « que, s'il lui falloit souffrir la mort, il l'endureroit très volontiers, puisqu'il emporteroit cette consolation, que les usurpateurs la lui auroient donnée au lieu de lui rendre son empire. Les Indiens et les Espagnols même, entendant ces raisons, ne purent s'empêcher de pleurer.

Un peu après, quelques religieux de Cuzco le furent trouver pour l'instruire dans la doctrine chrétienne, et lui persuader de se faire baptiser, à l'exemple de son frère dom Diego Sayri Tupac et de son oncle Atahuallpa. Le prince répondit « qu'il étoit content d'embrasser la loi des chrétiens, qui étoit beaucoup meilleure que la sienne, comme l'avoit dit autrefois son aïeul Huayna Capac; qu'il vouloit qu'on l'appelât Philippe, du même nom de dom Philippe son seigneur et son Ynca; qu'il ne désiroit point, au reste, que le vice-roi jouit de sa vue ni de sa présence, puisqu'il ne le vouloit pas envoyer en Espagne. » Il reçut ainsi le baptême, et ceux qui étoient présents marquèrent autant de chagrin qu'ils eurent de joie lorsque son frère Sayri Tupac fut baptisé.

Les Espagnols qui se trouvèrent alors dans la ville impériale de Cuzco, tant religieux que séculiers, ayant ouï la sentence et vu tout ce qui s'étoit passé, s'imaginèrent d'abord qu'on n'en viendroit jamais à l'exécution; que ce seroit un acte barbare de n'user pas de clémence envers un prince déshérité d'un si grand empire comme étoit celui du Pérou, et que le roi dom Philippe aimeroit bien mieux qu'on l'envoyât en Espagne que de le faire mourir dans le Pérou; mais le vice-roi fut d'une opinion bien différente de la leur, comme nous l'allons voir.

CHAPITRE XX.

Exécution de la sentence donnée contre le prince, et consultation pour l'empêcher, que le vice-roi ne daigne ouïr.— Constance avec laquelle l'Ynca souffre la mort.

Le vice-roi, ayant résolu de faire exécuter la sentence donnée contre le prince, commanda qu'on fît dresser un échafaud dans la grande place de Cuzco, et que l'Ynca fût exécuté à mort sans différer plus long-temps, disant que cela étoit nécessaire pour la sûreté et pour le repos de l'empire du Pérou. Cette nouvelle alarma toute la ville, dont les principaux seigneurs et les plus considérables d'entre les religieux résolurent de se joindre ensemble pour aller prier le vice-roi « de ne point permettre une action si noire, qui seroit en exécration à tous ceux qui la sauroient; de considérer que le roi même en seroit extrêmement fâché; et qu'il devoit plutôt bannir à perpétuité ce prince en Espagne, ce qui lui seroit un plus grand supplice que de lui ôter tout à coup la vie. Le vice-roi, qui avoit mis de toutes parts des espions pour savoir quel étoit le sentiment des bourgeois sur cette affaire-là, ayant appris l'assemblée qui s'étoit faite et qu'ils devoient le venir trouver en corps, fit fermer les portes de son logis, où il mit de bonnes gardes, avec ordre exprès de n'y laisser entrer personne, sur peine de la vie. Cela fait, il commanda qu'on tirât l'Ynca de la prison, et que, sans autre délai, on eût à lui trancher la tête, de peur que, par l'émeute de peuple, on ne l'arrachât d'entre les mains de la justice. Le prince parut un peu après en public, sur une chétive mule, ayant la corde au cou et les mains liées. Un crieur marchoit devant lui pour prononcer l'arrêt et le sujet de sa mort, qu'il disoit être « pour avoir été tyran et traître au roi catholique. » Le prince, qui n'entendoit pas bien la langue espagnole, eut la curiosité de savoir ce que vouloit dire cet homme-là; de sorte que, l'ayant demandé aux religieux qui l'accompagnoient, ils lui dirent « qu'on le faisoit mourir pour les trahisons par lui commises contre le roi son seigneur. » Ces paroles le touchèrent extrêmement, et à l'instant même il demanda qu'on lui fît venir le crieur, auquel il tint ce discours : « Tu as grand tort de publier une chose que tu sais bien être fausse; puisque personne n'ignore que je n'ai jamais fait ni même pensé à faire aucune trahison. Que ne dis-tu donc plutôt qu'on va m'immoler à la mort, parce que le vice-roi le veut ainsi, et non pas pour aucun crime que j'aie commis ni contre lui ni contre le roi de Castille, j'en prends à témoin le Pachacamac. » Après qu'il eut proféré ces paroles, les officiers de la justice furent tout étonnés de voir entrer dans la place une grande troupe de femmes de tous âges, les unes du sang royal et les autres filles des caciques de cette frontière-là, qui, toutes désolées et répandant des larmes en abondance, s'adressèrent au prince, et lui dirent : « Ynca, pourquoi te veut-on trancher la tête ? quel mal as-tu fait pour mériter la mort ? Avertis celui qui te la donne qu'il en fasse autant de nous, qui avons l'honneur de t'appartenir par notre naissance, et qui serons beaucoup plus contentes de mourir avec toi que de vivre ici sujettes et esclaves de ceux qui ont conjuré contre ta vie. » Après ces paroles, elles renouvelèrent leurs gémissements et leurs cris d'une façon si étrange, que les assistants appréhendèrent qu'il ne s'ensuivît quelque révolte de l'exécution d'une sentence si peu attendue et qu'on n'eût jamais imaginée. La foule étoit si grande que, tant à la place qu'aux fenêtres et aux toits des maisons, il y avoit plus de trois cent mille personnes. Les officiers de justice s'approchèrent de l'échafaud avec les religieux qui accompagnoient le prince, et le bourreau après eux, avec le coutelas à la main. Les Indiens, voyant leur Ynca si proche de la mort, en furent si affligés, que, poussant des cris jusqu'au ciel, ils remplirent de terreur toute la place, où l'on ne pouvoit s'entendre ; ce qui fit que les prêtres qui parloient à l'Ynca le prièrent de faire taire ces Indiens. Il haussa le bras en même temps, et ouvrit la main, puis il la porta à son oreille, et ensuite il la baissa peu à peu jusque sur sa cuisse droite. Les Indiens, connoissant par là qu'il leur commandoit de se taire, cessèrent incontinent de crier, et firent un si grand silence qu'il sembloit n'y avoir personne dans toute la ville. Les Espagnols et le vice-roi, qui étoient à une fenêtre pour voir cette exécution, en furent tout étonnés, et admirèrent l'obéissance que les Indiens rendoient à leurs princes, même au dernier moment de sa vie. On lui coupa la tête aussitôt, ce qu'il souffrit avec une grandeur de courage surprenante. Mais cette constance est ordinaire aux Yncas et à tous les gentilshommes indiens, qui ne s'épouvantent jamais, quelque mal et quelque inhumanité qu'on leur fasse. On trouvera des preuves de ceci dans mon *Histoire de la Floride*, et dans les diverses relations des guerres que les Indiens Arauques ont eues et qu'ils ont encore à présent contre les Espagnols dans le royaume du Chili.

Cet infortuné prince étoit légitime héritier de l'empire du Pérou, pour être descendu en droite ligne masculine du premier Ynca Capac, d'où, jusqu'à lui, se passèrent près de six cents ans, comme le remarque le P. Blas-Valera. Le sentiment commun de ceux du pays, et même des Espagnols, qui le pleurèrent tous, et qui firent dire quantité de messes pour le salut de son âme; le sentiment commun, dis-je, fut que le vice-roi le traita trop inhumainement, s'il n'eut quelques raisons particulières pour justifier son action.

Après qu'on l'eut fait mourir, on exila ses enfants et ses plus proches dans la ville des Rois, et les mestifs en diverses contrées du monde, tant vieux que nouveau, comme il a été dit ci-devant : car nous avons transposé l'ordre, pour écrire à la fin de notre ouvrage le plus déplorable événement qui soit jamais arrivé dans tout le Pérou ; et il est à remarquer que tous les livres de cette seconde partie finissent par quelque acte tragique.

CHAPITRE XXI.

Arrivée de dom François de Tolède en Espagne. — Sa mort et celle du gouverneur Martin Garcia Loyola.

Après avoir parlé de la mort de l'Ynca Tupac Amaru, il est juste que nous parlions ici succinctement de celle du vice-roi dom François de Tolède. Ayant exercé sa charge plus de seize ans, il s'en retourna en Espagne, si comblé de prospérités et de richesses, que le bruit couroit qu'il avoit emporté du Pérou, tant en or qu'en argent, la valeur de six cent mille ducats. Il vint à la cour, où il croyoit déjà qu'on dût l'élever aux charges des plus grands ministres d'Espagne, pour les bons services qu'il croyoit avoir rendus à Sa Majesté en exterminant toute la race des Yncas, rois du Pérou. Il s'imaginoit, de plus, qu'on lui sauroit fort bon gré de cette grande quantité de lois qu'il avoit faites dans le pays, tant pour l'augmentation des droits du roi sur les mines d'argent-vif, au travail desquelles il mit un certain nombre d'Indiens tirés de plusieurs provinces, et que l'on payoit de leurs journées, que pour les ordonnances qu'il avoit établies en faveur des Espagnols, lesquelles les Indiens étoient obligés de garder, en les dédommageant, et payant, comme j'ai dit, leur salaire, pour les services qu'ils rendroient.

Fondé sur ces prétendus mérites, dom François de Tolède fut baiser les mains au roi dom Philippe II. Mais Sa Majesté, bien avertie de tout ce qui s'étoit passé au Pérou pendant son gouvernement, principalement de la mort du prince Tupac Amaru et de l'exil de ses plus proches, où ils étoient tous morts, le reçut fort froidement, et lui dit en peu de paroles « qu'il eût à se retirer chez lui, et qu'il ne l'avoit point envoyé au Pérou pour tuer les rois, mais pour les servir. » Il se retira dans sa maison, bien étonné de cette disgrâce, à laquelle il ne s'attendoit pas. Elle fut suivie d'une autre presque aussi grande, qui fut que ses ennemis avertirent le conseil des finances que ses officiers et autres commis avoient exigé beaucoup plus d'argent qu'il ne falloit pour ses salaires, confondu les espèces d'or et d'argent, et pris les ducats pour écus; tellement que pendant le temps de son administration il se trouvoit dans l'épargne un déchet de plus de six-vingt mille ducats. Sur cette accusation, le conseil fit saisir tout l'or et l'argent que François de Tolède avoit tiré du Pérou, pour voir si le roi n'étoit pas frustré de ses droits, ce qui fut cause que dom François, accablé de cette seconde disgrâce, s'en affligea, de telle sorte qu'un peu après il en mourut de regret.

Il nous reste maintenant à parler de la fin du capitaine Martin Garcia Loyola; mais auparavant il faut savoir que, pour récompense d'avoir pris l'Ynca et rendu plusieurs autres services à la couronne d'Espagne, on s'avisa de le marier à l'infante, nièce de ce prince, fille de son frère Sayri Tupac; ce qui fut très avantageux pour lui, parce qu'il se trouva en possession du département d'Indiens dont hérita cette infante, après la mort de l'Ynca son père. Outre cela, on le fit gouverneur et capitaine général du royaume du Chili, où il alla avec un bon nombre de cavaliers et de soldats espagnols. Durant quelques années, il gouverna ce pays avec beaucoup de prudence, et au commun contentement de ses compagnons, quoique, d'ailleurs, ils fussent ennuyés de ce que les Indiens leurs ennemis se lassoient si peu de la guerre, que même en la présente année mil six cent treize ils la soutiennent encore. Le capitaine Loyola étant allé visiter un jour, comme il faisoit assez souvent, les garnisons qu'il avoit mises sur cette frontière, pour empêcher qu'on ne fît aucun mal aux Indiens qui servoient les Espagnols, après avoir fortifié les garnisons d'armes, de munitions et de vivres, s'en retournoit ordinairement dans les villes du royaume, qui étoient paisibles. Comme il se vit donc hors de la frontière, il commanda à deux cents soldats de sa garde de s'en retourner en leurs quartiers et aux places fortes qui leur étoient assignées, et cependant il ne retint près de sa personne que trente soldats, tous gens d'élite, qui servoient il y avoit long-temps. Ils firent leur logement dans une plaine extrêmement agréable, où ils dressèrent leurs tentes pour s'y reposer de la fatigue qu'ils avoient eue en faisant la visite des garnisons de la frontière, où les Indiens étoient si vigilants et si soigneux de les observer, qu'ils ne leur donnoient pas le loisir ni de dormir, ni même de manger.

Cependant les Indiens Arauques et ceux des autres provinces voisines, autrefois vassaux des Yncas, et qui s'étoient révoltés, envoyèrent, à la faveur de la nuit, quelques espions pour voir si les Espagnols dormoient, et s'ils avoient posé des sentinelles ou non. Les ayant trouvés hors de défense, et dans un état tel qu'ils pouvoient le désirer, ils se donnèrent les uns aux autres un signal, qui fut de contrefaire le chant des oiseaux et les hurlements des animaux nocturnes, comme ils ont accoutumé de faire, afin de n'être pas découverts s'ils perdoient cette occasion. Les autres Indiens leurs compagnons ne l'ouïrent pas plus tôt, que, s'étant joints entre eux en grand nombre, et avec tout le silence possible, ils allèrent fondre sur les Espagnols, et, les trouvant endormis, ils leur coupèrent la gorge à tous, et s'en retournèrent victorieux, après s'être saisis de leurs armes, de leurs chevaux et de tout leur équipage.

Voilà quelle fut la fin du gouverneur Martin Garcia Loyola, que plusieurs, tant Indiens qu'Espagnols, regrettèrent fort dans les royaumes du Chili et du Pérou. Il y en eut d'autres qui dirent que c'étoit là son destin, et que le Ciel avoit permis que les vassaux du prince qu'il avoit arrêté prisonnier lui donnassent la mort, pour venger celle de leur Ynca. Loyola laissa une fille qu'il eut de l'infante sa femme. Cette fille fut menée en Espagne et mariée à un cavalier qu'on appeloit dom Jean Henriquez de Boria. Outre le département d'Indiens dont elle avoit hérité de son père, l'on m'a écrit que Sa Majesté lui a donné depuis le titre de marquis d'Orepesa, ville que le vice-roi dom François de Tolède a fondée au Pérou et à laquelle il a donné ce nom, en mémoire de sa maison et de ses aïeux.

CHAPITRE XXII.

Conclusion de cette histoire.

Ayant commencé mon ouvrage par l'origine des Yncas, autrefois rois du Pérou, j'ai, ce me semble, assez amplement traité dans mon *Histoire des Yncas* de leur valeur, de leur grand courage, de leurs conquêtes, de leur manière de vivre, de leur gouvernement en paix et en guerre, et de leur religion, ou plutôt de leur idolâtrie, avant qu'ils fussent chrétiens; et en faisant cela je crois m'être acquitté le mieux que j'ai pu de mon devoir envers ma patrie et envers mes parents du côté maternel. Dans ces derniers volumes j'ai écrit assez au long les belles actions que les plus braves d'entre les Espagnols ont faites pour conquérir ce riche empire, et par là j'ai satisfait encore à ce que je dois à la mémoire de mon père, et à celle de ses illustres et valeureux compagnons. Il ne me reste plus maintenant qu'à conclure cet ouvrage comme je fais par la fin de la succession des rois Yncas. Il y en eut treize qui possédèrent successivement l'empire du Pérou, avant que les Espagnols y entrassent, depuis le premier jusqu'à l'infortuné Huascar. Il y en eut cinq autres depuis, qui furent Manco Ynca, ses deux fils, dom Diego et dom Philippe, et ses deux petits-fils, qui, néanmoins sans rien posséder, eurent droit seulement sur le royaume. De sorte qu'il y eut en tout dix-huit successeurs ou descendants en ligne directe masculine, depuis le premier Ynca Manco Capac jusqu'au dernier des enfants, dont je ne sais pas le nom. Quant à l'Ynca Atahuallpa, les Indiens ne le comptent point parmi leurs rois, parce, disent-ils, qu'il fut Auca, qui est, comme j'ai dit ailleurs, le nom qu'ils ont accoutumé de donner aux tyrans.

Je ne parle point des enfants descendus de ces rois, en ayant déjà spécifié le nombre dans la première partie de mon *Histoire des Yncas*, suivant les mémoires qu'eux-mêmes m'envoyèrent, avec ordre à dom Melchior Charles, à dom Alponse de Messa, et à moi, d'en présenter la généalogie au roi catholique et à son grand conseil des Indes, afin qu'en considération de ce qu'ils étoient descendus de ces rois, il leur plût de les délivrer des misères où ils se trouvoient. Je ne manquai pas d'envoyer en cour les mémoires et les papiers qui me furent donnés, lesquels j'adressai à dom

Melchior Charles et à dom Alphonse de Messa. Mais comme dom Melchior avoit la même prétention et le même droit que les Yncas, il ne voulut point les présenter, de peur que ce grand nombre de princes de la famille royale ne fût cause qu'on lui retranchât des gratifications qu'il prétendoit recevoir, tellement qu'il finit ses jours sans avoir été utile ni aux siens, ni à soi-même. J'ai bien voulu parler de ceci pour ma décharge particulière. Pour moi, j'ai cru, en écrivant cette histoire, ne rendre pas moins de service aux Espagnols qui ont conquis l'empire du Pérou qu'aux Yncas qui l'ont possédé, et je bénis Dieu de la grâce qu'il m'a faite d'achever cet ouvrage.

FIN.

TABLE DES CHAPITRES

CONTENUS DANS CE VOLUME.

SUITE

DU

LIVRE DEUXIÈME DE LA DEUXIÈME PARTIE.

Chap. XVIII. Aguiré se venge d'un affront qu'il avoit reçu, et de quelle manière il s'échappa. page 1

XIX. Visites rendues par les principaux du pays au vice-roi, qui rejette un avis que lui donne un capitaine. — Mutins châtiés dans la ville des Rois. — Mort du vice-roi, et ce qui arriva ensuite. 8

XX. Troubles dans les provinces de Charcas, où se font divers duels, et un entre autres assez remarquable. 13

XXI. Accommodement d'une querelle entre Martin de Roblez et Paul de Menesez. — Arrivée de Pedro de Hinoyosa aux Charcas, où il trouve quantité de soldats disposés à se soulever. — Avis qu'on lui donne là-dessus. 17

XXII. Autres avis donnés au général par diverses voies. — Son humeur froide et trop impérieuse est cause que les soldats conspirent sa mort. 22

XXIII. Dom Sébastien de Castille et ses compagnons tuent Pedro de Hinoyosa et Alonse de Castro son lieutenant. — Émeute dans la ville. — Prisonniers faits par les rebelles, qui disposent à leur gré des charges et des offices. 26

XXIV. Ordre et précautions de dom Sébastien pour faire soulever dans Potosi Egas de Guzman. — Ce qui se passa dans la même ville. 32

XXV. Dom Sébastien et ses conseillers envoient des capitaines et des soldats pour tuer le maréchal — Jean Ramon leur chef désarme dom Garcia et ceux de sa troupe. — Dom Sébastien est assassiné par les mêmes qui l'avaient fait soulever. 37

XXVI. Distribution des charges civiles et militaires. — Blasco Godinez pourvu de celle de général. — Mort violente de dom Garcia et de quelques autres. 44

XXVII. Grands désordres arrivés dans Potosi; Egas de Guzman y est mis en pièces et traîné par les rues. — Insolence des soldats, cause de la mort des principaux. — Préparatifs dans Cuzco pour aller contre les séditieux. 51

XXXVIII. L'audience royale nomme Alphonse d'Alvarado pour faire le procès des chefs des rebelles. — Précautions du juge et des soldats. — Emprisonnement de Blasco Godinez et de quelques autres. 58

XXIX. Chefs des rebelles dans les villes de la Paix, de Potosi et de la Plata, condamnés au fouet, aux galères, et à perdre la vie. Exécution de Blasco Godinez. 64

LIVRE TROISIÈME.

I. François Hernandez Giron, avec quelques seigneurs et soldats de son intelligence, entreprend de faire révolter le pays, sur la nouvelle des châtiments rigoureux qui se faisoient aux Charcas. 69

II. Soulèvement de François Hernandez dans Cuzco. — Succès déplorables arrivés la nuit de sa rébellion, et fuite des principaux seigneurs de la ville. 75

III. François Hernandez arrête le gouverneur, délivre les prisonniers, fait tuer dom Balthazar de Castille et le contrôleur Jean de Cacerez. 83

TABLE DES CHAPITRES.

IV. François Hernandez crée un mestre de camp et des capitaines pour son armée. — Deux villes lui envoient des ambassadeurs, et plusieurs seigneurs s'enfuient à Rimac. 88

V. Lettres écrites au tyran, et bannissement du gouverneur de Cuzco. 93

VI. François Hernandez se fait élire procureur et capitaine-général du Pérou. — Les auditeurs nomment des officiers pour la guerre, et le maréchal en fait de même. 97

VII. Officiers nommés par les auditeurs. — Brigues qui se font pour la charge de général. — François Hernandez sort de Cuzco pour aller contre les auditeurs. 104

VIII. Fuite de Jean de Vera de Mendoça. — Ceux de Cuzco vont après le maréchal. — Sanchio Douart lève des troupes dont il se fait général. — Le maréchal le tient en échec. — Arrivée de François Hernandez à Huamanca. — Rencontre des coureurs des deux armées. 111

IX. Trois capitaines du roi en prennent un du tyran, et quarante soldats, qu'ils remettent entre les mains d'un des auditeurs. — François Hernandez se résout de combattre l'armée royale, et est abandonné de plusieurs des siens. 117

X. François Hernandez se retire avec son armée. — Différents avis dans celle du roi. — Mutinerie en la ville de Piouta. 122

XI. Événements arrivés en l'une et l'autre armée. — Mort de Nuno de Mendiola, capitaine de François Hernandez, et de Lopez Martin, capitaine de Sa Majesté. 127

XII. Secours envoyés par les auditeurs à Paul de Menesez, à qui François Hernandez Giron donne un second échec. — Mort de Michel Cornejo. 132

XIII. Les auditeurs déposent de leurs charges les deux généraux. — François Hernandez arrive à Nanasca, où il est averti de plusieurs nouveautés par un espion, et fait un corps d'armée de nègres. 137

XIV. Arrivée du maréchal à Cuzco. — Il va chercher François Hernandez. — Mort du capitaine Diego d'Almendras. 142

XV. Le maréchal envoie contre l'ennemi plusieurs bons soldats. — Escarmouches entre les uns et les autres, et obstination des royalistes à conseiller à leur général de ne point donner bataille. 148

XVI. Alarme donnée par Jean de Piedrahita au camp du maréchal. — Rodrigo de Pineda se déclare pour le roi. — Il conseille de livrer bataille, et le maréchal se résout de le faire malgré les oppositions. 154

XVII. Le maréchal fait attaquer François Hernandez, qui se met en état de lui résister. — Echecs de part et d'autre, et mort de plusieurs des principaux. 158

XVIII. François Hernandez gagne la victoire. — Fuite du maréchal et de ses gens. 164

XIX. Désordre dans l'armée royale, causé par la perte que le maréchal venoit de faire. — Les auditeurs tâchent d'y remédier, et veulent que le conseil suive l'armée. — Opposition là-dessus. 169

XX. Entreprise de François Hernandez après la bataille. — Il fait piller plusieurs villes du royaume et plusieurs seigneurs de Cuzco. 173

XXI. Voleries de Diego de Carillo et sa mort. — Ce qui arriva à Piedrahita dans Arequepa, et la victoire qu'il remporta à cause des dissensions qu'il y eut dans la ville. 178

XXII. François Hernandez se détourne de Cuzco, et mène sa femme avec lui. 183

XXIII. L'armée royale passe les rivières d'Amançay et d'Apurimac, et ses troupes avancées arrivent à Cuzco. 188

XXIV. L'armée royale entre dans Cuzco et va plus avant — Adresse des Indiens à porter l'artillerie. 191

XXV. Arrivée de l'armée royale à la vue de l'ennemi. — Escarmouches de part et d'autre, où les royalistes sont fort mal traités. 194

XXVI. Alarme donnée au camp des royalistes par Piedrahita. — François Hernandez prend la résolution de combattre les auditeurs. — Précautions pour lui résister. 200

XXVII. François Hernandez se présente en bataille, et se retire ensuite, après avoir fait une décharge inutile. — Thomas Vasquez se va rendre dans le parti du roi. — Prédiction du tyran à cette occasion. 204

XXVIII. François Hernandez s'enfuit tout seul. — Son mestre de camp prend une autre route avec plus de cent hommes. — Le général Paul de Menesez les suit, les arrête, et les fait exécuter à mort. 210

XXIX. Dom Pedro Porto-Carrero va à la poursuite de François Hernandez; d'autres capitaines y vont aussi par un autre chemin; et, l'ayant fait prisonnier, ils le mènent à la ville des Rois, où ils entrent en triomphe. 214

XXX. Les auditeurs pourvoient au gouvernement des places, font exécuter François Giron, la tête duquel est exposée en public,

TABLE DES CHAPITRES.

et dérobée par un cavalier avec celle de Gonçale Piçarre et de François de Carvajal. — Mort de Balthazar Vellasquez. 219

LIVRE QUATRIÈME.

I. Réjouissances faites par les Indiens et les Espagnols le jour de la fête du Saint-Sacrement, et tumulte arrivé ce même jour parmi quelques Indiens. 227
II. Evénement merveilleux arrivé dans Cuzco. 235
III. Arrivée du marquis de Canete à Nombre de Dios. — Réduction des nègres qui s'en étoient fuis. — Incendie d'un galion où il y avoit huit cents personnes dedans. 237
IV. Arrivée du vice-roi au Pérou. — Il y nomme les principaux officiers, et écrit aux gouverneurs. 242
V. Précautions du vice-roi pour couper chemin à la rébellion. — Thomas Vasquez, Piedrahita et Alphonse Dias sont exécutés à mort pour avoir suivi François Hernandez Giron. 247
VI. Exécution de Martin Roblez sur quoi fondée. 252
VII. De quelle manière le vice-roi en agit avec ceux qui prétendoient des gratifications pour leurs services. 254
VIII. Résolution du vice-roi de tirer des montagnes le prince héritier du Pérou, pour le réduire à l'obéissance du roi. 259
IX. Ambassade des Espagnols suspecte aux gouverneurs du prince Sairi Tupac, et précautions dont ils usent pour se rassurer de leur crainte. 263
X. Les gouverneurs du prince consultent leurs devins touchant leur sortie hors des montagnes. — Avis divers là-dessus. — L'Ynca se résout d'en sortir, et arrive à la ville des Rois, où le vice-roi le reçoit fort bien. — Sa réponse ingénieuse sur les gratifications qui lui sont faites. 270
XI. Le prince Sairi Tupac va droit à Cuzco, où il est traité splendidement par ceux de son sang. — Il se fait baptiser avec sa femme, et prend le nom de Diego. 275

XII. Le vice-roi met des garnisons pour la sûreté des provinces du Pérou. — Mort de quatre conquérants. 280
XIII. Oraison funèbre de Garcilasso de la Vega. 285
XIV. Arrivée des prétendants exilés en Espagne, où le roi leur fait plusieurs gratifications. — Dom Garcia de Mendoça est envoyé gouverneur au Chili. 313
XV. Restitution faite de plusieurs départements aux héritiers de ceux qui furent tués dans le parti de François Hernandez Giron. — Voyage de Pedro d'Orsua aux Amazones. — Sa mort et celle de plusieurs autres. 318
XVI. Election du comte de Nieva pour vice-roi du Pérou. — Il dépêche un courrier à celui dont il va prendre la place. — Mort du marquis de Cañete et du comte de Nieva. — Arrivée de dom Garcia de Mendoça en Espagne. — Gouvernement du Pérou donné au licencié Castro. 322
XVII. Election de François de Tolède pour vice-roi du Pérou. — Cause pour lesquelles il persécute et fait arrêter prisonnier le prince Ynca Tupac Amaru. 325
XVIII. Procès fait au prince, aux Yncas ses parents, et aux mestifs, fils d'Indiennes et des conquérants de cet empire. 331
XIX. Bannissement des mestifs et des Indiens du sang royal, et leur fin déplorable. — Sentence donnée contre le prince. 335
XX. Exécution de la sentence donnée contre le prince, et consultation pour l'empêcher, que le vice-roi ne daigne ouïr. — Constance avec laquelle l'Ynca souffre la mort. 340
XXI. Arrivée de dom François de Tolède en Espagne. — Sa mort et celle du gouverneur Martin Garcia Loyola. 344
XXII. Conclusion de cette histoire. 349

FIN DE LA TABLE.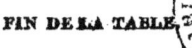

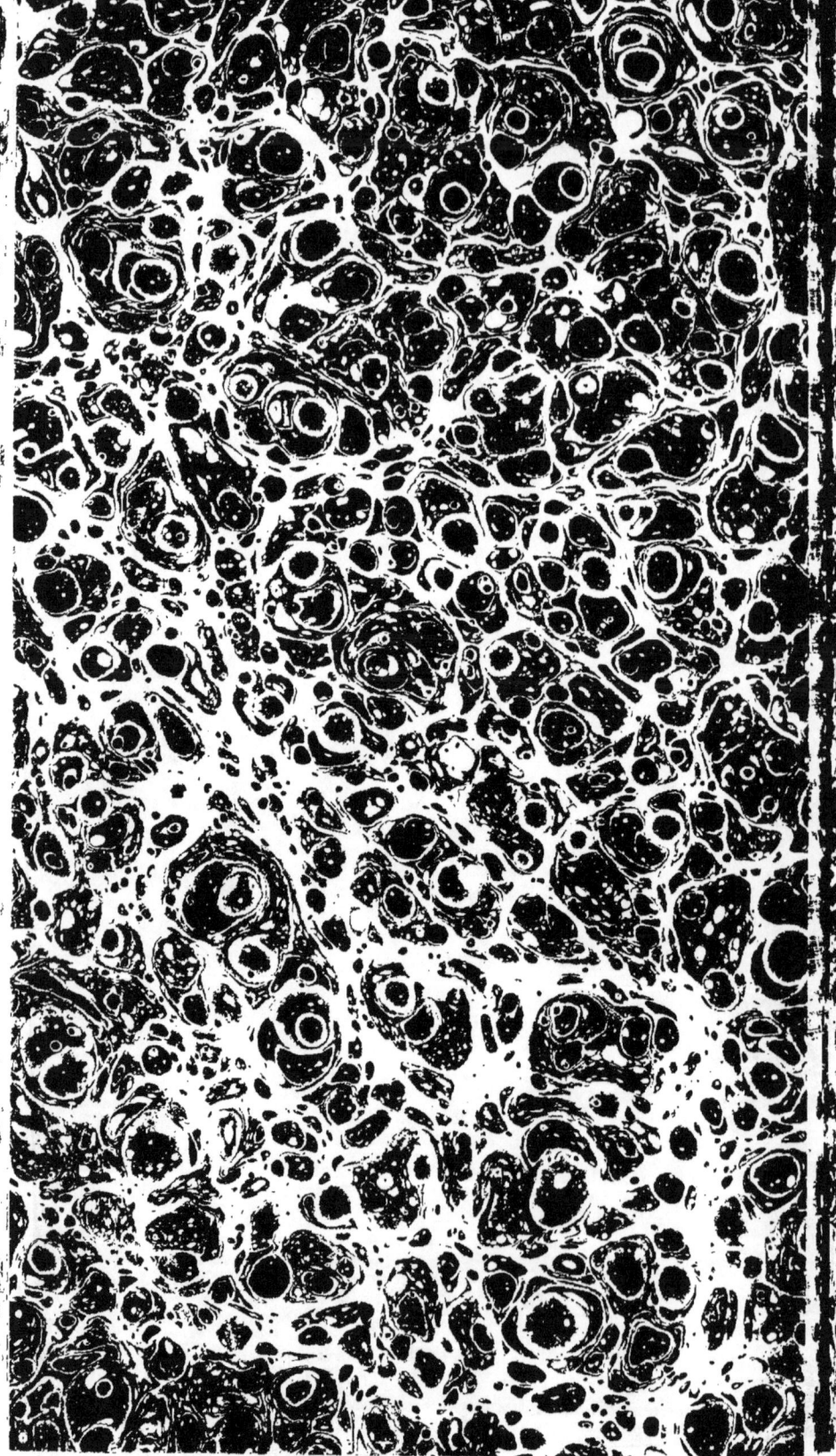

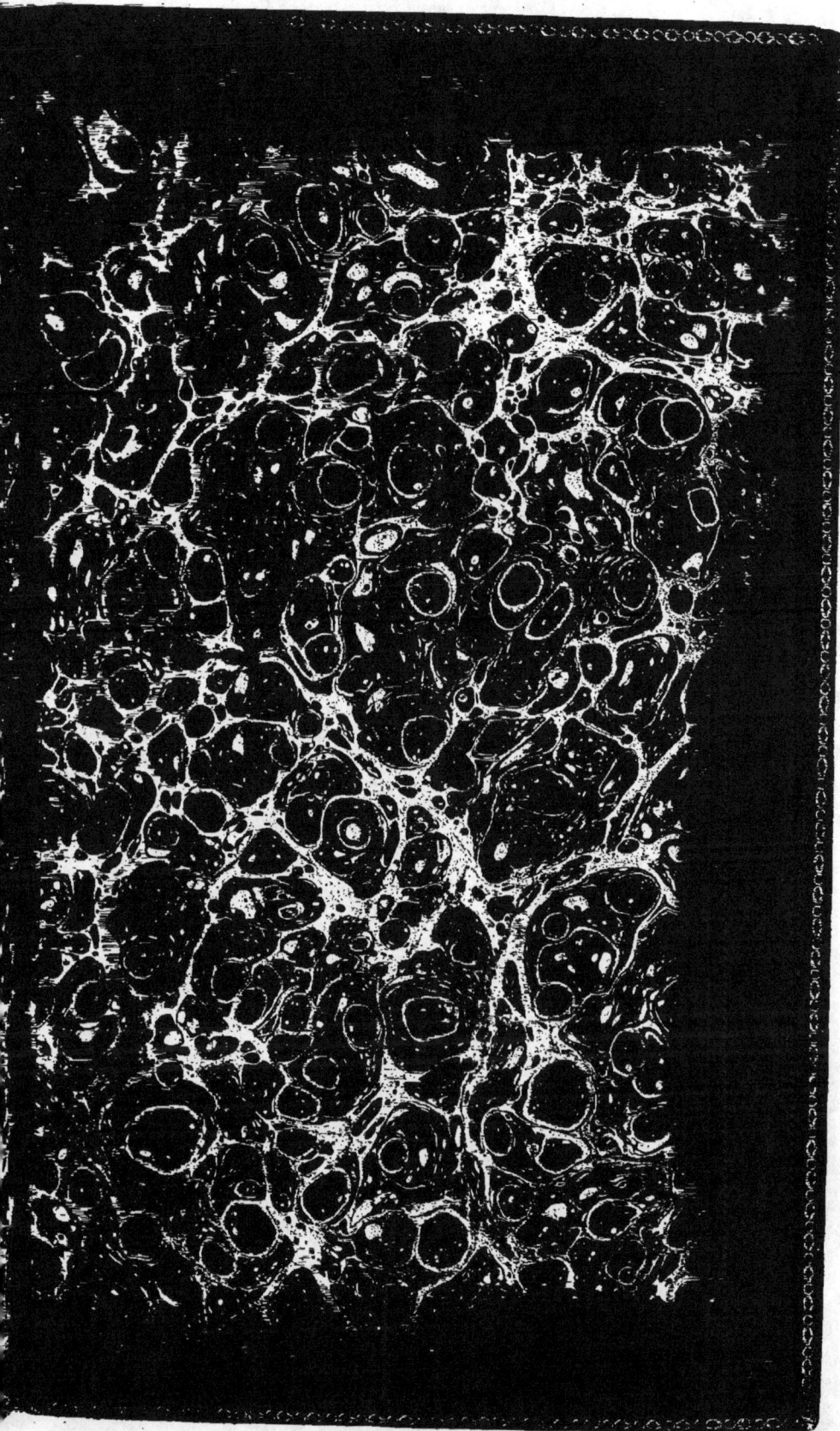

www.ingramcontent.com/pod-product-compliance
Lightning Source LLC
Chambersburg PA
CBHW050545170426
43201CB00011B/1573